牛股交易实战秘籍

吴国平◎著

机械工业出版社
CHINA MACHINE PRESS

准确把脉大盘趋势，抓住牛股高胜算交易，这是投资者股市制胜的不二法门。本书是牛散大学堂校长吴国平的投资理念和策略精华之道，也是普通散户值得参考的独家实战秘籍。全书共分两篇十章，前五章为大盘高胜算研判篇，重点介绍了作者的大盘研判思路和交易技巧；后五章为个股高胜算交易篇，依次介绍了权重个股、主题个股、涨价个股、科技个股和次新个股的交易逻辑。

本书适合需要学习股票交易技巧的股民阅读，可作为新股民入门手册和老股民升级必备。

图书在版编目（CIP）数据

牛股交易实战秘籍/吴国平著. —北京：机械工业出版社，2018.5

（吴国平股票干货秘籍系列）

ISBN 978-7-111-59812-1

Ⅰ. ①牛… Ⅱ. ①吴… Ⅲ. ①股票交易－基本知识 Ⅳ. ①F830. 91

中国版本图书馆 CIP 数据核字（2018）第 236990 号

机械工业出版社（北京市西城区百万庄大街 22 号　邮政编码 100037）

策划编辑：王　涛　　责任编辑：金梦媛

责任校对：康会欣　　责任印制：孙东健

装帧设计：高鹏博

北京宝昌彩色印刷有限公司印刷

2019 年 1 月第 1 版 · 第 1 次印刷

170mm × 242mm · 15. 25 印张 · 242 千字

标准书号：ISBN 978-7-111-59812-1

定价：58. 00 元

凡购本书，如有缺页、倒页、脱页，由本社发行部调换

电话服务	**网络服务**
社服务中心：（010）88361066	教 材 网：http://www.cmpedu.com
销 售 一 部：（010）68326294	机工官网：http://www.cmpbook.com
销 售 二 部：（010）88379649	机工官博：http://weibo.com/cmp1952
读者购书热线：（010）88379203	**封面无防伪标均为盗版**

序 | Preface

于我而言非常幸运的一件事，是在高二阶段我开始了股市生涯，也因此很早就体验了股市的酸甜苦辣。有人说，如果你没有见证过像样的牛熊市，那么你在市场中的投资经历是不完整的。

自 1998 年入市时的牛市，到接下来 2000 年开始的熊市，再到 2006 年的牛市，又到 2008 年的熊市，然后是 2014 年的牛市，2015 年的牛熊转换，以及 2016—2018 年的震荡市，笔者几乎见证了股市所有的辉煌和风雨。但和许多人不一样的是，大部分股市投资者只是经历，而我一直在总结，一直在成长，一直在前行。

1998 年是幸运的，让我第一次感受到股市的魅力；而 2006 年的牛市，更是我人生的一大机遇，让我在市场中奠定了自己的未来。

面对股市，我更强调的是系统，构建属于自己的盈利系统才是博弈市场的长久生存之道。长时间以来，我看到很多人在谈论投资时，都只是强调一招半式，或者是强调部分技术。这样的方式，在资本市场野蛮发展的过程中，有其独特的价值，但当市场进入一个完善并规范发展的阶段时，那些手法都将变得具有局限性。

经历了那么多次牛熊转换，从我自身成长之路所感悟到的，就是我目前一直强调的十二字真经：成长为王，引爆为辅，博弈融合。同时再结合我的九字真经：提前，深度，坚持，大格局。就构成了我认为的完整的盈利体系框架，这其中涉及基本面分析、技术面分析、心理面分析，这3个主要分析体系都可以分拆出若干小分支，最终构建成一个相对完整的盈利体系。

这是一个工程，多年以来，我一直在不断构建和完善。用市场的经历，实战的经历，成功和失败的经历，不断构建和完善。所以，时至今日，我认为我有资格说，这个体系比市面上所存在的大部分体系要优秀得多，这一点我可以毫不谦虚。因为，这不仅来自于不少我曾经参与的比赛，以及获得冠军的心得体会，也来自于自己对一些惨痛教训的总结，更来自于1998年以来，我每天的思考和梳理。

自1998年入市，到2018年，经过这些年的摸索，我开始自我沉淀，也开始有一些书籍和作品问世。一直以来，我所经历的、把握的、总结的，都是极其有价值的财富，我希望能以书籍的形式留存下来，因为这代表着我的思想，思想是可以长久留存下去的。纵观整个市场，我深知，目前有大部分投资者是不合格的，其投资心态是浮躁的或盲目的。而自己一路走来，至少已经懂得如何让中小投资者更了解股市，更懂得如何把握股市。我希望透过我的力量，和我一直沉淀的思想价值，帮助更多投资者，或许这就是我的使命。

但同时我也知道，这条路不像在股市里博弈，可以产生立竿见影的效果，这是需要时间才能发酵的事业。我们需要耐心，需要更用心，但我相信，我的读者会慢慢发酵，扩散开来。因为真正有价值的东西，迟早会展现它独特的光芒。感谢过去的读者，是你们让我一直有动力坚持至今。

未来，是一个新生的资本时代，需要我们一起努力，提升自我，最终打造一个超越华尔街的中国资本市场，这在很大程度上，都取决于我们自身，只要广大投资者纷纷开拓思路和视野，至少有一部分人能够完善自己的投资体系，未来必然会绽放更璀璨的光芒。

此刻，我们要做的是脚踏实地、坚定坚信，为市场奉献更多的盈利体系。一切才刚刚开始。

前言 | Foreword

2017年6月21日，笔者在自媒体开办了《吴氏随笔》栏目，结合对市场的研判，以对话的形式展开，为投资者答疑解惑，收获了不少肯定。

在这期间，笔者也创造了不少研判上的“奇迹”。比如，对上证50阶段性休整的研判，甚至精准研判了局部反杀。其中，保险股包括中国平安、新华保险等；家电三剑客——格力电器、美的集团、老板电器。与此同时，更是对新战区（创业板和次新股）阶段性的机会提前精准研判，比如将2017年7月17日创业板的大跌定义为草船借箭，之后走出大反攻，定义为火烧赤壁，这些研判结果让市场惊叹不已。

笔者也挖掘了被称为“宇宙第一牛股”——方大炭素的阶段性机会，还有宝泰隆阶段性大牛股的机会，对石墨烯板块以点带面的战役精准研判。此外，还有对安凯客车、江丰电子、新易盛等阶段性机会的提前挖掘。

这些成果的背后，其实是笔者经历风雨后的一种蜕变。背后融合了笔者的十二字真经：成长为王，引爆为辅，博弈融合；以及九字真经：提前，深度，坚持，大格局。

身在市场中，博弈是尤为关键的一个部分。对于市场，不能仅仅看其波动背后的原因，一定要看到背后博弈的本质：多方如何思考？空方如何思考？它们的兵力如何？会如何进攻？事实上，股市本身的博弈就是由一场场大大小小的战斗所组成，要在这个领域有所成就，必须对整个局面和局部局面要有透彻的认识。

有人说，盘感很重要。是的，这也是一种盘感，是经历过无数磨砺后的盘感，建立在本身盈利系统的基础上，实现对过去所有技术的融合、基本面挖掘的融合、心理博弈的融合，才能实现的蜕变。

对普通股民来说，只有付出更多汗水、精力，甚至是金钱，才能实现真正的蜕变。毕竟，我们的对手是无形的，很多高智商的人在这里博弈。想要胜出，必须让自己更强大；要看透，必须要让自己站得更高。

比如，为何阶段性上证50机会会逐步减弱？逻辑其实不复杂，2017年6月之前，很多上证50的个股都经历了不小的炒作，很多资金蜂拥而入，尤其是当散户拼命配置的时候。这时，你难道不应该更清醒地认识到，即使再好的上市公司，其实都有做波段、做差价的需要吗？答案显然是肯定的。

再如创业板暴跌时，为何笔者坚定认为此时的行情是“草船借箭”？需要知道的是，市场极度恐慌地杀跌，结合极度超跌，以及新兴产业未来必然的精彩，这里更多是机会而不是风险。博弈也是促使一些资金顺势收集廉价筹码，然后把握好新兴产业的未来，最终做一个大波段。所以，到了2017年9月，量变促成质变，包括芯片、5G、通信、软件、石墨烯、新能源能新兴产业，纷纷走出了大牛股。

做股票，切记要具备前瞻性。犹如下棋，别人想到的是下一步如何走，你要想到未来5步如何走。很多人之所以会输，本质上是因为只关注当下。

我很喜欢研究未来，也经常思考很多问题，透过研究和思考，往往能得出非常有价值的信息，这对于具体研判和把握机会是非常有益处的。当然，精准的背后，需要打好基础，对于广大股民而言，笔者的建议是先多学习、多读书、多上课程。笔者的书籍以及在自媒体上发布的课程也都是在用心分享思想，希望能帮助更多人，帮助更多散户，让他们更好地认识市场的本质。这是个充分博弈的市场，进入之前，请先武装好自己，或者先对市场的基本状况有个认识，否则最终将是一个输家。

笔者一直在努力做好金融文化，希望能和更多人一起前行，一起飞！未来，我相信会是一个慢牛行情，轻大盘、重个股，3年10倍就是我的目标！

目录 | Contents

个股高胜算交易篇

大盘高胜算
研判篇

第一章　鏖战白马　科技股成领涨奇兵

A股闯关MSCI成功与否　科技股都会成奇兵

2017年6月19日

核心观点

MSCI无论闯关成功与否，科技股都会成为奇兵，势必再次崛起。代表个股：科大讯飞（见图1-1）。

图1-1　科大讯飞日K线走势验证

近期，市场游戏股在腾讯“王者荣耀”靓丽的业绩刺激下，已经出现了一定的板块效应，这也极大地激发了创业板的热度。同时，也开始让更多人对新兴产业有了更浓的兴趣。我们都知道，美国纳斯达克，科技股是主流，一旦纳入 MSCI，如果 A 股闯关成功，最大的影响不是短期给国内带来多少资金，而是大家意识到，我们可以更好地与国际市场融合在一起。试问，国外最热衷炒作的科技浪潮是否会传递过来呢？

目前，王者荣耀引爆游戏股。数据显示创业板明显要强于上证 50，再结合国外最热的炒作方向，我们没有理由不相信，接下来，就是科技股再次崛起的时候。

另外，证监会有关官员在一个风险投资论坛上强调：积极支持科技实力突出、创新能力强、业绩增长快的符合条件的企业发行上市。这是一种政策信号。当政策信号和市场信号融合起来，就是再次崛起的好时机。科技股当下可以视为市场的奇兵，因为很多人可能都忽略它了，但正是如此，科技股才更有出其不意、引领市场的价值。

有人问万一闯关 MSCI 不成功怎么办？我认为，成功与否，科技股都会成为奇兵，让市场风格逐步彻底转换的关键奇兵，因为市场暗度陈仓的数据和信号摆在我们面前。我们相信，在科技股奇兵的引领下，精彩的行情会展现在眼前。

招商高潮掩护权重　智能活跃科技奇兵

2017 年 6 月 22 日

核心观点

今天市场冲高回落，博弈有亮点，上证指数一度大涨，最后小跌；创业板一度红盘，最后中跌；结合 A 股纳入 MSCI 的消息，大有利好出尽迎来利空的味道。笔者看来，上证 50 等受益板块是要进入分化阶段的，小心部分品种存在出现阶段性高点的可能。因此，这些品种虽然走出了大牛局面，但未来完全有可能演绎阶段性休整的行情，这也是市场所需要的。所以，我们发现，今天招行的大涨没太多资金跟进，反而让资金害怕，害怕市场未来随时迎来动荡，这反过来会给创业板个股带来压力，导致资金提前流出，从而爆发恐慌情绪。

但是，市场接下来会再次沦陷吗？笔者的答案是否定的。

上证 50 等受益板块要进入分化阶段，人工智能板块中最活跃的就是科技奇兵，科技是突围点。代表个股：科大讯飞，该股于 2017 年 6 月 22 日启动（见图 1-2）。

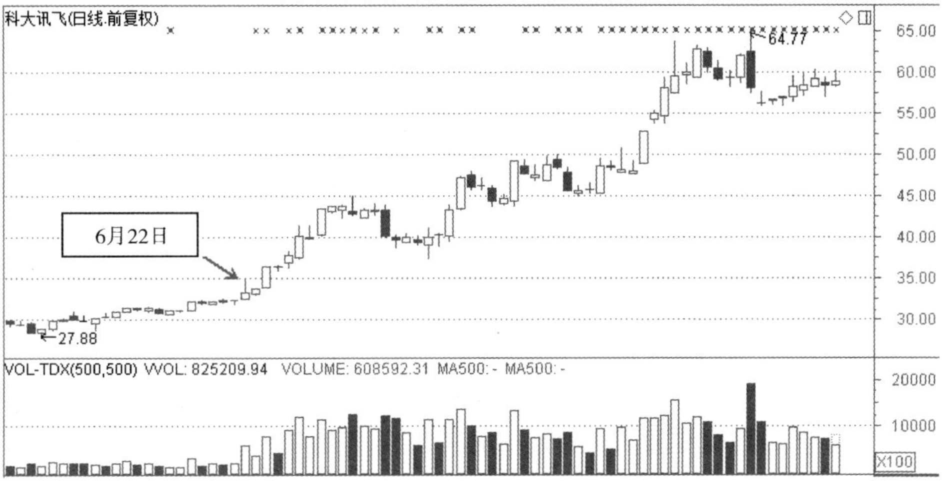

图 1-2 科大讯飞日 K 线走势验证

回忆前期减持新政后的博弈，初期也是来了一波杀跌，然后，令人出其不意的是，超跌创业板和次新股领先市场反攻。现在，这两个板块再回撤，可以理解为反复。

再看看盘面，是否发现，在今天的市场状态下，科技细分领域的人工智能板块，不少个股是逆势大涨的。这是不是一种信号呢？在我看来，人工智能的活跃其实就是科技奇兵，接下来，看点就是持续性，一旦持续，科技板块就又打开了一个突围点。

总体来看，我们认为，招商银行等掀起的高潮就是一种掩护权重或蓝筹阶段性高点的波动，而人工智能板块等活跃，则是科技领域的奇兵，真正的精彩在后头。最好的博弈就是，科技细分继续突围，权重在高潮中横盘或阶段性调整，最终完成一次大范围的变局，那才是未来市场需要的真正精彩！

万科高潮是一种接力　石墨烯崛起是一种蔓延

2017 年 6 月 23 日

核心观点

昨天招行大涨，今天则是万科大涨，最后封死涨停，这也预示着行情接近收官了。权重蓝筹毕竟不是小盘股，就算构筑阶段性高点或调整，也需要一个过程，需要在市场不经意的过程中完成，透过各个局部轮动高潮来掩护其余品种的逐步收官，无疑是最好的方式之一。

昨天科技板块引爆了人工智能，今天则引爆了石墨烯，科技局部领域的活跃在逐步蔓延至各个细分领域，虽然目前看似持续性不强，但事实上，放一个阶段来看，还是值得思考的。比如石墨烯概念的龙头之一——方大炭素，从 2017 年年初的 8 元不经不意地一路上涨达到高点 12 元。今天也达到了一个小高潮，大涨接近 7 个点。

接下来的博弈，笔者的思路很清晰，蓝筹权重将开启轮番局部高潮的模式，让这板块更倾向于慢慢构筑一个相对强势的运行格局，但这个格局不会一直强于创业板。

当前最需要的就是科技股局部细分领域的持续拉升，形成一个明确的板块，现在来看，已经出现躁动的比如人工智能和石墨烯，都是备选板块之一，当然，还有其他局部细分领域，期待下周能更好地蔓延开来，形成板块效应。

科技领域中人工智能板块和石墨烯板块是重点突击对象。代表个股：方大炭素，该股于 2017 年 6 月 23 日启动（见图 1-3 和图 1-4）。

科技是第一生产力，如果一个国家的科技实力非常薄弱，那注定没有前途，科幻大片构筑了美国强大的国际形象，这都是建立在科技实力基础之上的。《变形金刚》之所以吸引人，本质上还是影片里的高科技让人眼界大开。可以想象，科技股也是非常引人关注的。缺少科技板块的股市不可能是一个真正健康、有活力的市场。所以，接下来市场就差一个引爆点，而引爆点最好来自科技领域。

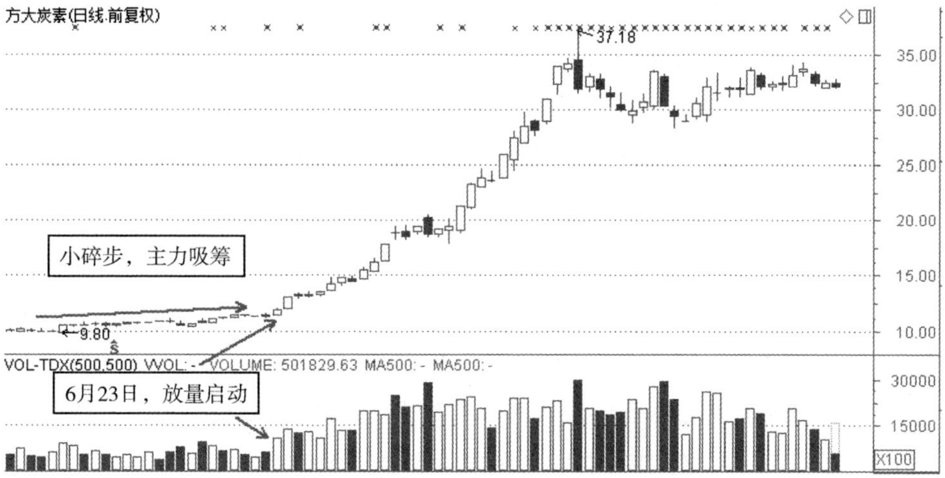

图 1-3　方大炭素日 K 线走势验证

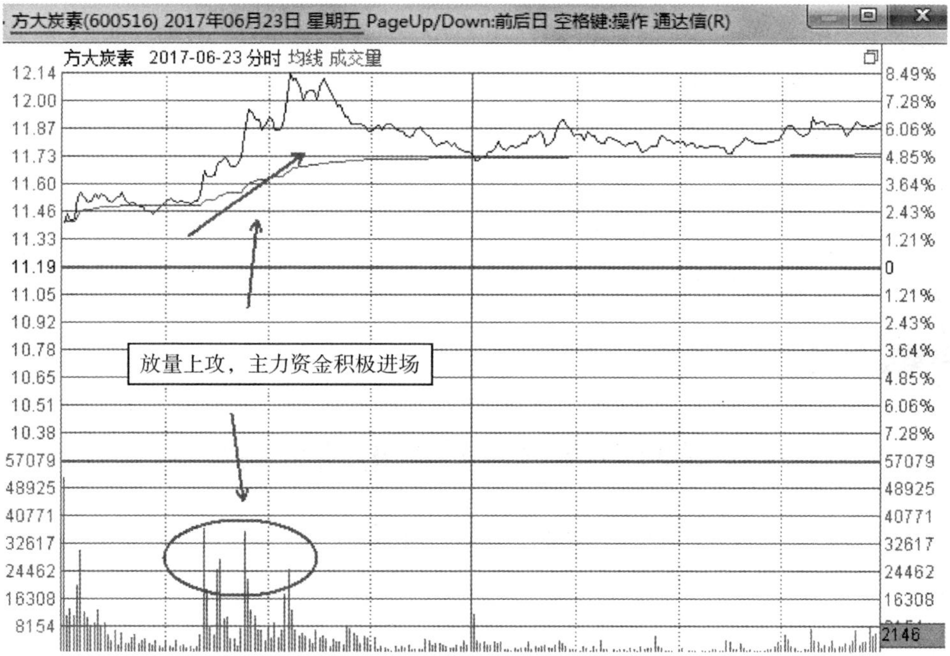

图 1-4　方大炭素 2017 年 6 月 23 日分时图

交易感悟

前期，方大炭素用小碎步缓慢爬升，待今天跳空 2% 高开，并且放量上攻，大涨7%，很明显是主力出击的信号。

方大炭素是笔者2017年挖掘标的的代表作之一。在这一年中，笔者针对科技次股新提出了新战区、科技奇兵等概念，并紧紧围绕成长、价值和未来构建自身的投资逻辑。无论从时代大格局还是个股的K线特征来看，这些概念已经成为教科书般的经典案例，也是市场的必然逻辑。

成长为王、价值投资是笔者坚守的信念，科技是中国和全球发展的第一驱动力。科技公司的成长将为社会和自身市值创造巨大财富，推动时代的前进。苹果、特斯拉、亚马逊、阿里巴巴等支撑了纳斯达克的长牛，腾讯在港股也创造了4000多倍的增长神话，以致如今“独角兽”概念异军突起。国家IPO绿色通道、《辉煌中国》、《大国重器》、2018年的中美贸易战，都是围绕高新科技而展开的故事。

对于方大炭素，结合我们的投资逻辑，对主力吸筹、洗盘、拉升、人气博弈、出货等各个环节的精准预测和精彩剖析，将在本书第二章具体展现。对于牛股的把握，并非巧合，而是依靠知识、方法和逻辑的推演。此外，笔者对寒锐钴业、新经典、江丰电子等个股的解析过程也在本书得以展现。

笔者坚信，除了方大炭素，其他更多类似的科技成长股，也能够被挖掘。或者说方大炭素的逻辑发生在其他年份，这样的成长波段，笔者也一定会参与其中，与价值共舞！

石墨烯如期再爆发后的市场全局思考

2017年6月26日

核心观点

石墨烯如期爆发，成为市场最大亮点，重点提示的股票方大炭素封板（见图1-5）。

科技是第一生产力，石墨烯板块有望成为突破口。果然，今天市场很给力，预期完美验证，石墨烯板块成为市场最大亮点，涨停股票数就达到了5

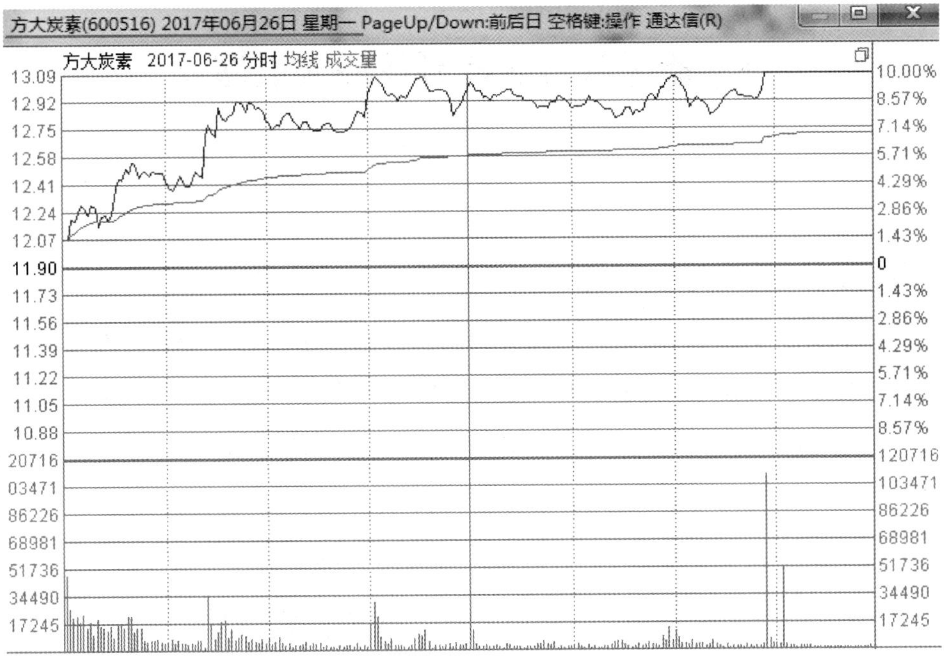

图 1-5　方大炭素 2017 年 6 月 26 日分时图

只，分别是：龙头方大炭素、两连板的碳元科技和中科电气，以及底部刚刚跟进爆发的锦富技术和美都能源。板块效应很突出，这一板块的崛起不同于那些白马蓝筹股持续上涨，它代表着一股新力量的崛起，这也是我们认为未来市场能逐步展现真正精彩的关键所在。

在科技细分领域，5G、物联网、生物医药和人工智能等都是接下来要关注的重点，这些都可以结合次新领域来博弈和思考。但就当下而言，从石墨烯概念已经表现出来的热点博弈，多少能够感知格局的进一步动向。我们非常期待在这个奇兵突围后，引发和带动更多奇兵，以点带面，合力围剿之。

从方大碳素到碳元科技，从石墨烯到5G、人工智能等，我们挖掘的不只是点，而是面、是块、是体，精准抓住面和体中的领头羊。这一点将在本书后面章节的资源、涨价等主题，全盘把握以点带面的市场活动的内容中频频出现。

白马蓝筹股将决战科技两大引爆点

2017 年 6 月 28 日

核心观点

今天最大的看点不是白马蓝筹股，而是我们近期一直强调的科技领域板块，比如石墨烯板块。通过今天石墨烯板块的龙头方大炭素的表现来看（见图 1-6 和图 1-7），这个板块已经呈现强者姿态，后面还将爆发。代表个股：方大炭素。

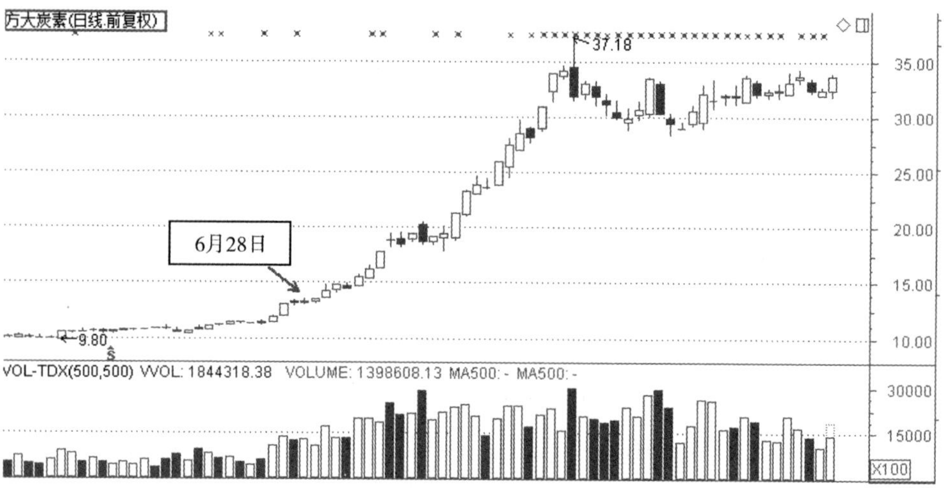

图 1-6　方大炭素日 K 线走势验证

大家都知道，石墨烯板块的龙头方大炭素近期一直被笔者当作案例来分享，今天该股的表现得也很出色，在市场调整的背景下收涨 2 个点。虽然石墨烯板块个股整体表现不算强劲，但今天的表现明显优于整个市场，不少个股盘中都有一波明显的拉升动作。苦于市场持续下行，没能一鼓作气攻上去，但通过方大炭素这个龙头股的强势表现来看，该板块显然已经渐渐进入强势的运行轨迹中，后面必将有亮点逐渐展现出来。我们静候这一板块再度爆发，从而给市场带来持续刺激。

笔者憧憬的是，在接下来的市场博弈中，科技领域的两大细分：石墨烯

图 1-7　方大炭素 2017 年 6 月 28 日分时图

和人工智能，如果能够联袂出击，或者其中一个凶悍出击，都将对市场形成强大的刺激效果。

至于一带一路、资源、雄安等板块，目前更多地是处在助攻的位置，很难担当引爆人气的重任。当然，次新股也可以引爆市场人气，这一点笔者目前也在重点关注。对于市场目前的动荡，笔者认为，这其实是在为接下来一些引爆点积蓄能量。有人担心外盘，也有人担心香港仙股的传导效应，事实上，这都是不必要的。相反，此刻更多的是机会，一触即发的爆发机会。

科技两大领域如期再爆发　下一个机会在哪里

2017 年 6 月 29 日

核心观点

石墨烯板块和人工智板块能这两个科技细分领域的崛起，带动了软件、互联网、机器人等板块。重点提示的股票为机器人（见图 1-8）。中报高送转也可能会打响，可以关注次新股板块。

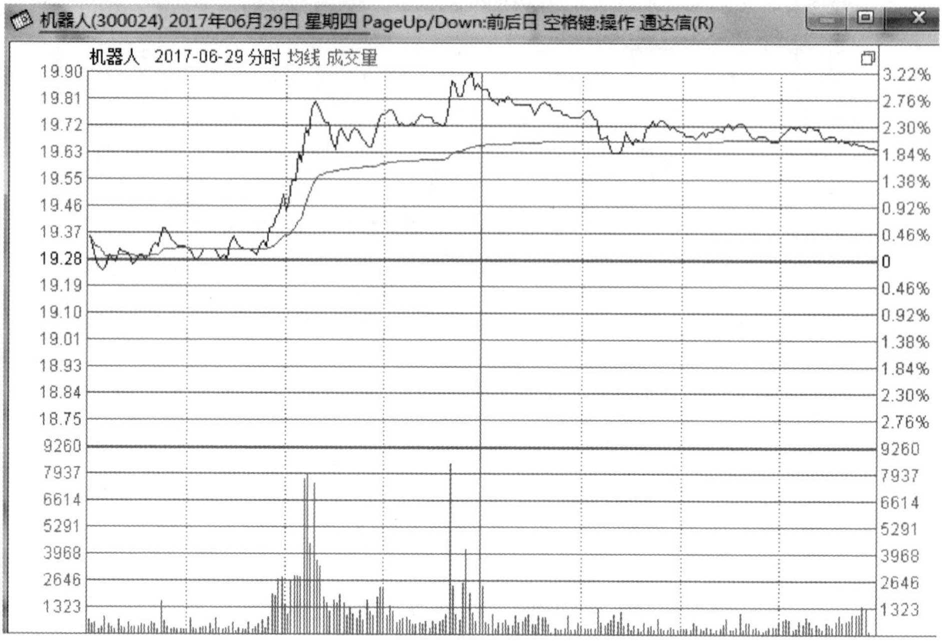

图 1-8　机器人 2017 年 6 月 29 日分时图

事实上，今天不仅仅是科技领域这两大细分行业崛起，同时，也带动了更多科技细分领域的反攻，比如软件、互联网、机器人。这更进一步验证了前期我们谈到的，科技才是第一生产力。接下来，市场需要更多科技领域的突围力量，来带动整个市场迎来真正的精彩。显然，从盘面来看，基础打得更牢靠了，未来科技领域也需要更多细分领域的崛起，呈现百花齐放的态势。

随着人气的恢复，大家千万不能忽视笔者此前埋下的伏笔，那就是次新股领域，接下来，这个领域最大的突破点可能就是中报高送转的炒作。因为，近期市场类似煌上煌、名家汇等突然爆发的炒作，其实质也是炒作老牌中报高送转主题。那么，6 月过去了，中报浪潮也即将揭晓。按照过去的经验和规律，这个阶段，随时可能会有公司发布中报高送转的预告，尤其是具有高送转潜力的次新股就迎来了良好机会。一旦出现预告，那么，市场资金就很容易围绕其展开炒作，至少 0.5 ~1 倍的空间在短期内是可以看到的。

市场的演绎如期进行，接下来白马蓝筹股和科技领域还将继续博弈，决战还没有得出最终结果，后面依然有很多看点。同时，下一个次新股爆发的机会，尤其是中报高送转的机会要重点留意，那将是另一个战场和金矿。

7 月是科技领域和次新股大翻身的时机

2017 年 6 月 30 日

核心观点

7 月，次新股出现行情的概率较大。7 月开始会陆续公布高送转预案，届时次新股会比较活跃，可以提前做好挖掘和布局。

跨入 7 月，市场一定会炒作中报行情，结合高送转，业绩预增无疑是最具震撼力的，这点昨天我已经重点提醒大家了，事实上，今天就有不少这样的品种出现积极的上攻动作。这些都只是开始，或者是序幕而已。因为，大部分人都还没能从过去的低迷中脱离出来，还在纠结。正是因为大家纠结，未来的机会也肯定会愈加出其不意，会有更多惊喜，就好像石墨烯板块的方大炭素一样，试问有几个人能想到它近期会如此疯狂，大涨后还继续大涨呢？这就是博弈！

图 1-9 至图 1-11 分别显示了弘信电子、寒锐钴业和星云股份的日 K 线图。

图 1-9　弘信电子日 K 线走势验证

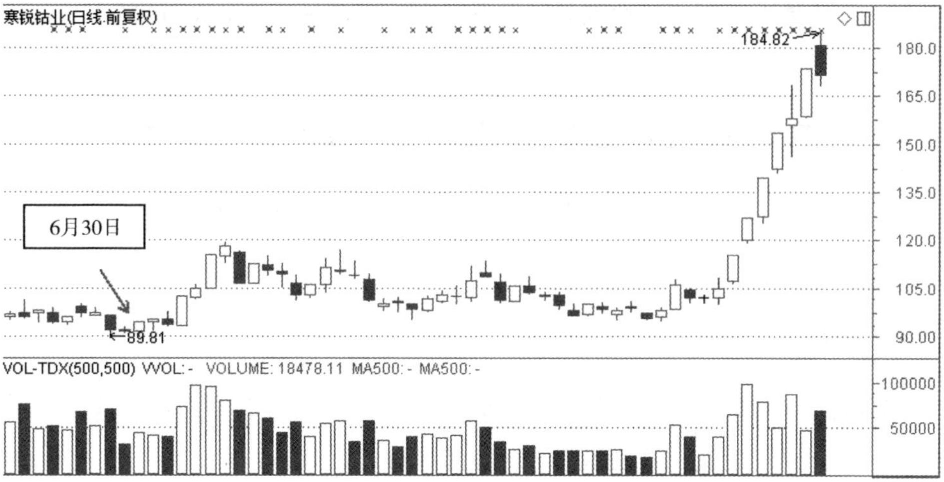

图 1-10 寒锐钴业日 K 线走势验证

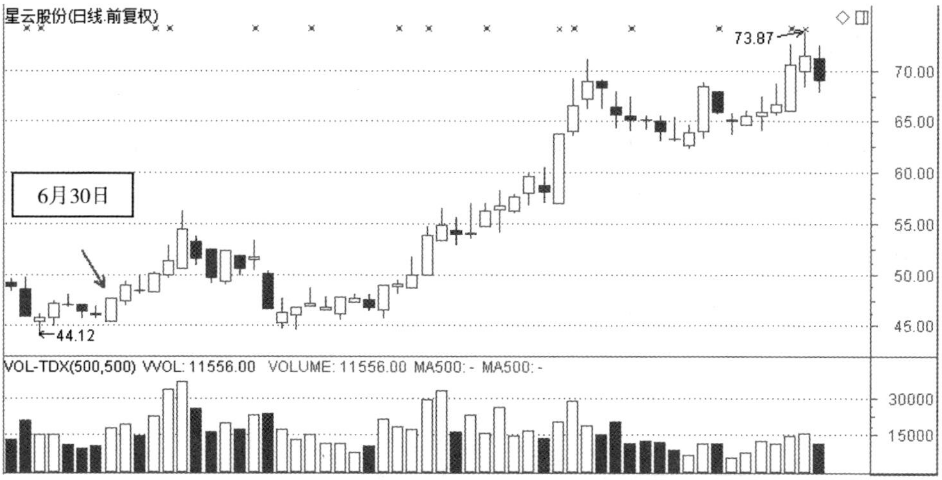

图 1-11 星云股份日 K 线走势验证

决战如期演绎 精彩博弈在后头

2017 年 7 月 3 日

核心观点

方大炭素今天呈现反包走势，符合预期，然而这只不过是上涨途中的动荡而已，不是像大家所想的出货。

还好，市场不仅仅只有白马蓝筹股，还有我们一直谈到的科技领域。近期笔者反复提及的两大科技细分领域的龙头股继续凶悍，人工智能龙头股科大讯飞今天继续大涨 9 个点，表现相当不错。方大炭素则继续大涨 4 个点，令人叹为观止。股价上涨到这个位置，很多人都选择观望，甚至一些人已经看不懂股价的走势了。比如方大炭素，上周五盘中冲击涨停后大幅回落，涨幅只有 5 个点左右。笔者在微博"吴国平财经"上做了个调查，想了解大家如何看待这样的冲高回落，大部分人的观点是这是出货行情，事实上，果然如笔者所料，这只不过是上涨途中的动荡而已，今天收盘基本解放了上周五杀入市场的人。

此外就是中报业绩预增，以及预期高送转的品种，尤其是次新股，今天基本实现了大面积反攻走势。显然，市场走势正如笔者预期，做多主力的正是科技股和次新股这两大领域。

接下来市场形势将会如何？笔者认为，一切都只是拉开了序幕，白马蓝筹股的实质调整拉开了序幕，需要一股新力量崛起的科技股和次新股则拉开了上攻序幕。一切都只是刚刚开始，接下来还将有更多精彩：科技股和次新股的龙头发力，以点带面纵深推进战役升华；资源、雄安等板块也将协助市场人气的提升。未来，市场局面将慢慢清晰，我们需要做的，就是等更大的精彩博弈。

进入新阶段　完全攻破"面"

2017 年 7 月 4 日

核心观点

在远望谷（见图 1-12）的带动下，科技领域会进一步表现出以点带面的作用。业绩高增长的荣晟环保逆势大涨创历史新高，对中报行情会有示范作用。代表个股：新经典，底部反复有大资金介入。

当然，力度还不是很强，毕竟没有最终封死涨停的品种。但能集体逆势大面积地出现品种上攻，也足以说明有力量进行狙击。市场行情正按我们的思路演绎着。

同时，我们也发现，科技细分领域中类似通信和软件等品种也出现超跌大反攻的走势，比如远望谷和新开普等就封死涨停，也从一个侧面反映，科技领域的希望之火在逐步向更多领域纵深发展，有利于未来演绎更精彩的行情。

今天，次新股领域分化，类似荣晟环保这种业绩持续高增长的品种，居然逆势大涨，再创历史新高，这会起到示范作用，没参与的更多只能“望股兴叹”。

但需要记住，由于比价效应，示范的力量很强大，会带动更多类似的品种，同时也必然会带动那些业绩保持相对稳定，甚至有一定增长但严重超跌的次新品种。当白马蓝筹股内部开始瓦解时，就意味着次新股和不少科技股迎来了重新崛起的机会。

博弈已经悄然进入新阶段，在市场里，没有永恒，但有轮回。只有看透本质，才能坚定地走向更灿烂的明天。过去或许是黑暗的，但只要突破自我、完成蜕变，就一定能迎来新的光明！

图 1-12　远望谷 2017 年 7 月 4 日分时图

第二章　火烧赤壁　次新股和超跌创业板暴涨

非理性加剧借箭　火烧赤壁一触即发

2017 年 7 月 17 日

核心观点

近期的博弈导致了市场的动荡和分化，创业板在反复之际，积极筹备上攻。对此，我们需要坚定观点，保持清晰的思路，看清局势。

有两大事件需要关注，一是乐视事件继续发酵，二是中央金融工作会议重点提及加大直接融资，前者衍生出来的危机波及了创业板的一些企业，后者则加大了对未来 IPO 供应的恐惧。两者的结合使得市场直接走出近似崩溃的走势，许多个股都处于因恐慌而即将被抛售的状态。

今天上午，上证指数相对抗跌，但创业板杀跌严重，使得不少人失去理性，对跌幅巨大的个股采取非理性卖出。从 14：00 后的博弈可以发现，上证指数开始有些支撑不住，部分蓝筹股也受到一些获利盘的抛售，创业板则相对稳定，这说明有相当一部分资金开始采取抄底创业板的动作。

非理性的杀跌将酝酿大机会，等待创业板（见图 2-1）如火烧赤壁一触即发。

“草船借箭”演绎得很惨烈，此刻对于未来，更多的不是风险，而是机会，因为这是内外因合力释然的结果，带有极强的非理性，相信这完全出乎管理层的预料。

在控制好系统性风险的大背景下，这样的局面不会进一步失控。对博弈

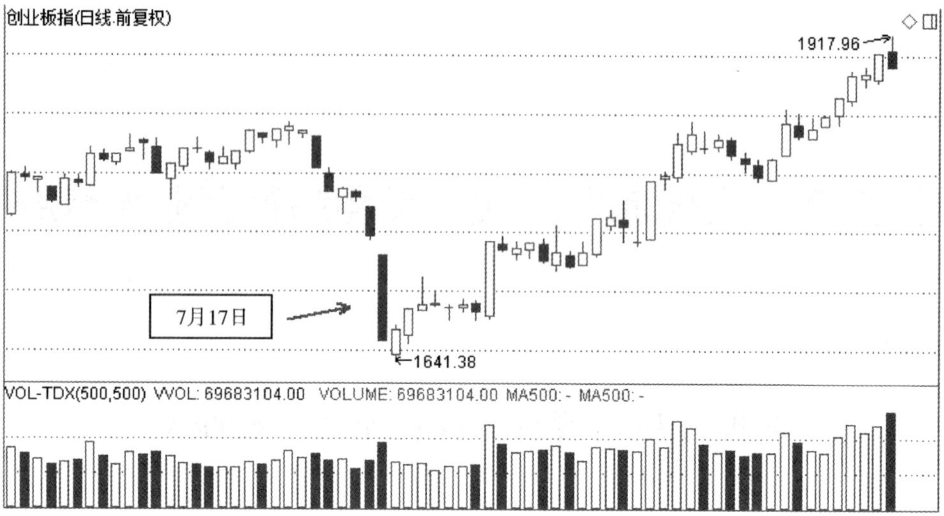

图 2-1 创业板日 K 线走势验证

资金而言，既然这次发箭如此血淋淋，那么，接下来一旦攻击，就会如火烧赤壁，战役规模肯定不会小。

石墨烯板块的龙头之一方大炭素，在今天剧烈动荡的过程中，也显现出了王者风范，不仅没有下跌，还在相对高位演绎了大涨行情。此外，人工智能板块的龙头之一科大讯飞，最终也实现了逆势大涨。这两个科技细分领域的龙头股，纷纷呈现相当强势的状态，至少反映出有相当一部分资金看好这一板块的未来，正提前进行一些布局。

因此，现在静候就是。风云变，大战起，等火烧赤壁一触即发！

火烧赤壁第一把火　方大炭素创新高的根本原因

2017 年 7 月 18 日

核心观点

创业板出现反攻，比如超跌品种里面的任子行，直线拉涨停，火烧赤壁有望蔓延开来。代表个股：任子行（见图 2-2）和部分次新股。

今天创业板出现反攻的动作，开始有点火烧赤壁的味道。点第一把火，

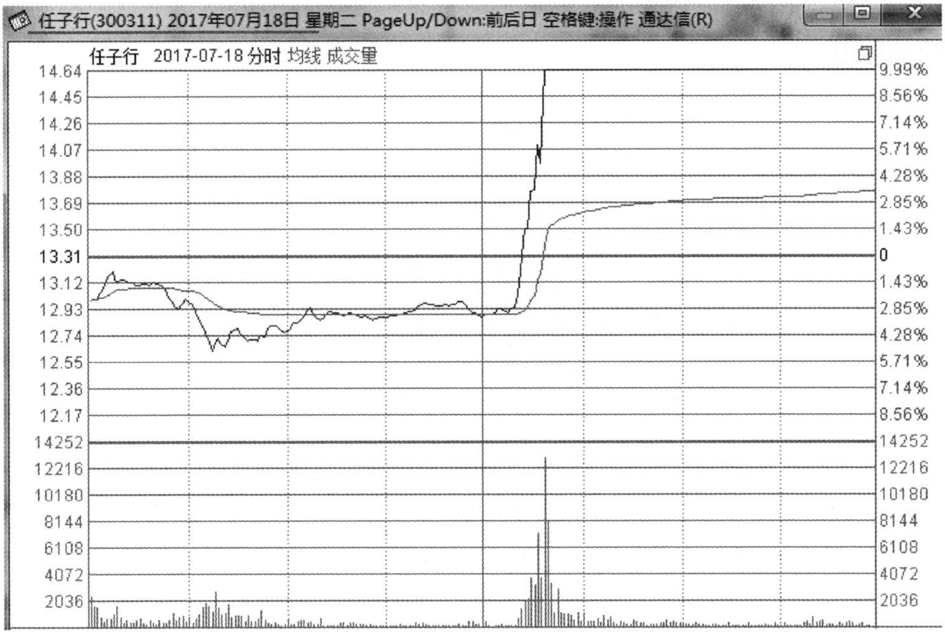

图 2-2　任子行 2017 年 7 月 18 日分时图

从盘面来看，从那些超跌的品种里崛起，比如任子行，下午直接从绿盘拉到涨停；还有就是次新股，出现集体反攻的动作，进一步提升了市场人气。火烧赤壁的突袭动作已经开始有展开的味道了。

主板显然是今天的配角，更多的是呈现相对稳定的态势，稳定背后就是创业板开始反攻带来的跷跷板效应。创业板这一次的反击战想要把火烧赤壁烧旺，关键是超跌品种要呈现出持续的财富效应，比如接下来能涌现类似远望谷的持续猛攻。当然，次新股也必须出现人气品种，毕竟这个板块也已经沉寂许久，是时候迎来爆发了。否极泰来，射箭后的反攻值得我们进一步观察和留意。

另外，科技细分领域也需要进一步突围。显然，石墨烯板块的细分龙头之一方大炭素已经做到了，在市场行情相对稳定的情况下，继续发起猛攻，再次刷新了历史新高，实现涨停，股价逼近 21.5 元。

火烧赤壁绝对是很好的引子，非常精彩。今天，石墨烯板块在方大炭素的带动下实现了良好表现（见图 2-3），碳元科技和天富能源跟进涨停（见图 2-4），宝泰隆逼近涨停，华丽家族、中科电气、金路集团、中泰化学等纷纷跟进大涨。前期笔者谈到的“以点带面”策略在今天的市场中得到了淋漓尽致的体现。

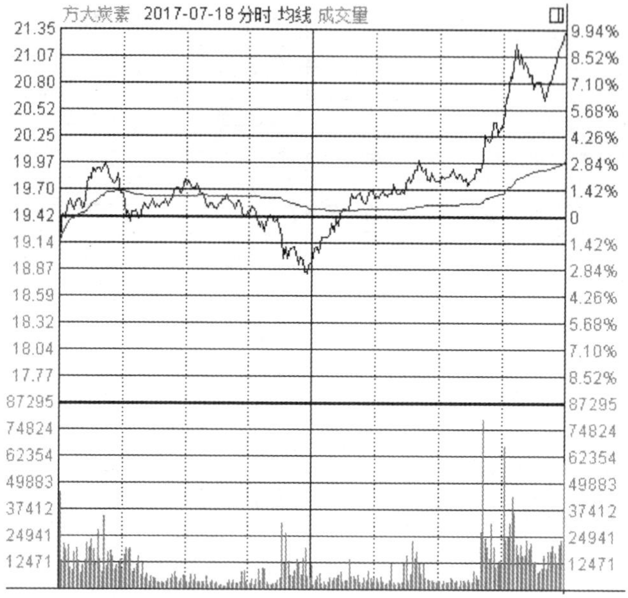

图 2-3　方大炭素 2017 年 7 月 18 日分时图

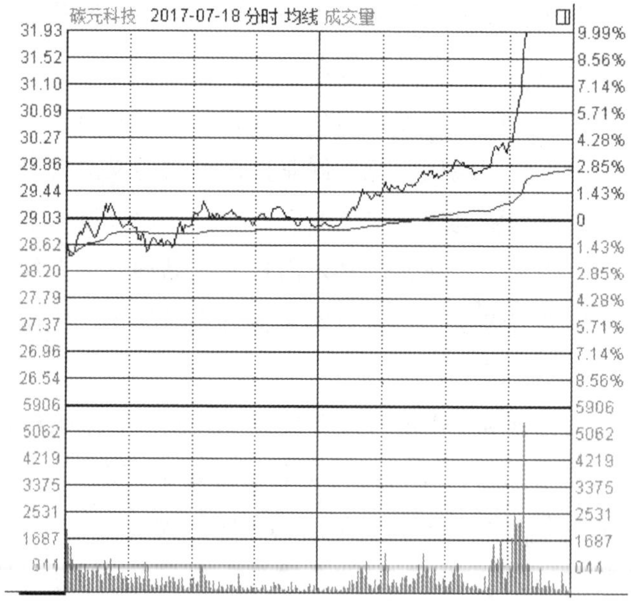

图 2-4　碳元科技 2017 年 7 月 18 日分时图

如期烧起反攻战役　火势会怎样

2017 年 7 月 19 日

核心观点

反攻战役逐渐蔓延，未来的重点在科技领域。代表个股：科大讯飞，该股于 2017 年 7 月 19 日二次启动（见图 2-5）。

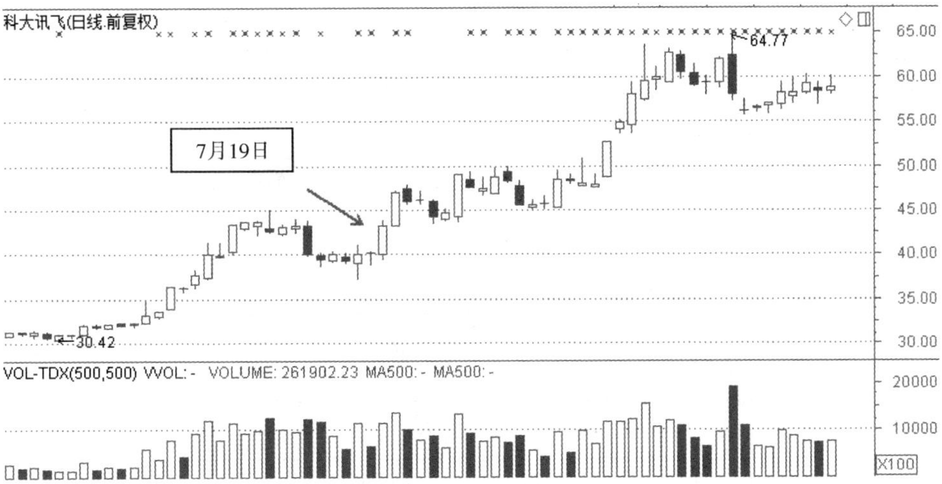

图 2-5　科大讯飞日 K 线走势验证

总体来看，今天市场如我们预期，发动了更猛烈的攻击，烧赤壁的火已经开始变大，剩下的就是借助火势，让各个地方燃烧起来。这样，最终才能形成大逆转之势，完全击溃空军。这里，科技细分领域已经率先突围，证券领域跟进（见图 2-6），资源和钢铁（见图 2-7）等周期性行业协助，当然，还需要更多，最猛烈的一定是在科技股，石墨烯板块龙头之一方大炭素的走势，是信息得到进一步确认的关键。科技股的兄弟就是成长股，成长股领域未来最牛的个股很可能在次新股中孕育出来。

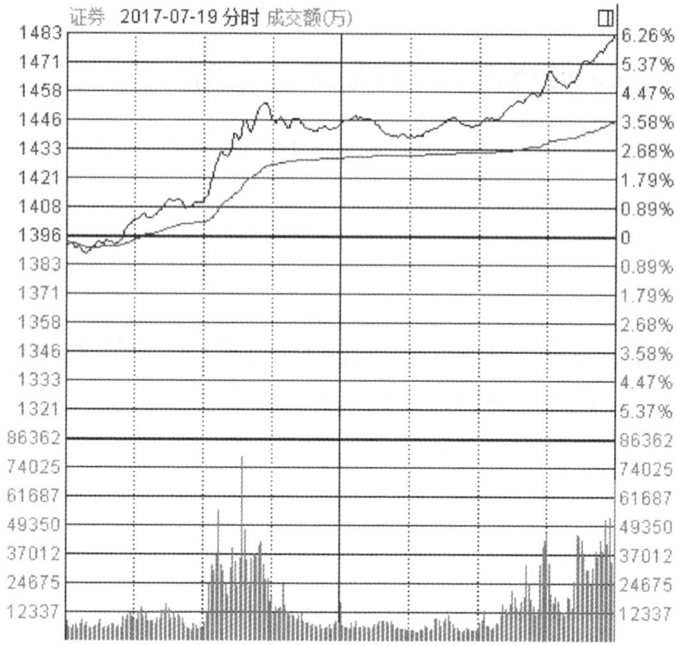

图 2-6 证券板块分时图

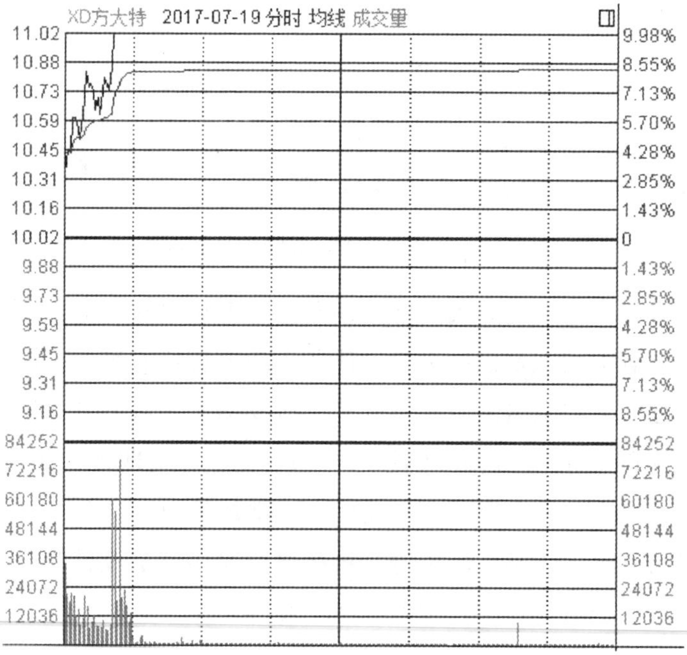

图 2-7 方大特钢 7 月 19 日分时图

能否解密盘口　石墨烯或将动荡

2017 年 7 月 20 日

核心观点

方大炭素依然强势上涨，宝泰隆和华丽家族再次涨停，以点带面的战役也进入了小高潮。一切尽在预期中，风助火势也。

接下来，石墨烯是否将继续疯狂呢？虽然人性的疯狂无法估量，但盘面的博弈是可以看出端倪的。今天，石墨烯板块的龙头方大炭素（见图 2-8）在继续冲高的过程中有些缩量，从博弈的角度来看，意味着后续跟进的资金有些担心动荡，盘中出现了 6 个点左右的大涨，最后回落至 2 个点左右。宝泰隆（见图 2-9）虽然最终封死涨停，但盘中不断打开，而且放出了天量。前者有短期畏惧上攻的意味，后者则有借机出筹码想做差价的意味。

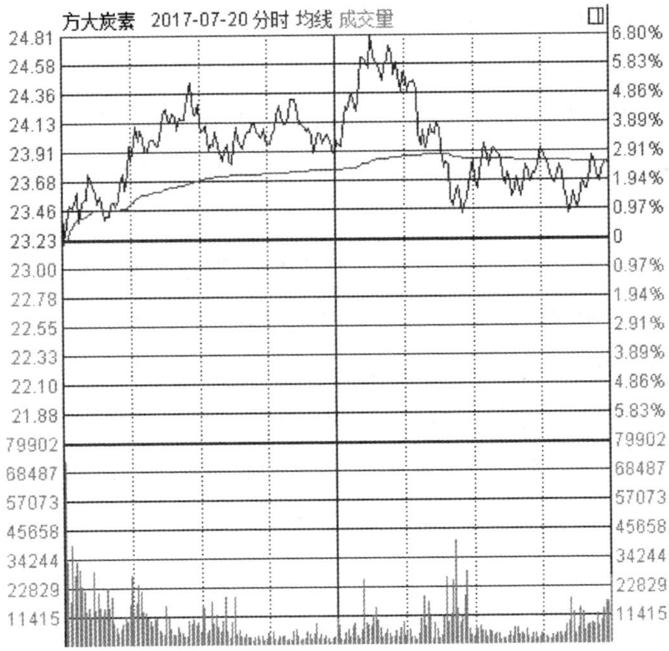

图 2-8　方大炭素 7 月 20 日分时图

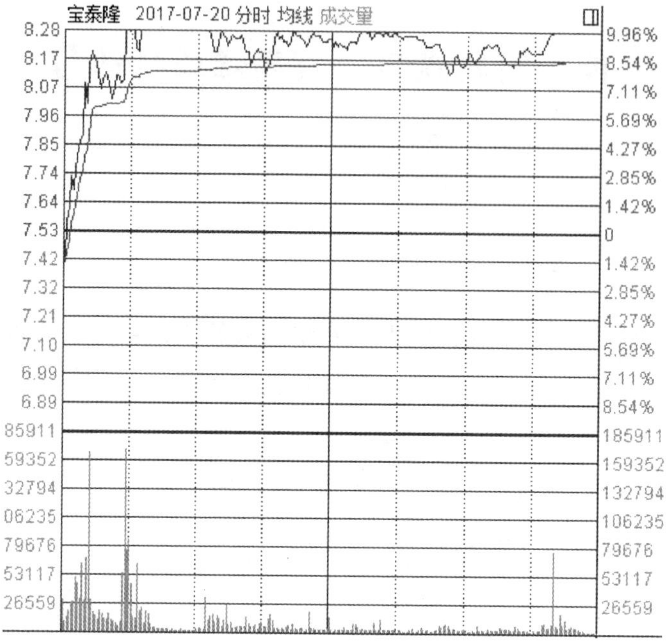

图 2-9　宝泰隆 7 月 20 分时图

石墨烯板块短线或许要震荡，超跌科技领域和次新股是下一步的攻击重点。

其他超跌科技领域和次新股是我们目前在研究的，我们认为，随着石墨烯和人工智能龙头近期如此精彩地上涨，形成的财富效应会逐步扩散开来，那么，更多机会就有望被引爆。

比如石墨烯龙头之一方大炭素，近期持续逼空大涨，自然激发了更多石墨烯板块个股的崛起，这其实也是一种扩散效应，这几天就是这样演绎出来的。那么，随着进一步扩散，更多的科技领域尤其是超跌个股，以及次新领域尤其是优质个股，就可以趁机发挥威力了。

在实战操作中，宝泰隆把近期持续加仓至少 4 次的筹码基本全部在涨停附近抛售，大获全胜，留下一部分纪念仓以备动荡所需。

如期动荡 剑指何方

2017 年 7 月 21 日

核心观点

今天，白马蓝筹股出现回调，保险和银行板块一旦下跌，上证指数想要实现较好上涨的难度很大。白酒板块成为避风港，除了贵州茅台表现较强，其余大部分表现不佳。此外，格力空调、美的集团、招商银行和万科 A 等，都纷纷下跌，大部分依然处于区间震荡状态。由此来看，留给多方的时间不多了，如果再拖延下去，空方将会掌握发挥的空间。

同时，笔者曾预警的石墨烯和人工智能板块也如期出现调整，科技股和次新股今天的表现有些沉寂。但行情正是在犹豫中前行，火烧赤壁既然已经起火，空方反扑也只是稍微抵挡一下火势而已。大方向可以坚定，这一次将会是出其不意的突袭和逆转。

目前的次新股有点像启动前的方大炭素，很有可能会走出一波行情。代表个股：江丰电子、中科创达。

次新股攻击代表：星云股份（见图 2-10）。白马蓝筹股调整代表：万科 A（见图 2-11）、老板电器。

周末，大家要关注一下新股发行数量，不知道这周是不是 9 家。不管是不是，其实，次新股都已经跌出价值了。现在的跌，就是酝酿未来的涨。记得方大炭素在 4 月前后，也是在不到 10 元/股徘徊，处于相对低谷，跌到无人问津。那时候，虽然我看好，但很多人却嗤之以鼻。所以，现在我想说，目前的次新股有些类似那时候的方大炭素，处于爆发前夕的低谷。我认为，下周很有可能就是最大亮点之一，请大家拭目以待。

市场走到现在，需要新力量的崛起，而不能仅仅依靠旧有的力量。当下，已经崛起的石墨烯和人工智能处于健康调整阶段，待它们调整完毕，将有不少“猪”飞起来。而超跌科技股和优质次新股在当前的平静，不就是正式爆发前的沉寂吗？

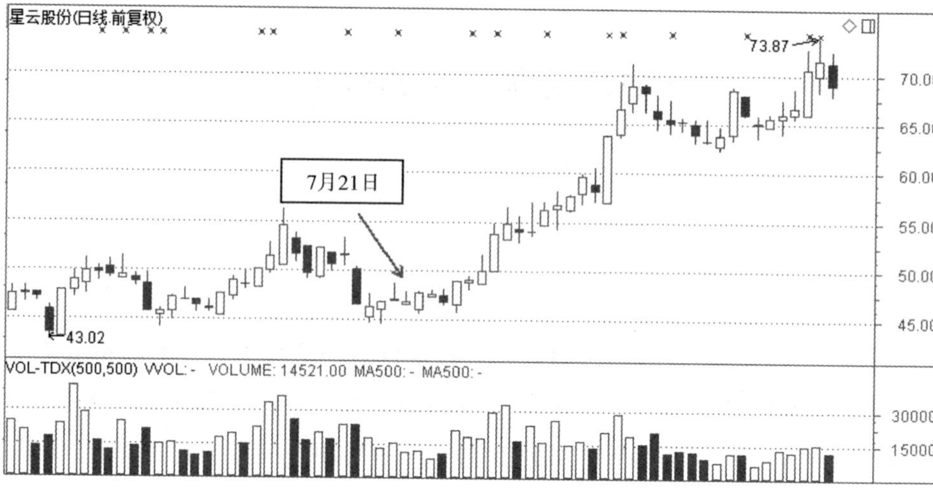

图 2-10　星云股份日 K 线走势验证

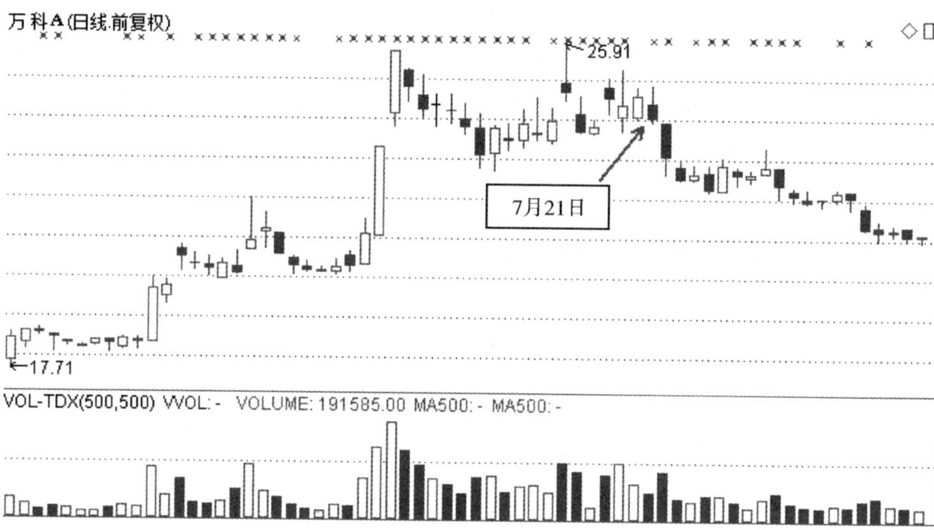

图 2-11　万科 A 日 K 线走势验证

方大炭素再涨停启示　次新局部大逆转思考

2017 年 7 月 24 日

核心观点

周一的市场依然比较稳定，稳定的背后，博弈相当精彩。笔者一直看好的石墨烯板块龙头之一方大炭素再次涨停，而一些次新股则承接了上周的跌势，但其中不少个股有绝地大逆转的波动，一部分最终甚至封死涨停，行情渐渐精彩起来。

接下来笔者思考的是，方大炭素如果保持相对强势，将可能引导更多“面”的崛起。但有一点需要注意的是，现在已经进入剧烈动荡区，分化的风险必然存在，且预计动荡幅度将会加剧。当然，随之而来的机会也同样增加，市场已经进入了高手博弈的精彩阶段。

对于方大炭素来说，底仓可以顺势而为，设好止盈便可任由发展。在这个细分领域，接下来则需要挖掘更多风口下的“猪”，但一定要注意控制整体仓位。接下来，还将有新的主战场崛起——次新领域，以及超跌科技细分领域。

有些次新股已经跌得很低了，接下来将迎来报复性上涨，笔者坚定看好次新股。代表个股：新经典（见图 2-12）、大元泵业（见图 2-13）。

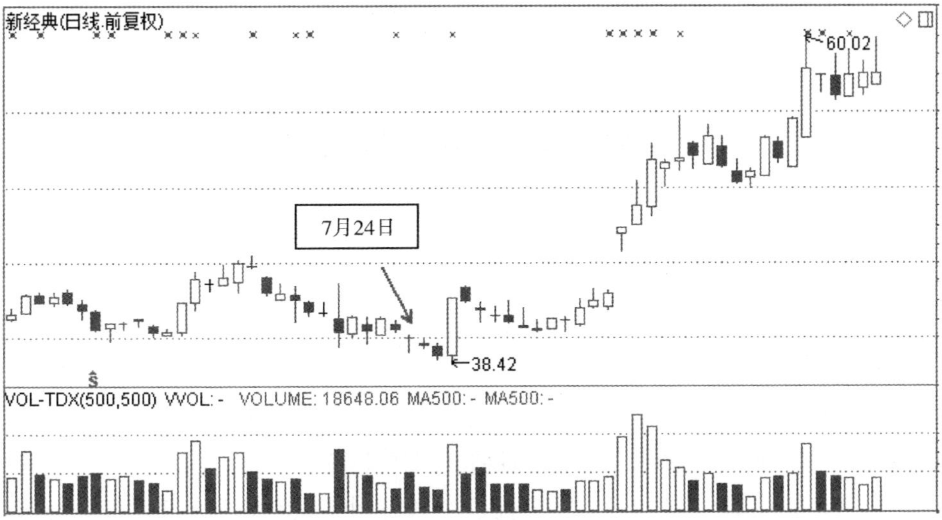

图 2-12　新经典日 K 线走势验证

说到次新股，今天非常精彩，开盘后大部分个股都下跌，因为周末继续有 9 家新股发行，但要看到，这一状态已经持续 3 周，市场已经消化到尾声阶段，不可能一直跌，而且有些次新股已经跌到了 20 倍左右市盈率，甚至低于一些所谓的白马蓝筹股。没有只跌不涨的个股，过度下跌之后一定会迎来报复性上涨。虽然现在说可能没人相信，就好像方大炭素 9 元/股时我们强烈看好却没人相信一样。

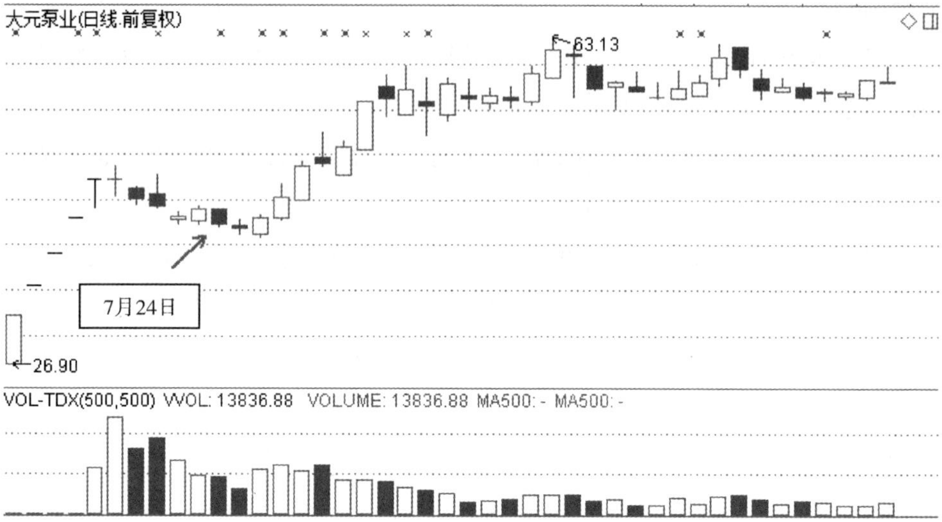

图 2-13　大元泵业日 K 线走势验证

新行情演绎一触即发为哪股

2017 年 7 月 25 日

核心观点

主战场就是次新股和超跌科技股，现在正是贪婪的时候。代表个股：中科创达，该股于 2017 年 7 月 27 日启动（见图 2-14）。

主战场在哪里？其实，主战场就是次新股和超跌科技股。我们已经整理出来很多数据，研究发现，现在到了可以让人贪婪的时候。昨天我做了一次网络直播分享课，相信听我讲了 2 个小时的朋友应该都很清楚。同时，数据也告诉我们未来机会就在次新股和创业板。逻辑不复杂，跌多了，同时估值也趋向合理，甚至有些被低估了，跌过头了就该是上涨的时候。要知道，昨天已经有媒体做了统计，目前，创业板市盈率已经基本与美国纳斯达克接轨了，结合我们的成长性，我认为已经跌到低谷，是价值区域。

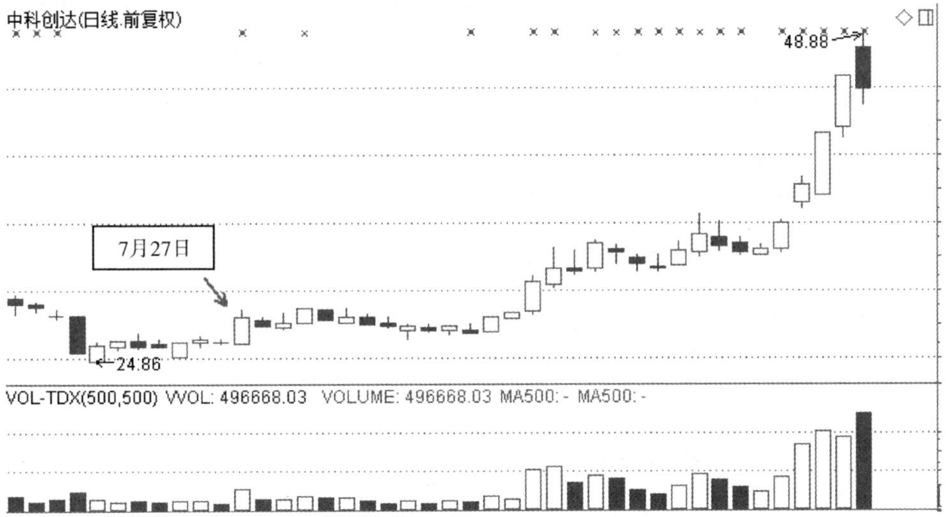

图 2-14　中科创达日 K 线走势验证

静候新未来　看清动荡中强势的根源

2017 年 7 月 26 日

核心观点

白马蓝筹股中，万科 A（见图 2-15）和老板电器（见图 2-16）有可能是空方突破口。同时，次新股和超跌创业板科技股有望蔓延。

如果说接下来空方要选择突破口，万科 A 或许是不错选择，还有横盘时间较长的老板电器，也是空方可能会盯上的品种。所以，后面的看点是金融股和这些空方可能突破的品种的博弈，我们依然坚定认为白马蓝筹股依旧存在隐患，接下来，肯定会阶段性被空方突袭，这只是力度的问题。希望力度不要太大，这样才有利于市场未来动荡中的机会演绎。

次新股和超跌创业板科技股已经有先锋部队突围，这是更大面积突围的征兆。次新股中，近期上市的江丰电子和杭州园林等率先突围大涨，目前都已经逼近上市以来的最高位置，这是很好的先兆，说明有资金敢于博弈，这也是我们近期强调的强势次新股。周一的直播课程中，我们重点分享了这些品种，参与听课的朋友应该都有不少收获，包括当时的交割单等更多这方面的内容可以去留意“吴氏随笔”的内容。另外，超跌创业板个股中近期走出了一个突出品种，就是昆仑万维，股价短期从 19 元左右涨到 23 元左右，幅度达 20% 以上，类似这样的品种就是创业板超跌个股中的先锋部队了。所以，我们不难发现，次新股有先锋部队，超跌创业板科技股也有先锋部队，一旦逐步蔓延开来，就是大范围的反攻，很值得期待！

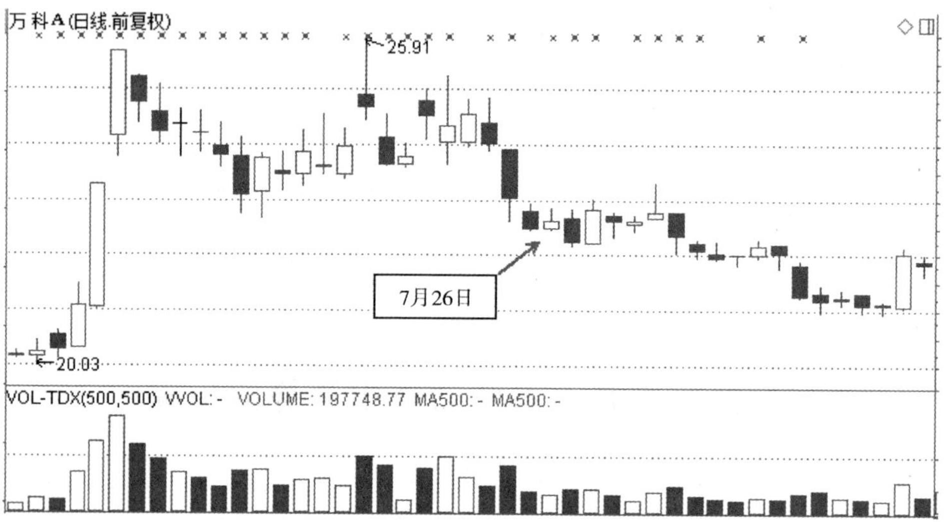

图 2-15　万科 A 日 K 线走势验证

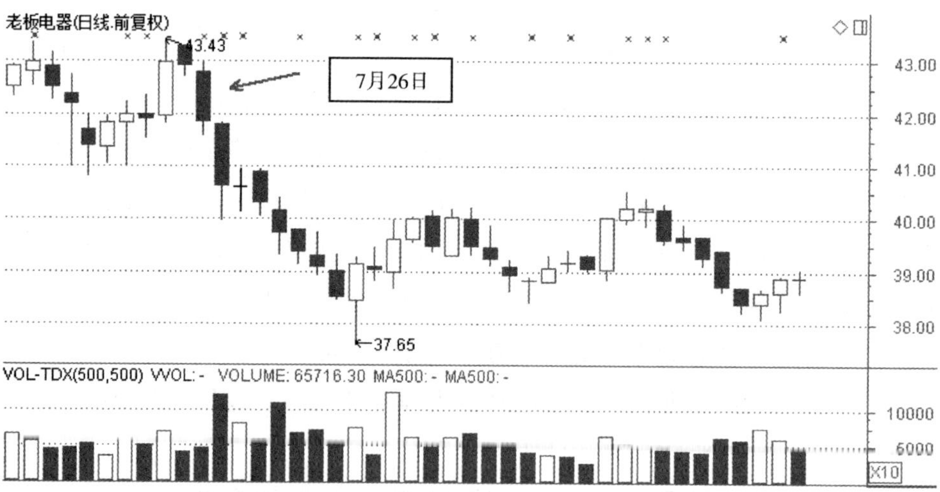

图 2-16　老板电器日 K 线走势验证

接下来，市场很可能会上演乾坤大挪移，股指方向会在动荡中保持强势。至于动荡的根源，要小心白马蓝筹空方的突围；而强势的根源，则要注意次新股和超跌科技股更大面积的突围。此刻，要开始放弃已经完成上涨的品种，而去寻找刚刚开始崛起，或还未崛起的品种。总之，静候新未来！

草船借箭后次新股和创业板如期怒涨的思考

2017 年 7 月 27 日

核心观点

白马蓝筹股如期杀跌，创业板暴涨 3.6%（见图 2-17）。投资就是这样，别人恐惧的时候你要贪婪，要重点关注超跌次新股和超跌科技股。

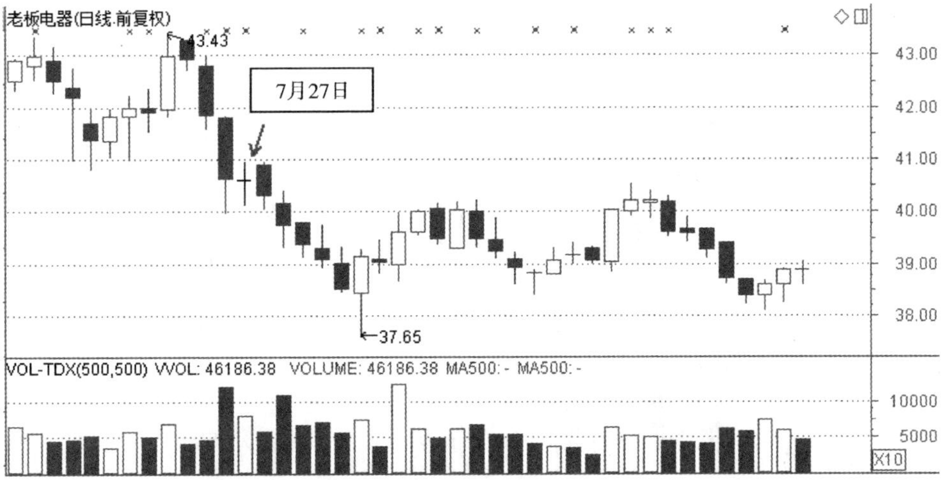

图 2-17　创业板日 K 线走势验证

从整体来看，既然创业板如期大爆发，白马蓝筹股也如期杀跌，估计两者都要进入新的博弈阶段。这是什么意思呢？就算今天如此分化，大部分人都还没醒悟过来。所以，对白马蓝筹股看好的多方会抵抗。但势头已经局部显现，难以抵挡空头力量的品种会先实现突围，这是接下来的看点。

接下来，创业板和次新股也将会分化。毕竟刚刚崛起，很多人没醒悟过来，这时虽然八仙过海，各显神通，但整体而言一定会有大牛股突围而出。正如上周我所说的，我们的战略是剑指次新股和超跌科技股。目前，我们把重心放在次新股，等次新股先锋军冲出来后，再加仓超跌次新股和超跌科技股。

继续完美验证　下周动荡中分化出新热点

2017 年 7 月 28 日

核心观点

白马蓝筹股依然有较大的隐患，下周还可能继续接受考验。代表个股：老板电器（见图 2-18）。

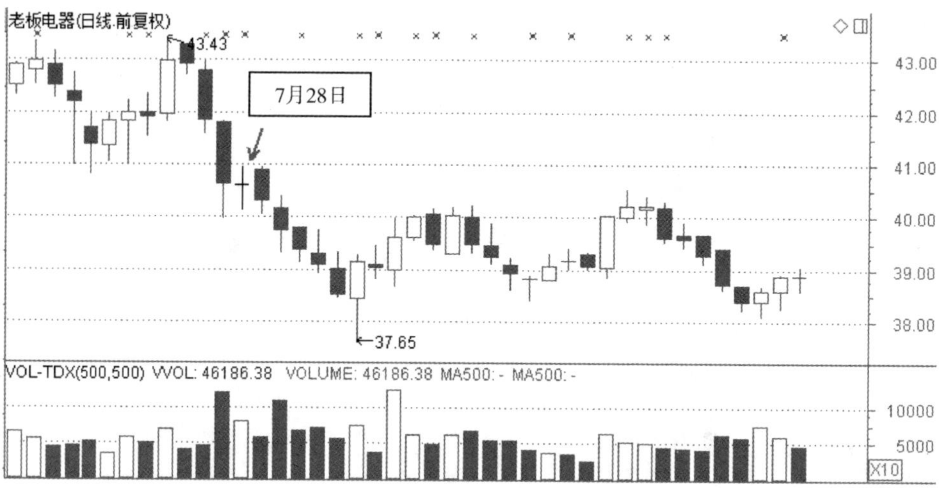

图 2-18　老板电器日 K 线走势验证

今天，创业板的动荡处于合理的范围内，大多数人还没反应过来，有分歧也很正常。昨天的大阳线仅仅是一个开始。

总体来看，今天虽然白马蓝筹股有所反弹，但更多是惯性使然，下周才是考验的关键，预计还会有明显的杀跌动作，不可轻视，隐患依然存在。

今天的动荡是正常的，创业板指数回调才不到 0.5%，而昨天大涨超过 3

个百分点，这已经是强势动荡，再看看引爆点之一的昆仑万维，最终涨了5个多百分点。

因为昨天的大突袭，很多人没反应过来，导致今天也有不少人惯性地认为这一板块依然不行，就好像白马蓝筹股现在的强势惯性一样。

第三章　分化动荡（上）：创业板次新股新战区崛起

动荡会难免　按计划加强转移新机会

2017 年 7 月 31 日

核心观点

白马蓝筹股继续调整，符合大家的预期。而我们的主战场是超跌科技股和优质次新股，典型股票为中科创达（见图 3-1）。

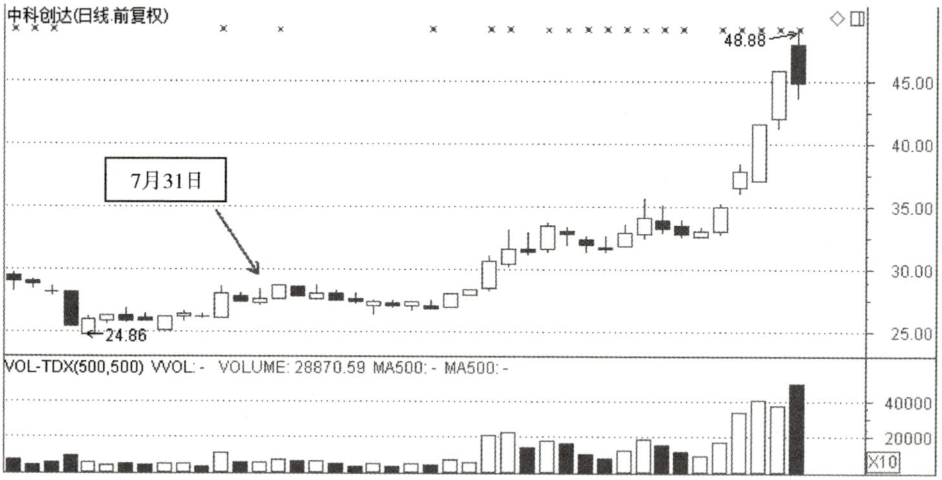

图 3-1　中科创达日 K 线走势验证

周末，方大炭素停牌，对此笔者明确指出可以采取以点带面的策略。近期，笔者成功挖掘了宝泰隆（见图 3-2）。前期，宝泰隆回调之际价格不到 7 元，笔者至少 4 次明确了加仓策略。今天，它取代了方大炭素成为石墨烯的龙头，封死涨停。

图 3-2 宝泰隆日 K 线走势验证

今天，中国保安和金路集团都冲高并获利了结。这时需要思考的是，为何方大炭素的停牌并没有对市场形成打压，反而激发了市场的行情呢？逻辑并不复杂，因为方大炭素石墨电极的涨价是实实在在的，必定会带来业绩的暴增，半年报业绩预增 26 倍就足以说明这个问题。

因此，为何今天宝泰隆敢于高开并最终封死涨停，也有这一预期的带动。同时，资源类个股更是因为方大炭素和本身涨价因素的刺激，彻底激发了人性的疯狂。但在这时候，我们更应该冷静。接下来，资源类板块将会分化，继续冲高过程中的动荡不可避免，面对可能的风险，要做好快进快出的准备。

我们认为最大的机会还是要在超跌科技股和优质次新股里继续挖掘，行情会在新的局部细分领域爆发出来。不要过分担心，我们已经做好布局了。相信明后天市场的盘面会逐步显现出来。在这里要特别强调，接下来的机会一定是在动荡中诞生的！

涨价主题如期动荡 等待新战区确认信号

2017 年 8 月 1 日

核心观点

新战区的机会，更多会体现在创业板和次新领域的超跌机会上，一旦出现确认信号，就是加仓信号，静候之，没到来之前，就耐心布局一切等候之。

创业板今天有一些异动，下午盘中的涨势一度超过主板。看看东方财富和昆仑万维就知道，东方财富这个创业板的风向标之一是有所发力的，显然已经有资金关注了。

此外，今天局部次新股展现了一定的反攻机会，符合笔者近期重点关注超跌次新股的逻辑。

时间窗口开启　创业板不排除类似上周的突袭

2017 年 8 月 2 日

论述 1：涨价主题是否具有可持续性？

方大炭素今天被放出来了，7 月总计 4 亿多元的利润可以看出，近期该股的飙涨不仅仅是题材的炒作，而是有业绩的支撑。所以，开盘甚至没有低开，高开动荡后最终封死涨停（见图 3-3）。

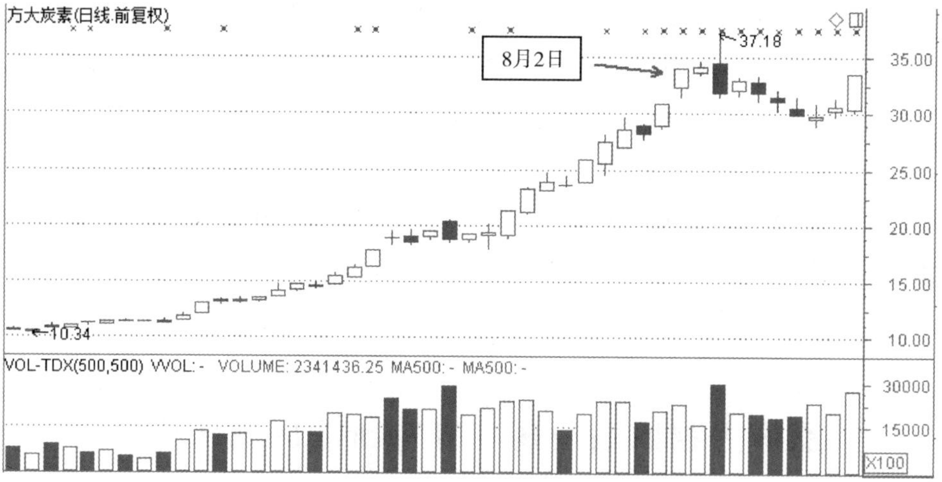

图 3-3　方大炭素日 K 线走势验证

这进一步激发了市场涨价主题的情绪躁动。但如果冷静思考，就会发现，涨价不可能永无止境，也不可能是常态，所以，当下的业绩暴涨具有阶段性，结合阶段性较大的涨幅，很多涨价主题最终都会出现跳水，甚至从大涨 7 个点到尾盘收跌，这明显是一种盛极而衰的盘面表现，也是一种情绪极度高潮后冷静的表现。

论述 2：创业板是否会再次发动一场突袭？

白马蓝筹领域的分化非常明显，博弈也到了新阶段，保险板块尾盘的拉升往往预示动荡的开始，五大金刚中美的电器和格力电器有进一步下杀的味道，这必将成为股指进一步动荡的空方武器。

今天局部创业板继续异动，一些次新股，比如笔者此前重点关注的次新股先锋军江丰电子，今天也有逆势企稳的趋势（见图 3-4）。再结合一部分超跌次新股出现了大反攻的动作，笔者完全有理由相信，创业板和次新股将再度发动一次奇袭！

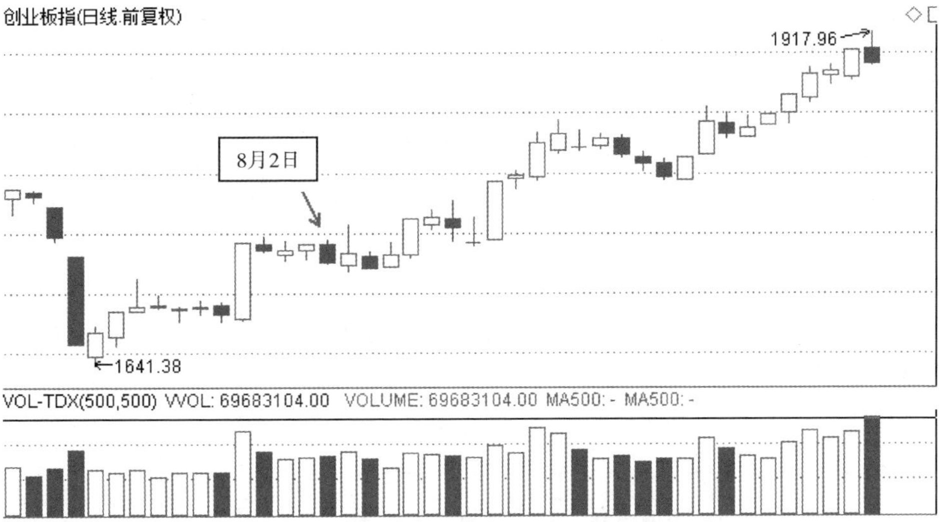

图 3-4 创业板日 K 线走势验证

再次"神算"后格局 创业板将继续突袭

2017 年 8 月 3 日

核心观点

昨天的文章完美验证，时间窗口开启带来的创业板上攻力量已经如期体现。涨价主题资源等继续动荡，对于衍生出来的周期性机会，应重点留意未来可能补涨的板块。

昨天的文章《时间窗口开启　创业板不排除类似上周的突袭》，今天得到了完美验证，创业板一度上攻2个百分点，虽然后来震荡回落（见图3-5），但从全天K线上看依然是呈现带上影线的试探攻击形态，正好符合我们推出的八大买卖战法之一“神龙摆尾”买入战法。目前，创业板刚从低位回调，发挥“神龙摆尾”的威力还需要进一步刺激，但就整体而言，时间窗口开启带来的上攻力量已经如期完美体现。

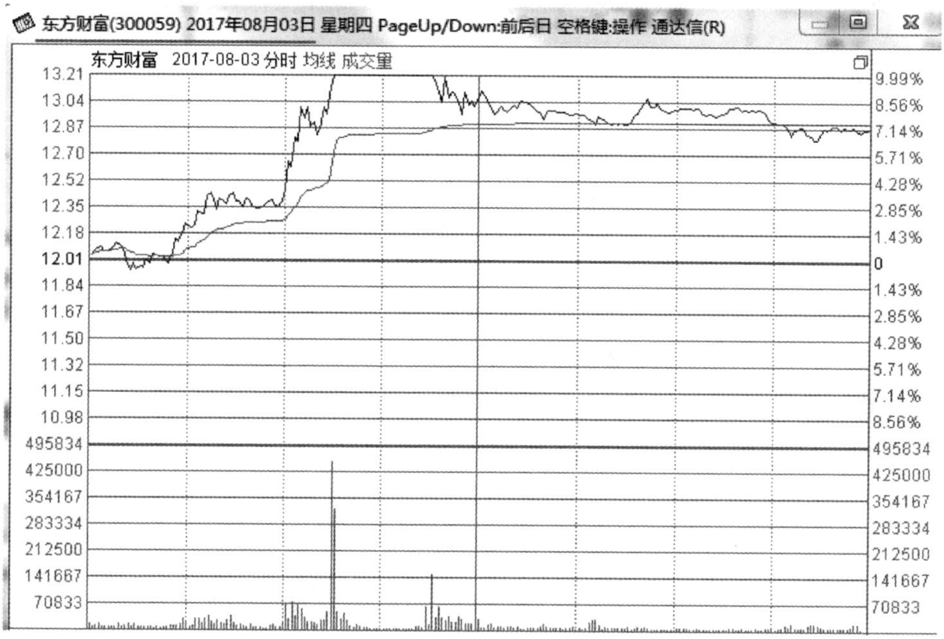

图3-5　东方财富2017年8月3日分时图

今天的主角是创业板和局部次新股，创业板最大的主角是东方财富（见图3-6），因为它是风向标，对于近期的异动，我们已经提前发现并布局了，今天盘中进行了加仓动作，盘中一度涨停让整个市场极为亢奋。

大家思考一下，为何东方财富敢于冲击涨停？我认为，这足以说明一些大资金已经发现了这一板块极度超跌带来的机会。东方财富未来有一定的业绩空间，资金敢于出击就是一种信号。

对于资源类个股，笔者注意到，其分化的背后有一个逻辑：这个板块历

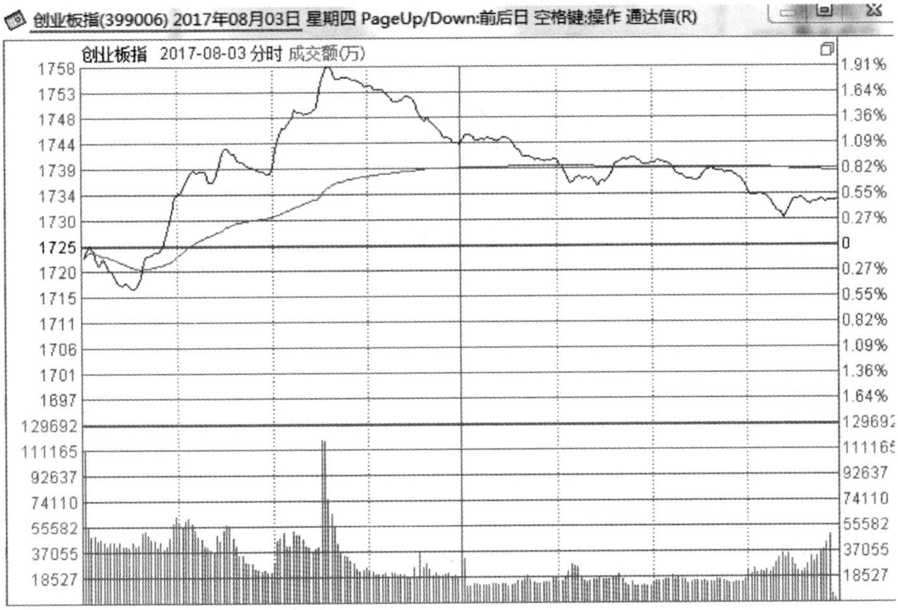

图 3-6　创业板指 2017 年 8 月 3 日分时图

来是牛市中较为突出的板块之一，但同时很多个股超跌非常严重。比如中国铝业，即使近期大涨，依然处于历史低位，这是很多资金短期敢于继续参与的逻辑。简单来说，周期性板块的活跃，吸引了一些博中线的资金。但是想展开大行情，其难度不小，所以多点动荡是需要的。如果真的要做周期性个股，侧重挖掘还没涨价的主题是一个不错的思路。

此外，还有一个值得重视的信号，次新股超的跌股维宏股份居然实现了涨停，这是否预示着将有更多超跌次新股将会崛起？跌多了总是会有机会的，机会就是压出来的。

一决胜负的战役

2017 年 8 月 4 日

核心观点

下周，创业板继续出现突袭的计划没有改变，从盘面来看，这一情况发生的概率进一步提升了（见图 3-7）。因为该跌的都在跌，机会是压出来的，今天没体现出来，无非是进一步被压而已。但是压力一旦释放，效果就会很惊人。当然，最理想的局面就是下周初白马蓝筹股和资源股先趋于稳定，给创业板创造一个比较好的迎接突袭的环境。这里肯定会有机会，我们要做的就是静候佳音。

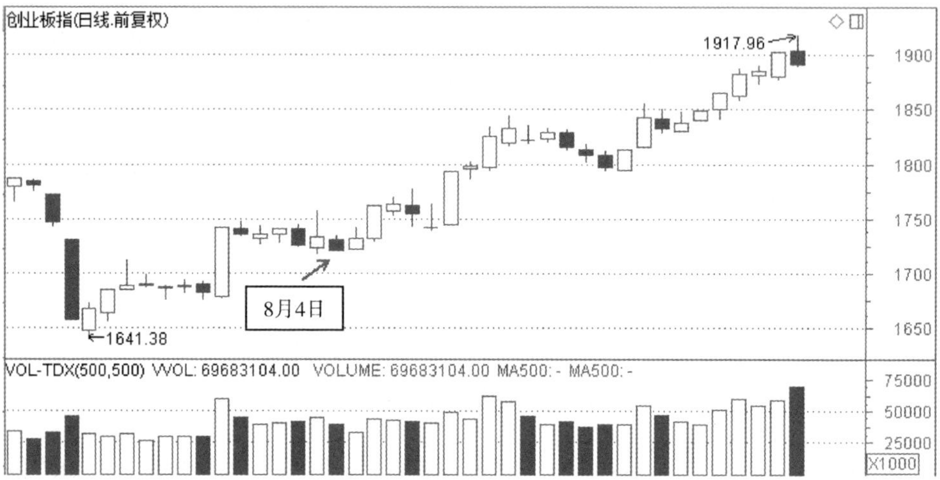

图 3-7　创业板指日 K 线走势验证

火烧赤壁的高潮即将到来　新战区仍是关键

2017 年 8 月 7 日

核心观点

整体来看，白马蓝筹股如期反手一抽，力度一般，大的方向将依然是调整。不过，调整的力度也将是在分化中演绎的，不会特别大，但这会给其他板块创造继续表演的好环境。

资源涨价主题板块将演绎大动荡中分化的格局。上周五，资源涨价主题集体大跌，今天又集体大反攻，动荡就是如此剧烈。剧烈的背后反映的是情绪的动荡，也是短期涨幅较大后的必然现象。笔者的看法是，就算中期还将继续大涨，依然要警惕短期风险。

周一拉开了决战的序幕，目前很有利于多方，当然，接下来就是更关键的奠定局，这不仅要看空方的杀跌区域和力度，更重要的是看多方突破点的力度，我们的理解就是关键在于新战区。新战区大胜一切则皆可活。静候，等更精彩的攻击，火烧赤壁的高潮还没到来呢（见图 3-8）！

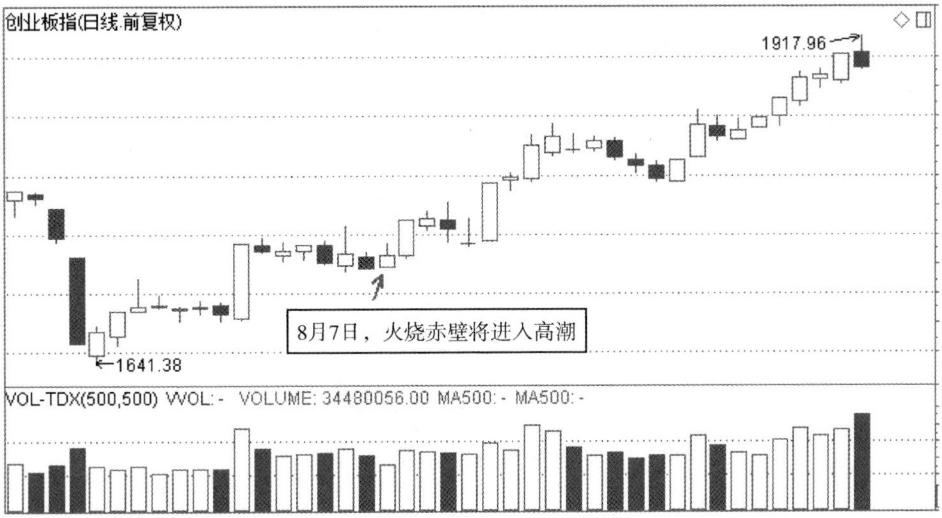

图 3-8　创业板指日 K 线走势验证

完美验证：创业板大涨近 2% 后要找更多“赢时胜”

2017 年 8 月 8 日

核心观点

创业板如期大爆发，大涨近 2 个百分点（见图 3-9）。昨天所说的得到完美验证，火烧赤壁的高潮马上要到来，更多“赢时胜”将出现。

新战区如期大爆发，从 K 线图上看，创业板指数出现一根光头光脚的攻击中阳线，大涨近 2 个百分点，全天最高点位时收市。当预期成为现实的时候，给我们带来的感觉很好。反观上证指数，因为白马蓝筹股等发生动荡，全天基本是平盘告收，没有出现明显的涨跌，这样的效果是比较理想的。

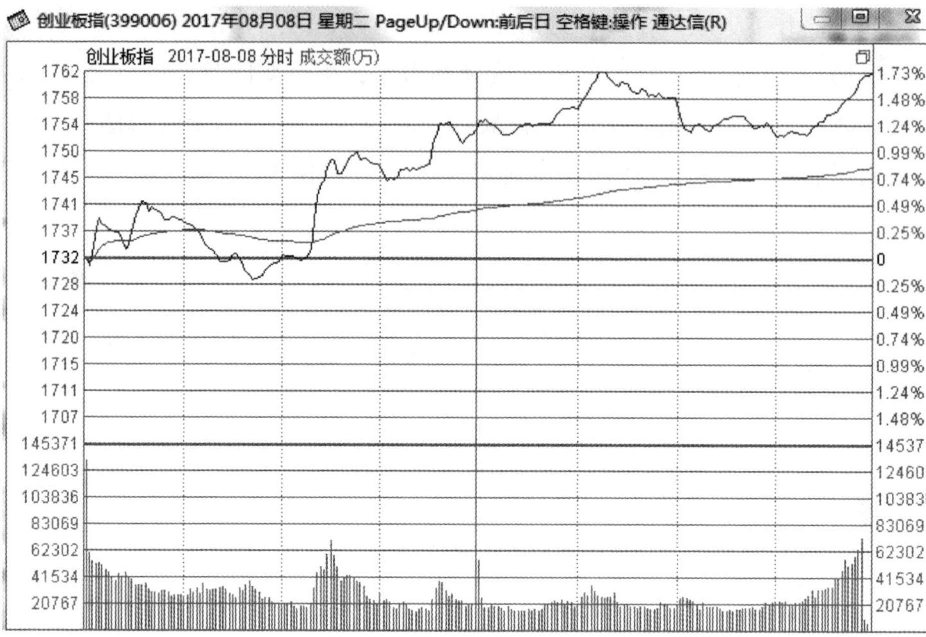

图 3-9　创业板指 2017 年 8 月 8 日分时图

3 个方面看清市场格局　3 个思路把握当下操作

2017 年 8 月 9 日

核心观点

今天盘面的博弈很有意思，进入了相对复杂的状态，思路如下：

第一，白马蓝筹股今天的分化相当厉害，银行和保险板块以下跌为主，是抑制市场的做空力量。与此同时，消费类白马蓝筹出现了较大力度的反攻行情，消费类企业的上涨与市场担心全面涨价因素有关。

第二，资源和涨价主题今天动荡剧烈，前期方大炭素和宝泰隆的高位杀跌就是先例。钢铁板块个股下午集体爆发，很多是尾盘突袭，这也侧面反映其中还是有不少短线资金在博弈，希望吸引更多跟风盘做差价。当然，今天该板块的强势也与国际大宗商品逼空行情有关。

第三，新战区（创业板和次新领域）今天强势中出现分化行情，预计接下来的调整幅度不会太大，调整完毕后还应有向上冲击的能量。

整体来看，今天市场选择了一种蓄势动荡的模式，我们要做的有以下 3 点：第一，别追高，别贸然做冲动型交易者。一旦追高，很容易会尝到市场给出的教训。

第二，耐心寻找属于自己的“菜”，在超跌股中挖掘更多“赢时胜”，在强势个股中结合成长性等待更多选择。

第三，做好差价，不断调整仓位，慢慢找到能飞起来的新金。

上证指数有望打出周阴线　新战区进一步崛起

2017 年 8 月 10 日

核心观点

上证指数有可能打出周阴线（见图 3-10），而创业板次新股新战区有望崛起。

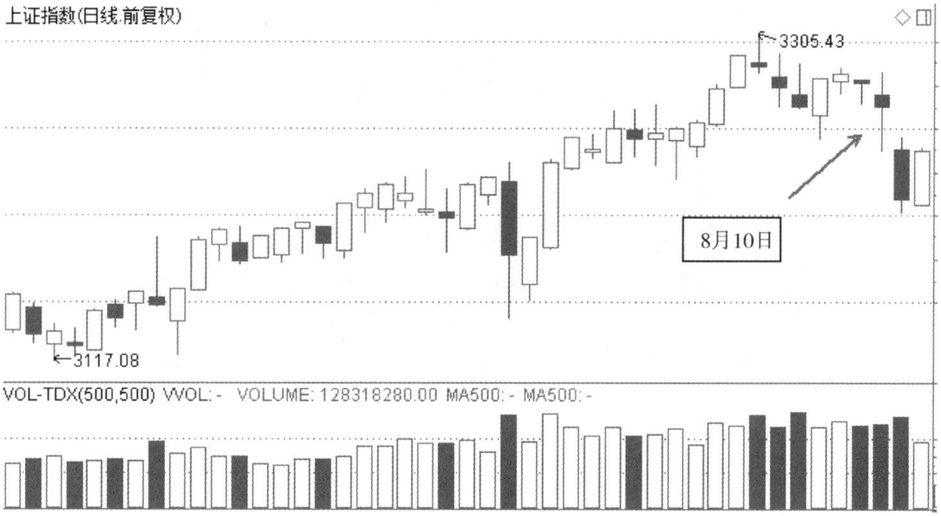

图 3-10　上证指数日 K 线走势验证

市场博弈继续如笔者预期的演绎，昨天笔者着重强调了涨价和钢铁等主题的短期风险，今天就出现了大面积调整，而且不少是低开动荡，追涨的大部分都处于套牢状态。

对于涨价和钢铁主题，笔者认为这些领域短期是一个阶段性走出高点的过程，因为，当下市场已经呈现剧烈动荡、情绪疯狂的状态。而对于白马蓝筹股，保险和银行成为主要杀跌力量，其逻辑并不复杂。毕竟此前已经上涨了不少，涨多了自然会面临调整，情绪追涨的结果往往不会很理想，尤其是阶段性尾声的追涨，其风险尤其值得注意。

未来，笔者认为会有更多“赢时胜”的机会，风向标虽然整体还有机会，但可能有更大的机会在其他新站区，不如分配更多兵力去部署。另外，作为今天次新股的风向标之一，强势股的江丰电子（见图 3-11）顶住了市场动荡的压力，继续强势向上，最终收涨接近 3 个点。接下来，大家要注意次新股这个群体随时可能产生的逆袭机会。当然，重点还是挖掘超跌股，强势只是一个配置组合。

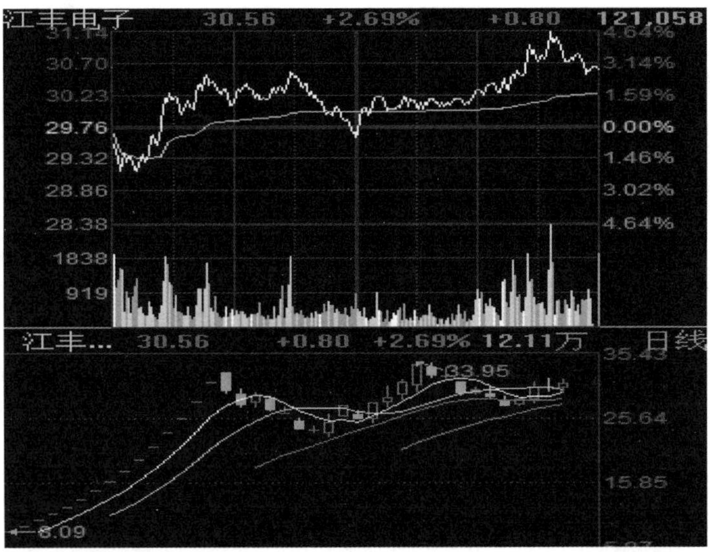

图 3-11　江丰电子走势图

总之，今天的盘面告诉我们，接下来上证指数还是需要压力的，压力一旦爆发，很可能明天就把上证指数打出一个周阴线出来。与此同时，新战区可能会进一步活跃，因为春江水暖鸭先知，局部次新股的机会在渐渐展现。如果新站区有更大面积的崛起，就可以非常好地平衡市场动荡的做多力量。一句话，上证指数打出周阴线的同时，新战区（创业板和次新股领域）有望进一步崛起！

上证暴跌如期杀出周阴线　新战区将迎新机遇

2017 年 8 月 11 日

核心观点

昨天的文章《上证指数有望打出周阴线　新站区同时进一步崛起》，被市场淋漓尽致地体现了出来，我们前期的逻辑和思路再一次得到完美验证（见图 3-12 和图 3-13）。那么思考一下，接下来会如何演绎呢？

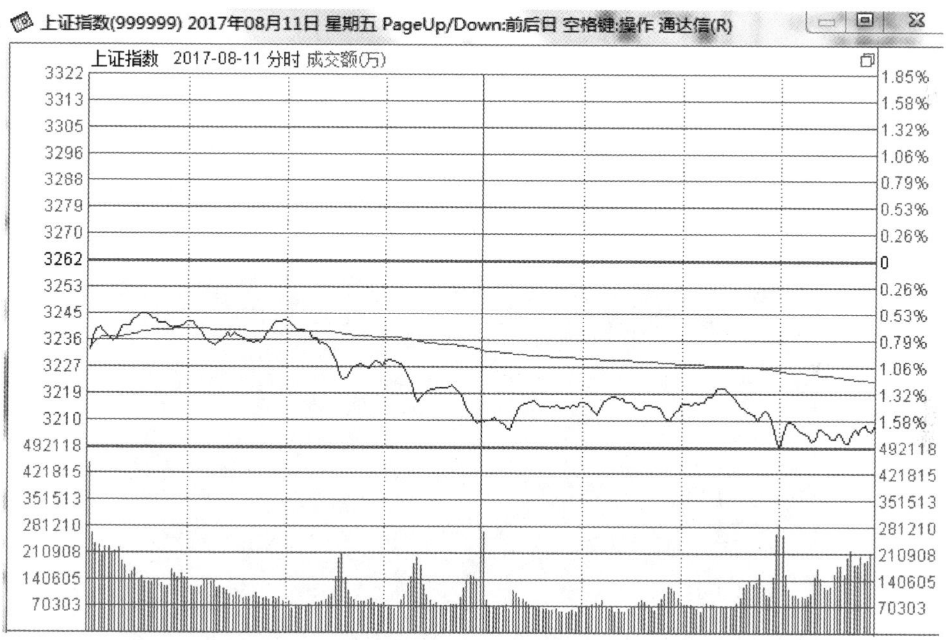

图 3-12　上证指数 2017 年 8 月 11 日分时图

今天，笔者继续谈谈涨价和钢铁主题，这两个主题的走势非常明确，现在已经进入了情绪交易剧烈的动荡阶段，大幅杀跌的风险随时存在。与此同时，方大炭素和宝泰隆调整到 20 点附近通常会面临一个关卡，而今天这两个品种已经比较稳定了，这也给了笔者一个启发：大幅杀跌的涨价主题和钢铁等品种，如果要做超短线反弹，跌幅 20 个点左右是一个值得衡量的位置。

新战区经历了这次考验后，接下来，市场的表现会变得更加精彩，将有

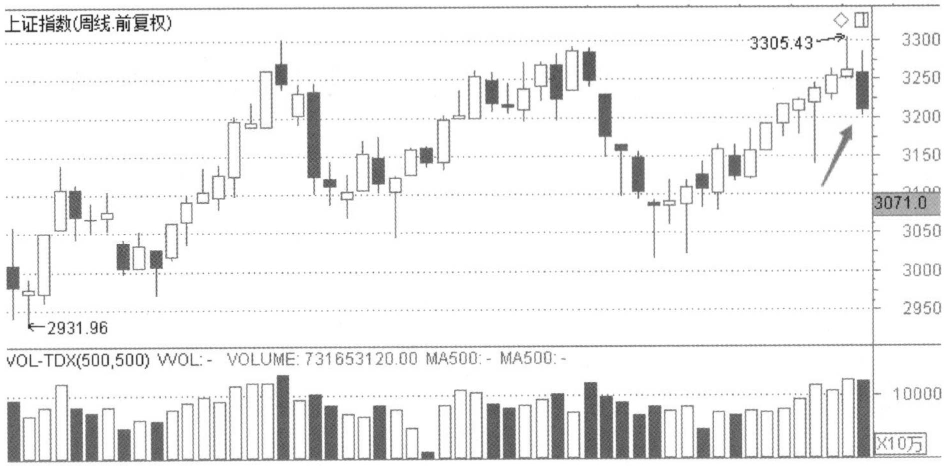

图 3-13　上证指数日 K 线走势验证

更多机会涌现出来。昨天我们说，东方财富可能要再挖个坑，今天也得以验证，今天东方财富以下跌为主，不过整体稳定，接下来回转还是有机会的。我们新布局的一些新战区中的品种，今天也逆势飘红了，如锦富技术（见图 3-14）和新经典（见图 3-15）等，至少从短线上看很成功。

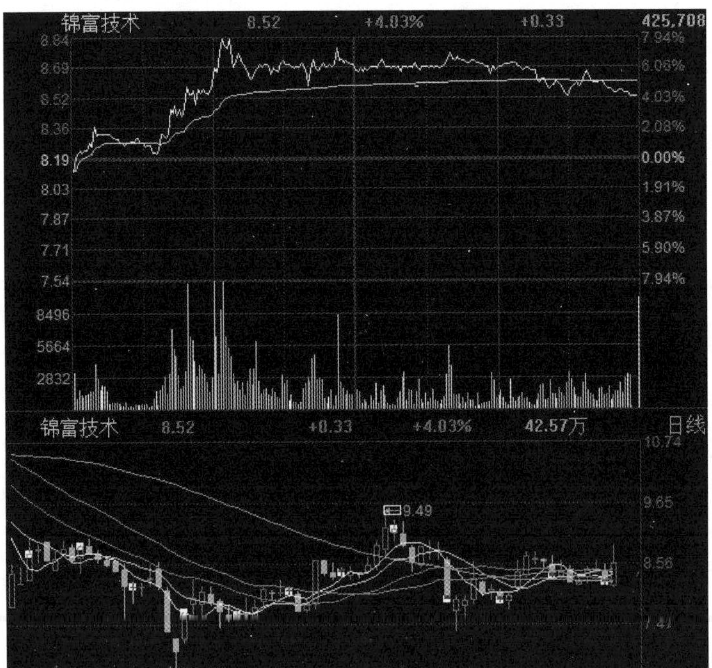

图 3-14　锦富技术走势图

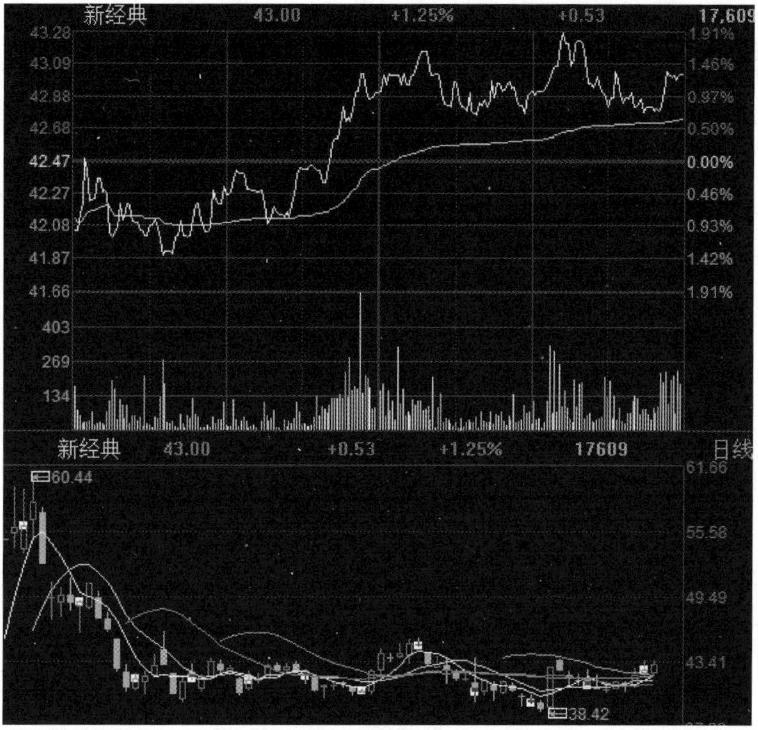

图 3-15　新经典走势图

创业板暴涨和股票涨停　我们预见一次小奇迹

2017 年 8 月 14 日

核心观点

我们对市场的研判进一步得到升华，创业板（我们强调即将崛起的新战区）大涨接近 3 个百分点。我们能提前把信息挖掘出来，这是对市场深入理解的结果。上周五，我向大家明确做出预测：要重点关注创业板的锦富技术和次新股的新经典（见图 3-16）这两只股票。结果，两只股票双双涨停，连我们自己都深感吃惊。股指牛，股票更牛！不谦虚地说，这就是我们不畏股市风雨，一直努力坚定信念换来的结果。

图 3-16 新经典日 K 线走势验证

笔者再谈一谈涨幅接近 3 个点的创业板（见图 3-17），大家不妨回顾一下 7 月 17 日创业板指数大跌 5 个点最终收盘 1656 点的情景。当时笔者提出了一个观点：草船借箭，现在回头来看，创业板指数收盘都已经达到 1793 点，涨幅 140 点，大部分个股更是收复失地，带血的筹码就这样在 1 个月前市场暴跌时借到，如今成为攻击的武器，也就是笔者之后提到的战役：火烧赤壁。

今天，涨价主题中除了稀土走出盘中大逆转走势，其余都相对较弱，说明市场资金在这里选择了局部积极运作，但整体有心无力。结合钢铁进一步分化的格局，接下来，涨价主题和钢铁会进一步降温，小部分机会尽可能出现在局部个股。

次新板块更多机会体现在超跌次新股中，因为市场活跃了，有些资金会率先突袭超跌次新股。

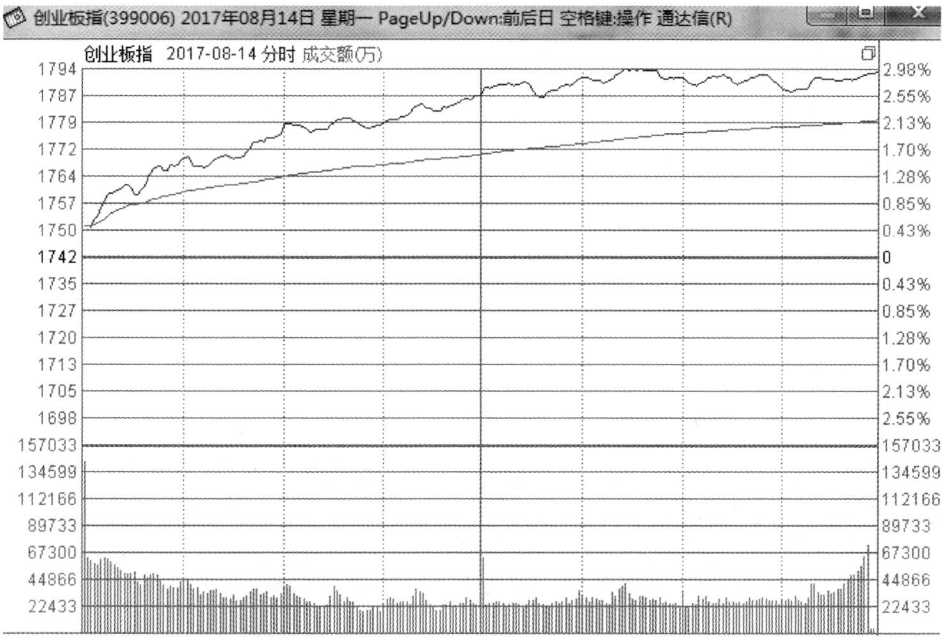

图 3-17　创业板指 2017 年 8 月 14 日分时图

“全局图”完美再验证　三点阐明分化更精彩的本质

2017 年 8 月 16 日

今天，市场冰火两重天，做空的如期做空，做多的如期做多，创业板大涨 1.5% 左右，而上证指数则下跌接近 0.2%。近期明确看到阶段性调整，白马蓝筹股和资源股等，相当一部分都跌得很惨；相反，“新战区”（创业板和次新领域）不少品种都涨到让人叹为观止。接下来会如何博弈呢？

第一，资金博弈愈演愈烈，前期涨幅过大的白马蓝筹股在上涨中不断强化风险，而阶段性调整的白马蓝筹股继续释放风险。谨防中报披露白马蓝筹股暗含的业绩不达预期，从而遭到资金抽逃。

结合创业板进一步崛起的背景，这里并非更安全，反而更危险。打个比方，原本你所在的领域很热闹，但突然发现创业板热闹起来，那么这个领域的人就很容易被那些热闹吸引过去。从局部杀跌放量的态势来看，显然，这里是进一步分化，如没有极大的外在力量支撑上去，这里将依然是空方重要的空袭区域。我们应执行减持的策略。

涨价和钢铁主题今天整体处于调整态势。尤其是涨价资源，其中方大炭素昨天接近涨停，而今天它则直接跌停。但逻辑不难理解：相对高位，一点消息面的风吹草动就可以形成羊群效应，今天的演绎本质就是如此。

创业板指数收于 1825 点，对比 7 月 17 日的 1656 点，涨幅在 10 个点左右。这就是市场博弈，草船借箭后精彩的火烧赤壁。不仅如此，次新股也是如此，比如新经典（见图 3-18），7 月 17 日其价格在 40 元左右，而今天已经逼近 52 元，涨幅超过 20%，这正是草船借箭后火烧赤壁的具体体现。

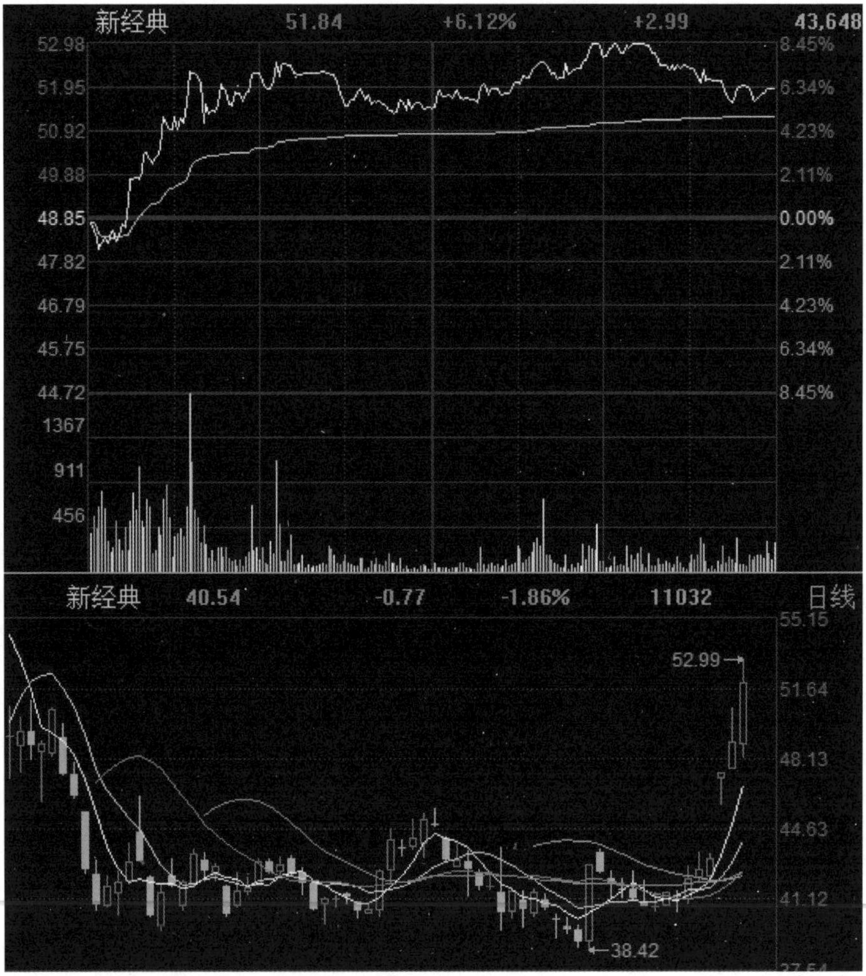

图 3-18　新经典走势图

第四，超跌次新也是今天的一大亮点，笔者此前反复强调将转战新战区（创业板和次新股领域），就是重点关注超跌领域。今天，笔者对超跌次新股新易盛（见图 3-19）进行了盘中加仓的策略，最终该股封死涨停，表现相当精彩。

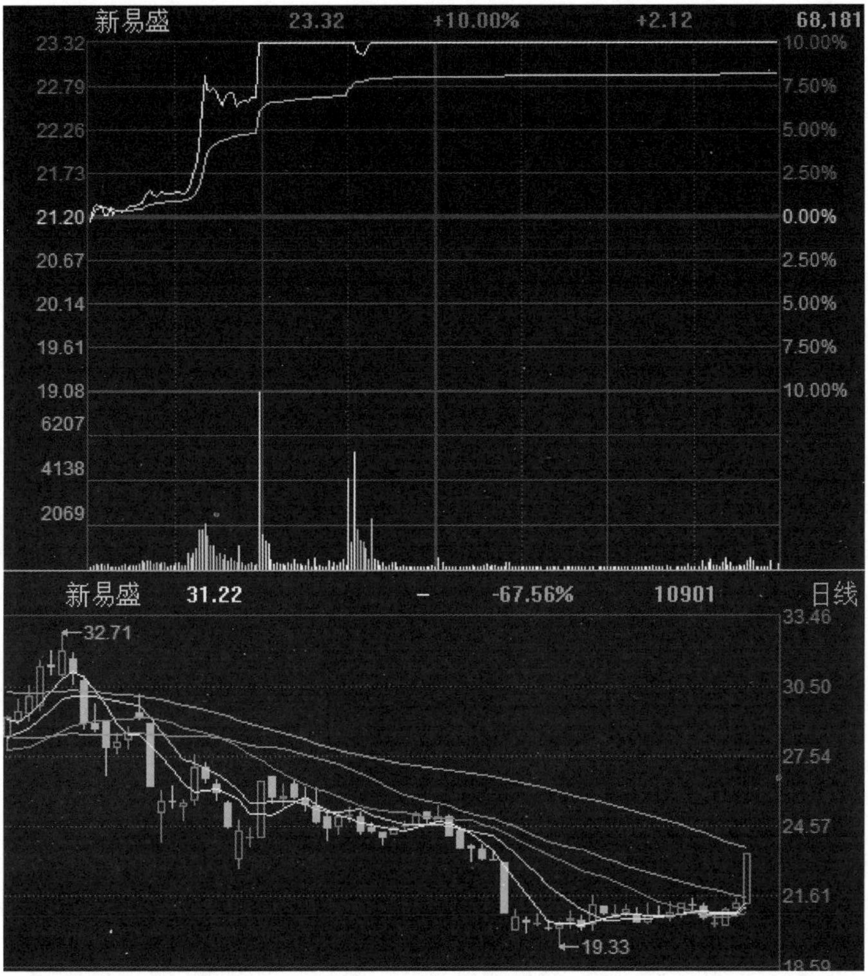

图 3-19　新易盛走势图

上证指数或将再杀跌　局部机会将进一步分化

2017 年 8 月 17 日

今天市场整体涨，看上去其乐融融，但笔者却不觉得需要为此欣喜，因为这样的上涨让我多少嗅到了即将剧烈动荡的意味：上证指数和创业板指数盘中相互拉锯，最后上证指数涨幅相对更大，但也仅仅上涨不到 0.7%，不够凶悍。另外，创业板指数也回补了 7 月 10 日跳空向下的缺口，连续上涨后出现需要休整的态势。

此外，创业板风向标之一的东方财富冲高回落。发生这种情况，说明有些资金开始有所警惕，想做做差价，因为创业板短期也到了阻力位，再结合连涨态势，主动回调蓄势，反而更有利于创业板的相对稳定。

同样，今天科大讯飞也创出历史新高（见图 3-20），这恰好印证了我们前期谈到的科技领域才是未来的最大机会所在。市场已经悄然验证了这一预测，也正是因为大盘迅速刷新了历史高点，多空博弈带来的剧烈动荡就不可避免。所以，不难发现，人工智能板块今天的走势也很动荡。不过，可以顺着这样的思路，在科技领域挖掘更多的机会。事实上，今天的盘面也是这样走的。更多机会能否被持续挖掘出来，则是接下来平衡市场的一大关键力量。

如果没有热点，白马蓝筹股和资源股都不理想，那么盘面会很难看。我倾向于创业板的局部机会依然存在，从而来平衡市场。

再放到次新股整体，我更倾向于接下来更多是进一步分化的博弈。我们昨天加仓杀进去的超跌次新股新易盛，今天冲高 6 个百分点后就出局了，这也是基于接下来会有动荡的风险所采取的策略。同时，这也是一个波段，整体获利超 15 个百分点，表现很不错，转战了一只“金砖会议”的个股——厦门国贸。同时，也加仓了一些走得比较强势的品种，比如我们上周布局的，目前涨停后强势震荡的锦富技术。

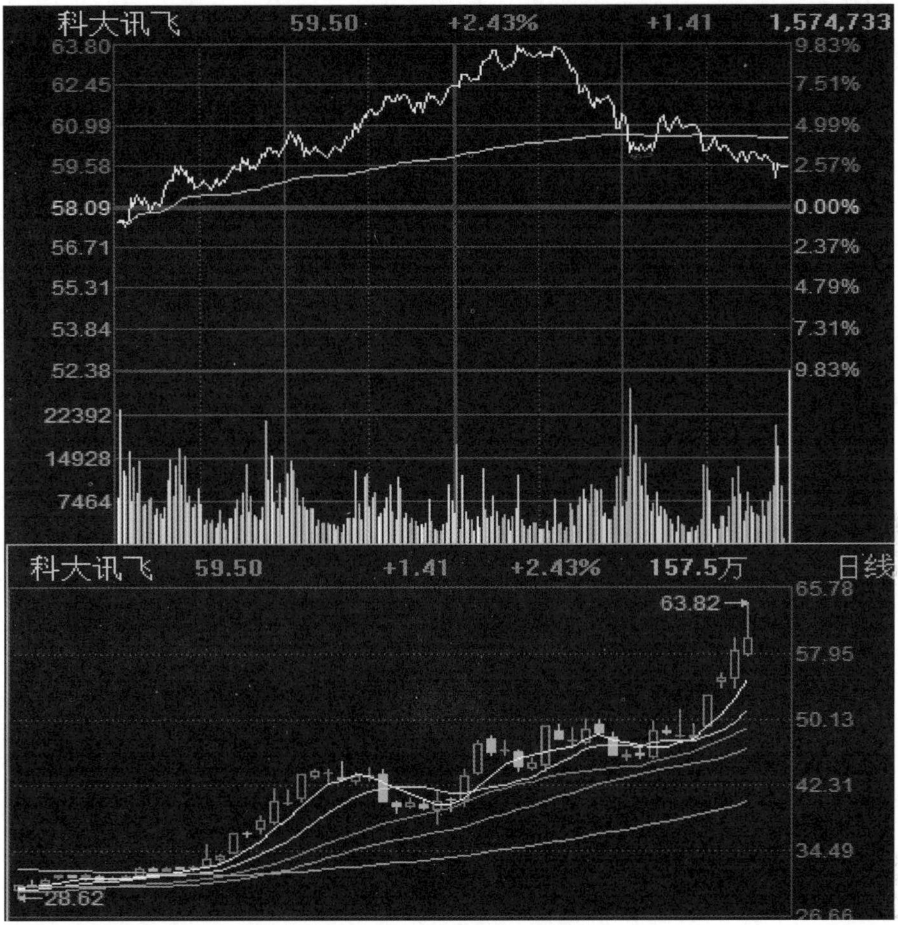

图 3-20　科大讯飞走势图

如期动荡让杀气消散不少　大精彩将依然在新战区

2017 年 8 月 18 日

今天，上证指数没能完全回补周四的跳空向上缺口，仅差 2 个点。上证指数除非能尽快脱离这个区域，启动类似证券、两桶油等，否则接下来将以反复动荡的行情为主，真正的机会将更多围绕创业板和次新股展开。

上周五我们提到的锦富技术和新经典，本周前者涨幅将近 10 个百分点，后者涨幅超 20 个百分点。接下来会如何？目前我们还无法做出预测，但也有可能强者恒强（走势验证见图 3-21 和图 3-22）。所以，上周五我们采取了适当加仓的运作，接下来一旦形势不对，随时可以出仓。

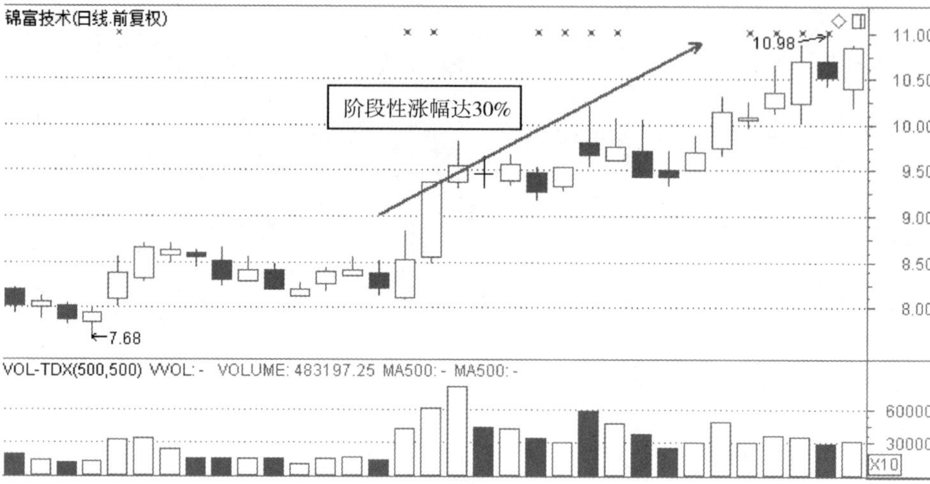

图 3-21　锦富技术日 K 线走势验证

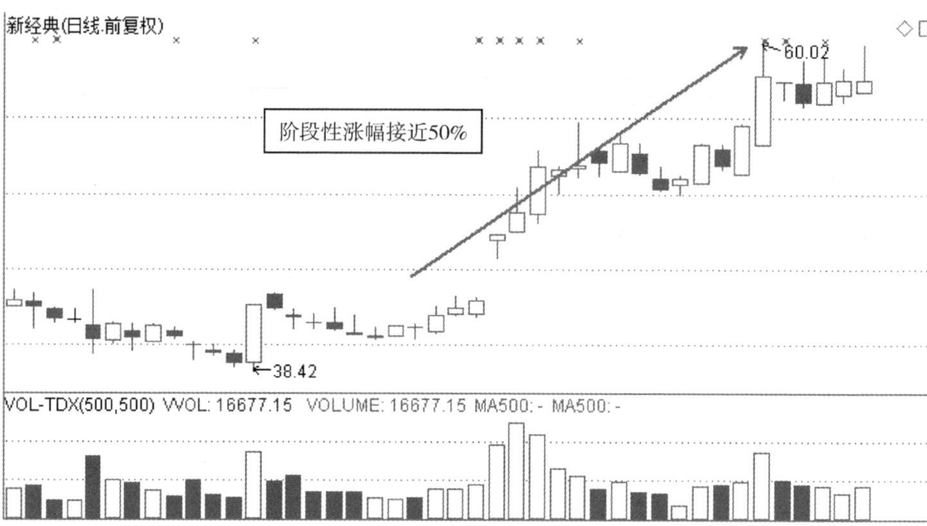

图 3-22　新经典日 K 线走势验证

第四章　分化动荡（下）：新战区如期而至与反杀

动荡再次如期后，透过“反杀”思路再看白马蓝筹股

2017 年 8 月 22 日

第一，混改股风险如期显现，估计白酒板块是下一个风险区域。中国联通盘中打开涨停，其他混改股都纷纷停止上涨，风险预期演绎中，昨天我们就旗帜鲜明地指出，短期看认为混改是在给你送钱，其实就是套你，一定要明确短期的风险所在。

昨天听我的建议的朋友，至少短期可以避免下跌 10 个点左右。接下来，我们对混改股继续保持观望态度，因为这一板块涉及的范围较广，未来也存在诸多不确定性，仍然有动荡风险。保持观望，等大部分人都开始觉得没有起色的时候再作考虑。明天的考验就是中国联通呈现什么走势，如果大跌，估计整个板块都会更难看；如果表现相对强势，则还能对整个板块形成一定支撑。目前，上策是等风险充分释放。

第二，今天我发现一个有意思的板块——白酒板块，上午盘中大部分都出现了急跌走势，甚至也把贵州茅台最大跌幅拖了近 3 个百分点，虽然尾盘大部分都有反抽上去，但整体来看，这一板块显然已经被空方砸出了一个缺口。接下来，我感觉还有继续被砸的空间，短期白酒板块可能是另一个被空方要开始突围的板块。

核心观点

混改个股利好兑现，风险如期释放，个股纷纷冲高回落。明确前期积累涨幅过大，风险加剧的白酒板块短期有被空方偷袭的对象，有风险释放需求，一定注意该板块短期风险（走势验证见图 4-1）。

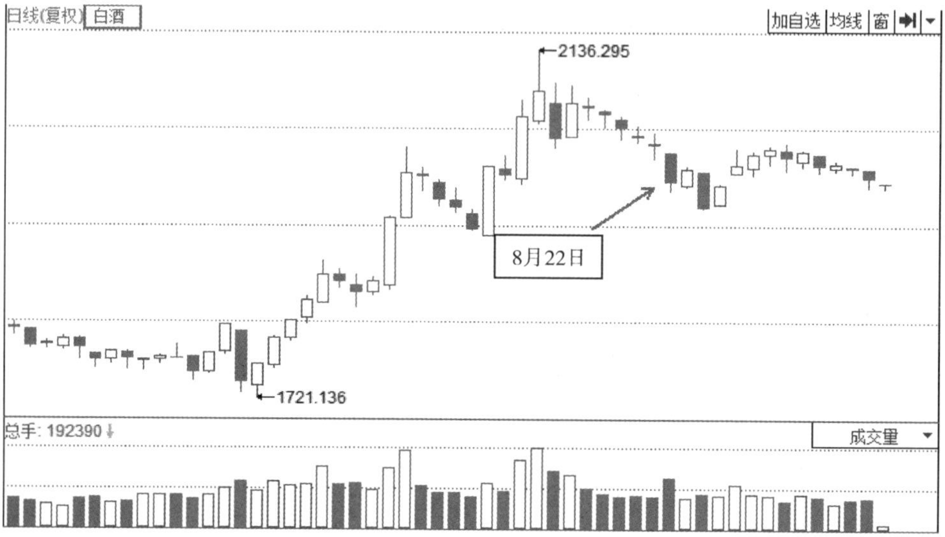

图 4-1　白酒板块日 K 线走势验证

第三，未来机会将依旧来自“新战区”。创业板选择了进一步回撤的波动走势，这符合我提出近期这一板块短期需要休整的思路，预计要调整到 10 日均线附近，这是一个较好的位置。通过看东方财富的走势也基本知道状况了，只要东方财富稳定，创业板也会较好，当然，更多机会在弹性更大的局部标的上。

至于次新股，走势则比创业板更强些，其中的中科信息，基本上连续出现 6 个涨停板，目前最大的风险就是管理层要求特停。即使特停，逼近财富效应也显现出来了，更多传导到其他次新股上也是水到渠成的事情。接下来，次新股依旧值得深度挖掘，因为，市场主要机会预计仍会围绕“新战区”（创业板和次新股）展开。事实上，我们前期有重点分享的锦富技术和新经典今天依旧是逆势红盘，这就是一个很好的证明。

核心观点

东方财富的屹立不倒，进一步明确了创业板后市曙光渐近（走势验证见图 4-2）。次新强者恒强（走势验证见图 4-3），进一步验证了前期我们交易“新战区”的前瞻性及牛散大学堂一脉相承的“提前、深度、坚持、大格局”的九字真经。

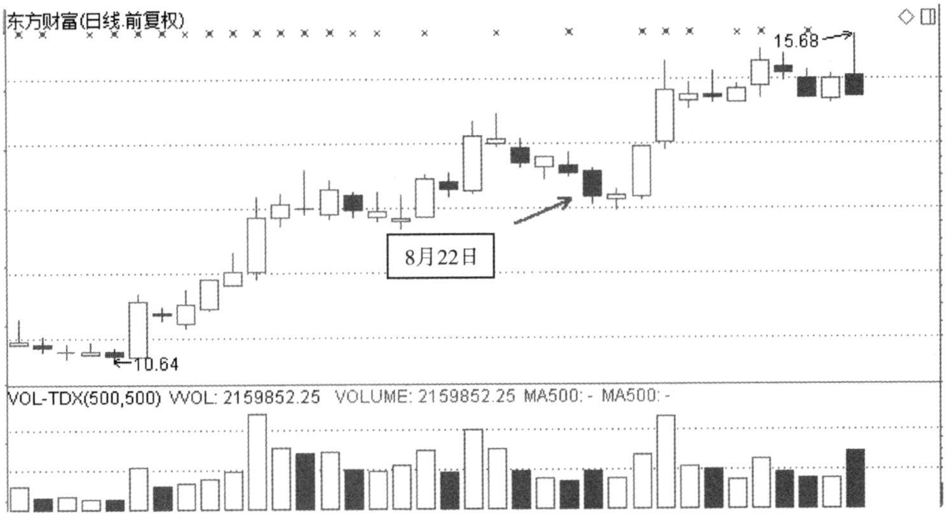

图 4-2　东方财富日 K 线走势验证

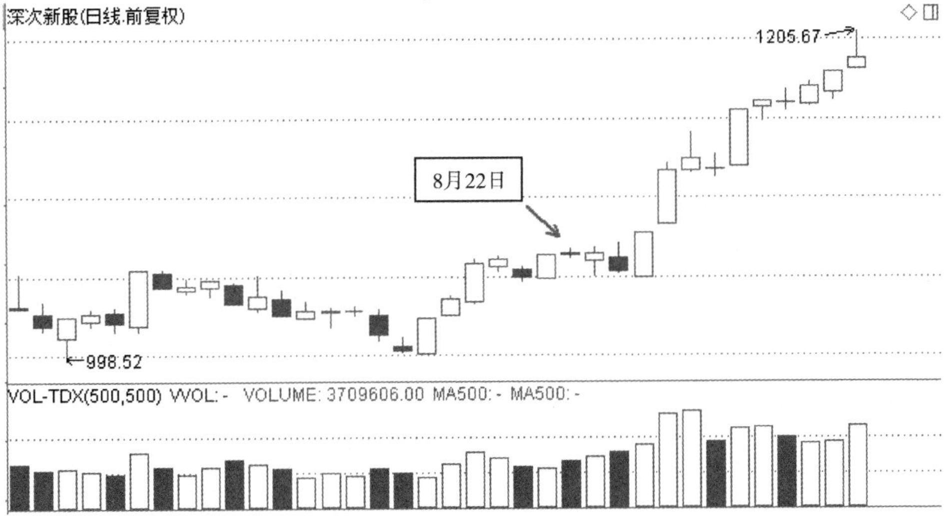

图 4-3　深次新股日 K 线走势验证

分化已令人目瞪口呆　暴风雨一触即发

2017 年 8 月 23 日

关于混改主题，短期交易一定要警惕，小心被套。今天最大的谈资应该是中国联通，证监会特批了中国联通混改增发。对于这次特批的影响，我在微博上大致进行了解读：其实，这个事件对市场的影响是较大的，利空方会担心政策的多变性，利多方则希望未来类似特批混改会越来越多。这是合理的逻辑，预计会越来越多。目前，我更愿意把混改看成是一种概念。从整体看肯定有积极意义，但最终如何落到实处需要时间。做股票投资，不能仅看这个，更要看企业未来实际业务和发展空间，中国联通最大价值还是未来 5G 市场能否先人一步的问题。另外，实际上，中国联通混改对并购重组是有利的，新战区（创业板和次新股领域）恰好也多了一层遐想的空间。

不管如何，这次中国联通混改至少会激发市场敢于想象的空间，对市场局部炒作是有利的，对市场的活力提升也是有利的，更深远的影响只能走一步看一步，因为很多事情都会有特殊情况。总之，市场从大方向上是坚定看好，但过程中的动荡也不可避免。

特别提醒大家的是，如果有人认为混改就是送钱的话，那么，短期一定要小心被套。事实上，今天除了极少数混改概念个股被带动涨停外，其余大部分都处于冲高回落的动荡状态。下午，中国联通有一笔大单砸了一下，因此，对混改主题，我觉得这次就是中国联通达到上涨一波（哪怕中国联通开板了估计也是要把人套牢的套路），接下来，进行短期交易，如果大部分人想冲进这一主题进去拿钱，估计最后可能会变成送钱，要小心这一风险。一旦混改主题动荡，大盘也难免受到影响。所以，之所以说今天的普涨不好，就是担心接下来一旦动荡会对市场带来一定的反杀效果。

提防混改主题利好兑现与政策多变性，市场一致性太强，容易造成资金反杀回撤，股价冲高回落。

核心观点

1. 新机会在于创业板和次新股的新战区领域。

第一，机会区无疑依然是新战区（创业板和次新股领域）。这里不需要中国联通特批来刺激上涨，而是市场跌至一定程度后的自然上涨，这才是最健康的上涨，而且不少上涨的股票都具有未来基本面持续增值的良好预期，不是单纯地炒作概念。所以，我认为，这里的机会才是最保险、最大的。

周末有消息显示，养老金入股创业板，不难发现，各路资金都渐渐显山露水地参与进来。记得在 2017 年 7 月 17 日创业板大跌时，我说"草船借箭"，可惜当时没人信服。现在一个多月过去了，创业板悄然涨了 10 个百分点以上，甚至很多个股开始飞涨。火烧赤壁就是在你犹豫的过程中烧得更旺，"新战区"（创业板和次新股领域）将是未来最大机会之所在！如果不相信，再看看中科信息，今天继续涨停，差不多连续 6 个涨停板，创造的财富效应足以引导更多次新股崛起。事实上，今天已经有不少次新股出现了积极上攻的动作。总体来看，"新战区"才是接下来市场动荡最有可能维系市场平衡的关键做多力量。

养老金释放 A 股安全边际、生态趋稳。明确"次新股 + 创业板"为后市做多主力军（走势验证见图 4-4 和图 4-5）。

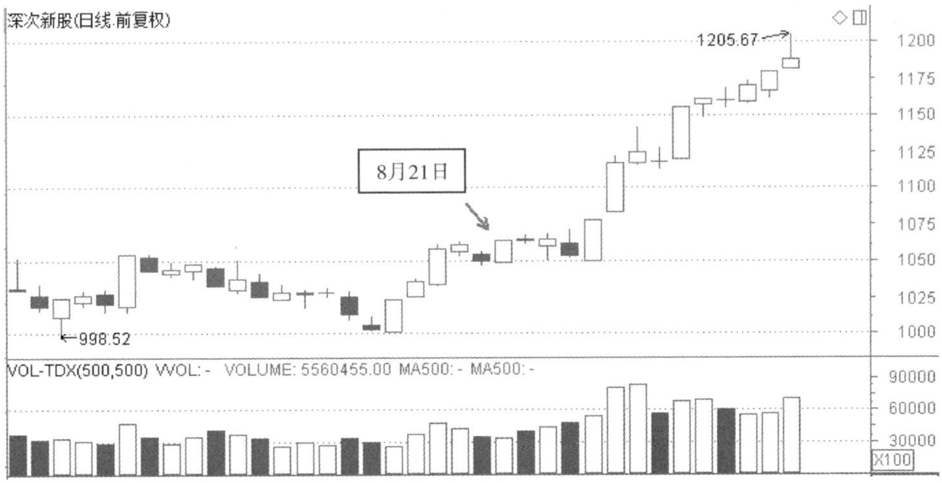

图 4-4　深次新股日 K 线走势验证

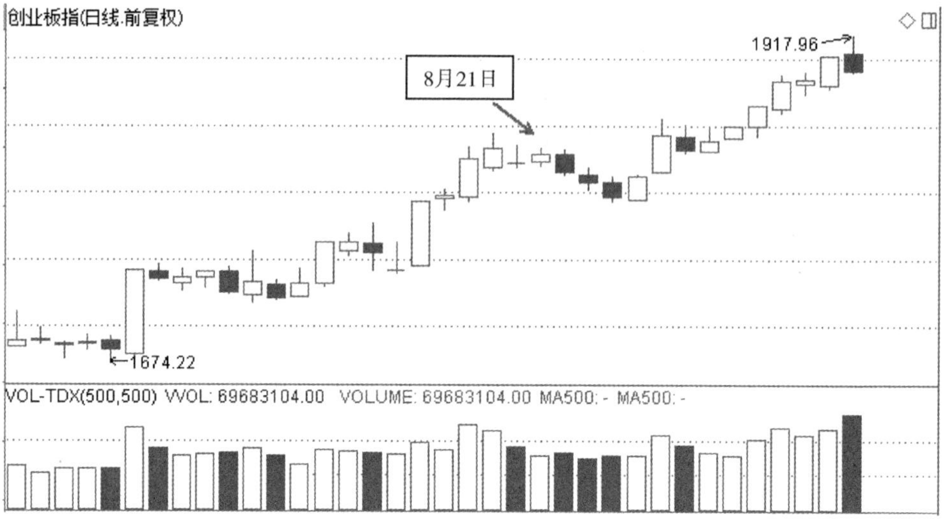

图 4-5　创业板指日 K 线走势验证

第二，对证券板块的思考。今天下午，盘中出现异动的证券板块，很显然是目前多头想平衡市场的一股力量，但是，目前整体市场空方的力量比较强势，所以，虽然这一板块想要崛起，但力度不够。接下来，看这里能否继续组织有效的进攻，从而平衡市场进一步动荡的风险。

如果说，未来大盘要站上 3300 点，这一板块肯定要发挥一定的先锋军作用。但是短期内不确定，因为，空方还是有发挥的空间，哪怕这个板块多方不能很好地组织力量，也不排除再挖一个小坑的可能性。

2. 证券板块与行情好坏有着“连坐”“春江水暖鸭先知”的作用。

特别是冲击阶段顶部 3300 点的关口，冲关先锋军要行情向好，证券是最受益板块之一（走势验证见图 4-6）。

继续深耕次新股，如期分化让优质次新强者恒强。典型个股如新经典（走势验证见图 4-7）。

接下来就要看主板，主板还是有动荡调整的空间，因为做空的力量依旧还在，就等暴风雨来临。那么，是否会演绎前期主板杀跌，而后“新战区”逆势上涨的格局呢？我觉得还是有机会的，就等主板的做空力量猛烈一砸。机会是挤压出来的，近期次新股的机会其实也是主板动荡压出来的，想要达到高潮，就让压力更猛烈些。

图 4-6 证券板块日 K 线走势验证

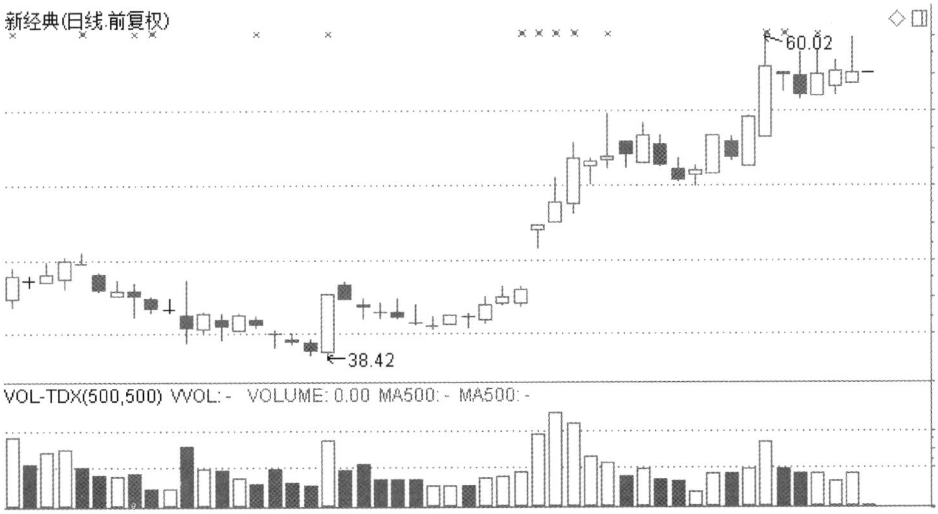

图 4-7 新经典日 K 线走势验证

总之，大盘到现在的位置表明，近期已经在释放一些风险，同时也可以让大家感受到一些新的局部机会，比如中科信息等次新股的疯狂表现，这种分化令人目瞪口呆。前期，我曾说过分化会让人目瞪口呆，接下来，次新股预计还有更多机会崛起。

暴风雨如期而至　雨后新战区迎接阳光

2017 年 8 月 24 日

今天，创业板继续下跌，但到了这一位置，是符合我们认为的已经休整到位的位置。东方财富先抑后扬，有点短期企稳的味道，对创业板有风向标的意义。

至于次新股板块，中科信息下午临时停牌，参与资金博弈的人群太贪婪，趁管理层近期很少插手特停，竟创造了 9 天 8 涨停的奇迹。临时停牌，一下子把近期炒作上去的次新股打击一片。但毕竟次新股板块的财富效应已经显现并开始扩散，所以，接下来机会依然突出，那些超跌次新股就是机会。事实上，今天盘面也是如此，最终有一些超跌次新股出现爆发走势，其实就是近期次新股回暖的一种传导效应。

核心观点

次新股龙头遭遇特停，板块内分化加剧，但次新板块上演传导效应好戏（走势验证见图 4-8），后市超跌次新股仍有补涨机会。

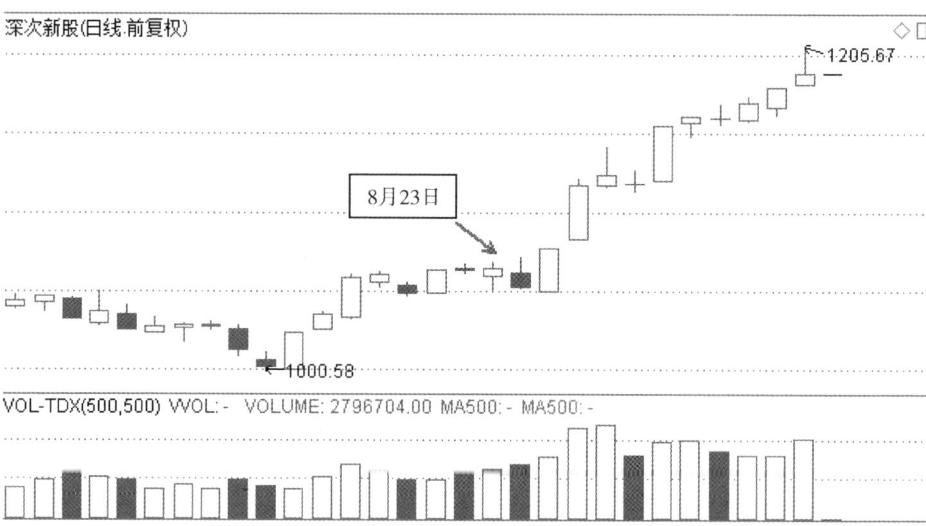

图 4-8　深次新股日 K 线走势验证

灿烂阳光如期而至　站上 3300 点后开始进一步分化

2017 年 8 月 25 日

总体来看，市场迎来灿烂阳光，站上 3300 点是一个信号，意味着会吸引更多资金参与到市场中来博弈，这对未来的机会来说是非常有利的。但是，也请记住，市场不会持续逼空，蓝筹股依然还有隐患。其实，白马蓝筹股除了银行保险板块涨幅大，其余大部分涨幅都很小，这预示着接下来局部必然会分化，可能还有剧烈动荡的风险。

对市场而言，就是动荡风险。大盘站上了 3300 点，会让市场风险偏好提升，最大受益者一定会是“新战区”，接下来的好戏其实才刚刚开始，我们坚信，暴风雨后会迎来灿烂的阳光。这时候，我们要好好研究个股，挖掘出新的“金猪”，把握好未来一起前行，从容地面对动荡分化的行情。

核心观点

认清当下格局，站好队伍，继续深耕“新战区”（创业板和次新领域）。特别是有强硬基本面业绩支撑的成长优质标的，典型个股如中科创达（走势验证见图 4-9）。

图 4-9　中科创达日 K 线走势验证

新战区如期大涨　三点看透局部反杀风险

2017 年 8 月 28 日

纵观今天的盘面，新战区如期大涨，我们收获巨大，但必须提醒更多的参与者，不要盲目乐观，在新战区里，必然会涌现更多类似科大讯飞这样突然反杀的品种，这些品种一定是在近期过度拉升的品种之上，比如刚上市不久但很热的次新股。请牢记，未来机会一定是在那些小荷才露尖尖角的“新战区”品种中出现，它们最符合当下大资金的建仓要求。

同时，必然会有大资金从前期的热点如白马蓝筹股、金融等领域撤退转战“新战区”，这种转移必然会引发市场动荡，我认为 3300 点还要受到考验。创业板则依然会强于主板，东方财富已经刷新反攻高点，估计短期也要进入动荡区域，适合波段交易，因为它的使命已经完成，更多机会将用其他新角色来填补。总之，接下来市场必然动荡，主板有再考验 3300 点的需求，风险和机会都将进一步加大。

核心观点

1. 精耕细作新战区，坚持大格局，动荡中发掘科技成长股，典型个股如富满电子（走势验证见图 4-10）。

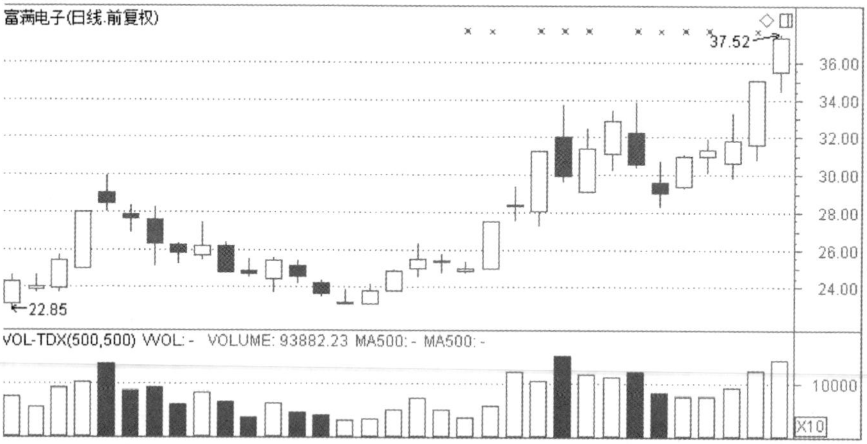

图 4-10　富满电子日 K 线走势验证

2. 前期反复提到的东方财富波段趋势走势已渐渐明朗（走势验证见图4-11）。

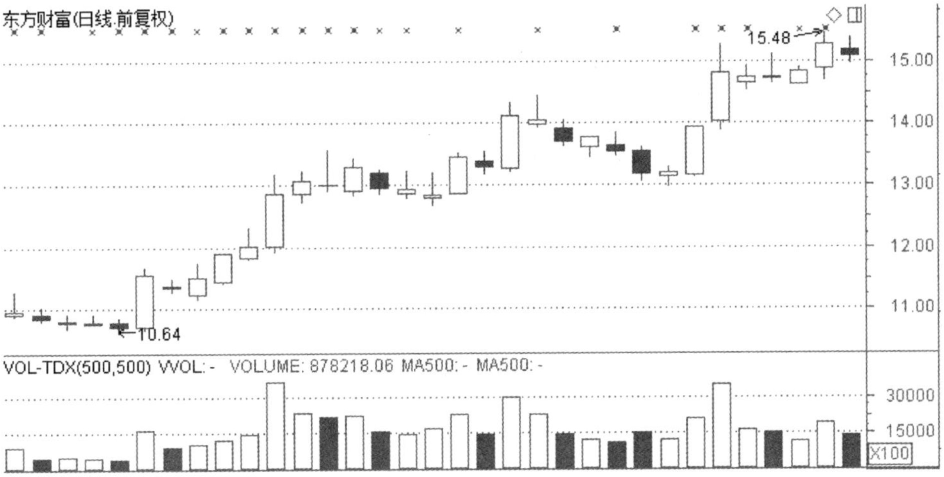

图4-11 东方财富日K线走势验证

动荡将延续：用"反杀"又一次预见了小奇迹

2017年8月29日

核心观点

次新股的进一步分化如期展开，涨幅过大的个股位于高位，短期获利盘表现出强烈止盈离场的意愿。

有关今天局部次新股的反杀，昨天在文章中就有预告，尤其是在昨天收盘后，我非常详尽地提出一些可能随时反杀的次新股，其中就包括富满电子、健科院和江丰电子（走势验证见图4-12）等。短期反杀最为关键的是获利盘太多，同时换手率较高，有一点风吹草动就很容易形成羊群效应。今天尾盘出现这样一记反杀动作，能跑出来的都是那些获利丰厚的机构或反应速度快的股民，大部分人都没反应过来。如果今天以最高价买入，今晚估计是比较煎熬的，因为，明天如果继续杀跌，类似科大讯飞一样，继续杀跌3个百分点左右，估计很多人会承受不了，如果杀跌超10个百分点以上，这批资金是不是肯定成了接盘侠了？

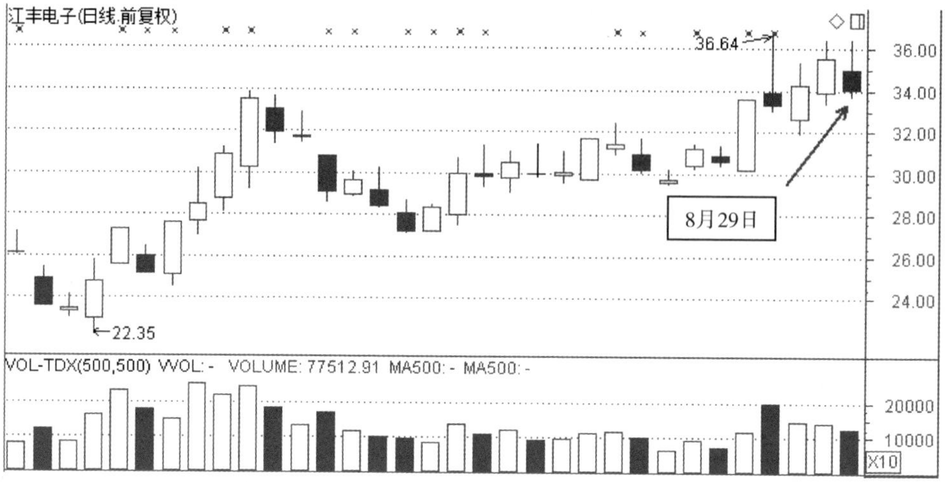

图 4-12　江丰电子日 K 线走势验证

相对高位反杀的次新股，接下来，杀跌力量不会很小，过度贪婪必然付出血的代价。再看今天尾盘基本没受影响的次新股，大部分都是那些超跌崛起的品种。大家不难发现，今天不少次新股就是从超跌领域的品种中爆发起来的。总体来看，接下来次新股会上演极度分化的行情，类似于冰火两重天，高位反杀估计会使很多人受损失，低位爆发则又会吸引不少资金流入。

核心观点

正确把握热点事件性驱动机会，快进快出，收放自如，慎防冲高回落。

寻找更多新崛起的机会，要在那些小荷才露尖尖角的品种中去寻找，这里的机会很多。只要股指在 3300 点上方，大家的风险偏好就会提升，要敢于博弈，敢于冲杀。所以，只要基本面有亮点，如果有事件引爆，那么短期就很容易被资金推上去。说到事件引爆，今天，我们前期谈到的金砖会议主题个股全体爆发，这就是事件性机会，一定要把握好快进快出的原则。典型个股如厦门国贸（走势验证见图 4-13）。

总之，今天我们对反杀的研判达到一次小高潮，创造了一次新的小奇迹，不仅能看对机会，同时还能看对风险。这就是我们的研判能力，更是经历了风风雨雨后沉淀下来厚积薄发的系统威力。

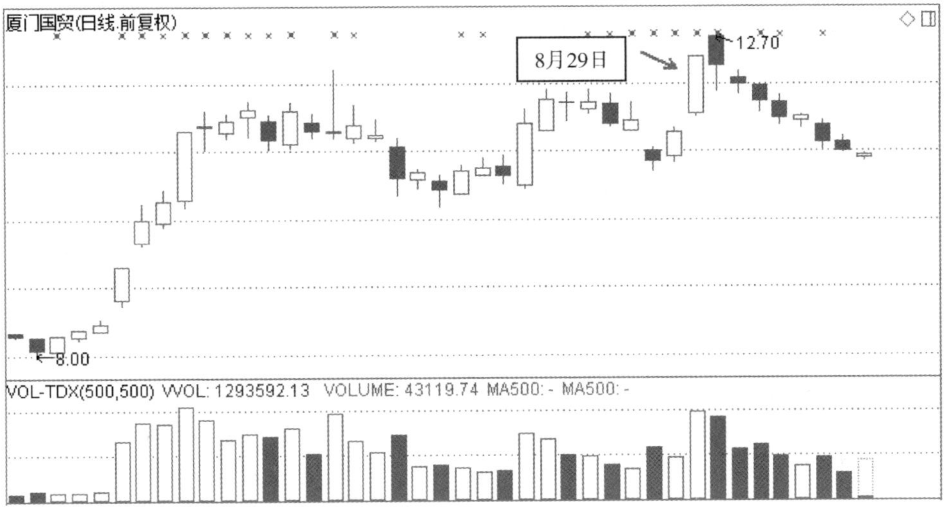

图 4-13 厦门国贸日 K 线走势验证

动荡如期　中报落幕后将有“再反杀”和“新机会”

2017 年 8 月 30 日

关于次新股，昨天谈过反杀的品种，如富满电子和江丰电子，其实盘中都有反抽红盘机会，但最终都分别大跌 4 个点和 3 个点。我的整体思路是，这次反杀从最高到最低要接近 20% 的幅度才有机会企稳。因此，如果有仓位，反抽就是最好的减仓机会，同时等再杀跌后再做反弹会更好。

今天次新股很分化，昨天在文章和视频中我都重点谈到的维宏股份，今天最终是继续反攻的，盘中一度最高上冲 4 个点左右。我们今天做差价，选择我们认为短期可能更好的品种，我们知道前期布局的新经典冲上去了，今天加仓的逻辑很简单，就是预期今晚中报超预期，其本身业绩前期已经预告了，看点在于是否有高送的资金和牛的资金参与进去成为前十大股东，或中报透露其他基本面的超预期亮点。不仅我们有这样的预期，相信也吸引不少其他资金，也有这样的预期，最终收盘大涨 5 个百分点，以近期反攻最高收盘点位收市也充分反映了这样的预期。看明天的表现，结合实际情况灵活而动，进可攻退可守。

再看其他次新股，今天大部分机会都是超跌次新股的机会，除了维宏股份，还有类似丝路视觉等直接涨停，这也进一步说明当下次新股的机会依然丰富，只是在轮动，从刚上市炒作厉害的高位股做转移，转移一些刚起来不久的优质次新股（典型个股如新经典，走势验证见图 4-14）和超跌次新股上去，预计这样的态势会继续。

核心观点

应验了前期次新股将持续分化的观点，也再次准确地研判了低位超跌次新股存在补涨轮动机会，典型个股如维宏股份（走势验证见图 4-15）。

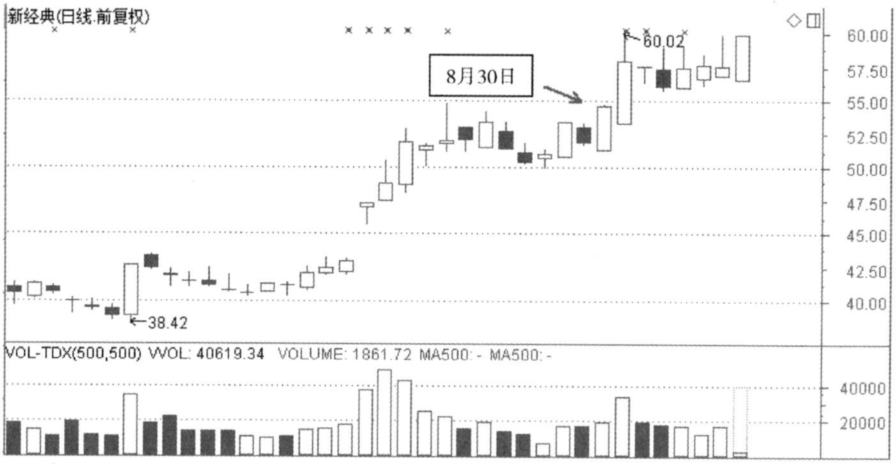

图 4-14　新经典日 K 线走势验证

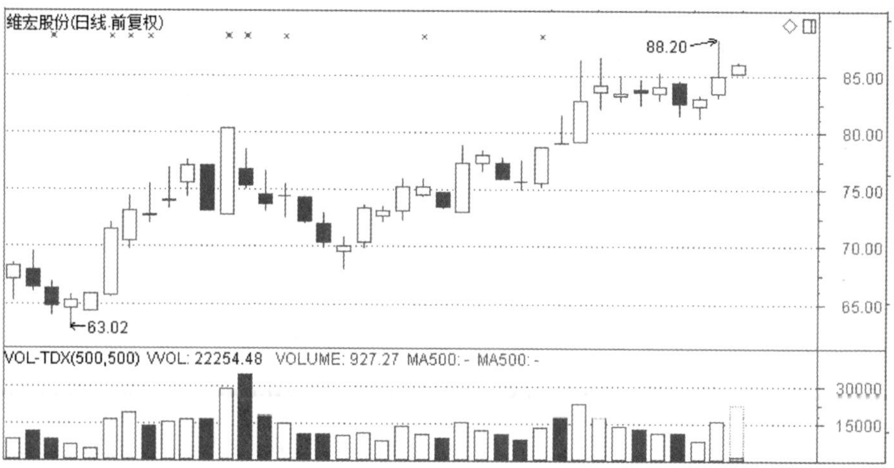

图 4-15　维宏股份日 K 线走势验证

神准再创小奇迹 动荡中找准继续“再反杀”的突破口

2017 年 8 月 31 日

昨天的文章《动荡如期 中报落幕后将有“再反杀”和“新机会”》，我对美的集团和格力电器中报公布后的走势做出了明确研判：再精彩的中报也是做空的好时机，要“再反杀”。很多人不认可我的观点，事实上，博弈的结果证明我的研判是准确的，今天它们都杀跌近 3 个百分点，放出巨量。

同时，对中报落寞的次新股新经典也做出加仓看好的逻辑，今天新经典盘中封死涨停，最终大涨 6 个多百分点，完美验证了中报落幕后“再反杀”和“新机会”的研判，相当精准。那么，接下来进一步会如何演绎呢？

核心观点

再次验证前期观点研判的准确性，美的电器、格力集团（走势验证见图 4-16）如期调整。

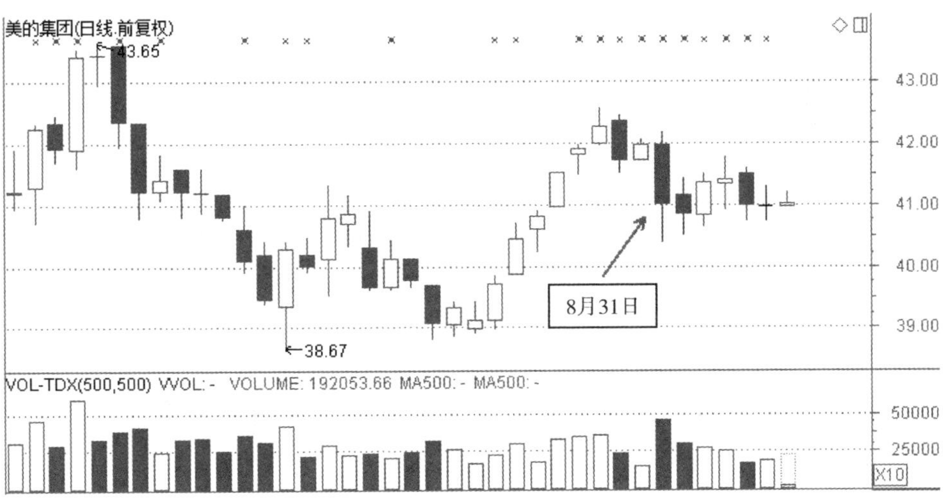

图 4-16 美的集团日 K 线走势验证

新战区有动荡分化的需要。中报落幕后新机会诞生在“新战区”，今天创业板高开震荡向上最后几乎全天最高点位收市，同时次新股大面积涨停，我们昨天从维宏股份换过去的新经典，今天也是盘中封死涨停，最终依然大涨 6 个多百分点。

很多人不理解为何继续大涨，更多人可能也不理解昨天和今天的持续加仓。不管如何，加仓策略从结果来说取得了极大的成功。对于创业板，因为今天有个缺口，同时涨幅不算大，再加上我们对上证指数还有杀跌回调预期，因此，短期预计创业板也要反杀，回补缺口概率较大，可以看东方财富这个风向标，今天仅涨了 1 个百分点而已，整体动荡有滞涨迹象，接下来确实还有回探的需求。

新战区将会有动荡分化的需要。我们不断反复提到的优质次新，新经典如期大涨应验实力（见图 4-17）。

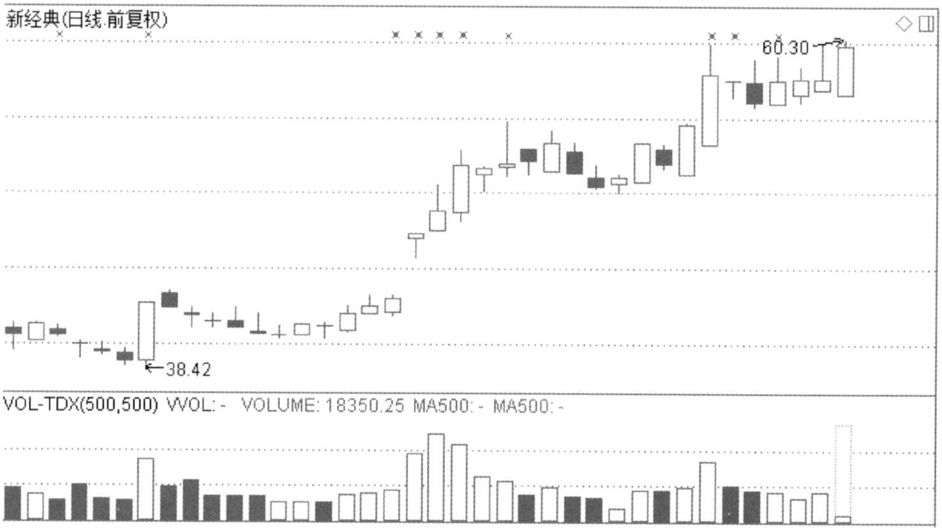

图 4-17　新经典日 K 线走势验证

动荡将延续　冰火两重天中看清本质

2017 年 9 月 1 日

核心观点

主力调仓换股愈演愈烈，优质创业板标的受到资金青睐。

次新股加剧分化，不要贸然追高，把握好节奏与板块题材轮动，继续深耕"新战区"。

关注事件性驱动与高景气新兴产业链的阶段性机会（苹果产业链、特斯拉产业链）。

新战区今天的强势预示可能有更多资金在加速流入。今天次新股部分品种出现反杀动作，如刚上市的永安行反杀 8 个多百分点，又如建科院，最后反杀近 7 个百分点，澄天伟业最后再反杀近 6 个百分点，沃特股份、艾德生物、东方嘉盛等一批跌幅排名靠前的个股其实都是近期刚上市炒起来的个股。我认为近期如果反杀一定是在这些领域，今天次新股的市场就逐步进一步分化了，相对低位或涨幅不大有亮点的品种，依然是相对强势的，其余那些跟风上来的不少品种都出现了一定程度的反杀动作。

次新股未来依然有机会，但请记住，寻找那些小荷才露尖尖角的品种，否则，一旦把握不好，一个动荡就可能让你回落 20 个百分点左右，因此，要小心剧烈动荡风险。

另外，新战区的另一包含板块就是创业板，今天出现了戏剧性大逆转的走势，这得益于类似恒生电子等的带动作用，出现涨停是刺激所致，看来，把握创业板的那些本来要循序渐进布局的资金，部分有些按捺不住，比较凶悍地出击了。

我理解，这也很可能与白马蓝筹股等资金进一步流出后不少资金估计直接加速流入到创业板领域有关。因此，可以预期的是，接下来新战区依然将是精彩纷呈的局部区域。请小心，别贸然追高，否则很容易被套，把握好节奏和主题最重要，周末有时间好好研究一下，围绕新兴产业把那些小荷才露尖尖角的新战区品种筛选出来。

第五章　下一个机会仍在科技奇兵

看清老板电器半年新低风险　把握新战区避风港机会

2017 年 9 月 4 日

短期上市次新暴跌会凸显老次新股未来可挖掘的价值。今天次新股很有意思，那些周五已经出现反杀动作且是近期刚上市炒作的次新股，如永安行、建科院、澄天伟业、沃特股份、艾德生物、东方嘉盛，今天全部继续杀跌，结合上周五的跌幅，两天杀跌整体幅度达到了 15 个百分点左右，阶段性短期跌幅最大的是 5 个交易日下跌近 30% 的澄天伟业。

我们已经对这一细分领域做出了精准的反杀研判。那些短期盲目冲进去的投资者显然成为接盘侠，这是残酷的现实。那么要考虑怎么才能短期翻身。如果不看基本面，没有逻辑，盲目追涨的结果往往就是如此。

另外，今天封死跌停的也基本是最新上市的次新股，有设计总院、纵横通信、春风动力、智动力、美格智能、隆盛科技、朗新科技 7 家。而今天跌停的基本上都是刚上市炒作的次新股，群体效应特明显。

暴跌也从一个侧面反映出，短期不少资金采取了获利波段了解的策略。当然，今天暴跌也是一种风险的释放，接下来在继续释放的过程中必然也会分化，但对一般投资者，我们依然建议对刚上市次新股的炒作采取欣赏态度，把更多精力花在已经上市了一段时间（至少 3 个月甚至 1 年以上）的老次新股上去挖掘机会。那些小荷才露尖尖角的机会才是真正的大机会。

核心观点

前期不断反复提示的次新分化，再次得到验证。

前期警醒投资者要把握好节奏，不可盲目追涨纯炒作，忽略个股基本面的内在价值。

通过软件股暴涨去寻找衍生机会。今天创业板领域也是分化的，风向标之一的东方财富其实最终跌了 1 个多百分点。这样的品种最好是多点回撤别太快，让其他领域的品种崛起爆发才是平衡市场的最好方式。今天就很好地引爆了软件细分板块，这些都以老股票为主，这说明新进资金开始向老的领域中流入。上周我们着重谈了恒生电子阶段性大涨，恒生电子就是软件股，衍生开来，就是更多软件股的机会。

要继续挖掘更多创业板的细分新兴产业，更多的机会就在其中。因为，它们非常符合我们对近期机会的要求。另外，关于涨价、混改等主题，如果不懂最好欣赏，如果懂就适当做做波段，不要痴迷，那些主题动荡起来不是一般人能承受得起的，尤其是涨价主题，近期反攻短期内有再次见阶段性高点的危险。请记住，不要折腾，一定要找自己熟悉的。

继续深耕创业板科技细分新兴产业优质标的，典型个股如科大国创（走势验证见图 5-1）。

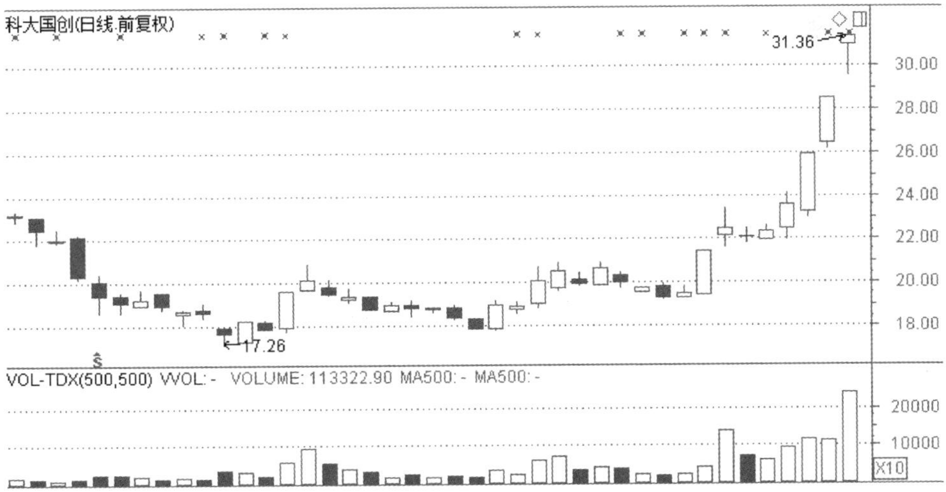

图 5-1　科大国创日 K 线走势验证

科技奇兵为何成为机会中的关键主线

2017 年 9 月 5 日

科技奇兵成为近期机会中暗藏的关键主线，这是什么原因所致？不妨看看前期表现出色的科大讯飞、近期股价迅速翻倍的汉王科技，还有一批类似中科创达、恒生电子这样低位崛起的品种。如果硬要归类，那就是科技领域，这些品种可以称之为“科技奇兵”。

很早以前谈科技股为王没几个人相信，当方大炭素和科大讯飞崛起的时候，很多人开始相信了，现在更多类似这样的个股崛起，是不是不得不相信了呢？回头来看，伴随市场不断向上，它们已经成为最关键主线。在科技领域积极挖掘，翻倍阶段性是必然涌现的机会，例如汉王科技、中科信息，都是科技主题。

事实上，这次科技股不少品种超级活跃，很大程度上和苹果新手机即将面世有关，预期其中有不少黑科技运用，人脸识别就是汉王科技崛起的关键点之一。所以，要围绕苹果以及更多衍生出来的科技细分领域继续挖掘。现在市场在 3300 点上方，不少人风险偏好会自然提升，机会一来就会比较迅猛。因此，在“新战区”里，再深度挖掘科技股的含金量，或许牛股就在其中。“科技奇兵”中，需要我们深度挖掘，它们表未来最关键的突破力量，本质就是未来行情的大突破点。

核心观点

前期反复不断提到的科技股后市不断命中，研判准确。

继续衍生挖掘，关注苹果等科技明星股的动态（如苹果十周年新产品的面世，华为发布智能芯片等），典型个股如水晶光电（走势验证见图 5-2）。

市场突破 3300 点，资金风险偏好会提升，活跃资金极易“煽风点火”，推动股价迅猛攀升。

图 5-2　水晶光电日 K 线走势验证

创业板如期进入小高潮，杀跌和暴涨将更突出

2017 年 9 月 6 日

这段时间的强势，其实种子在那时候就埋下了，目前的演绎都是火烧赤壁的延续。其实就指数而言，涨幅十几个百分点，对构筑底部非常有用，创业板上方真正的阻力区在 1950～2000 点之间。

为何强？本质上不少白马蓝筹股的资金流向了新战区，当然也包括外围的增量资金。在“新战区”里，最活跃的属于具有科技基因的品种，弹性最大，部分品种实现了短期翻倍走势，进一步吸引了更多资金的参与。短期分化也很容易理解，因为至此局部也出现不少获利盘，自然会有轮动博弈，尤其是在次新股领域，最新上市过度炒作的就成了短期风险区。目前市场资金依然活跃，还要继续挖掘机会，尤其挖掘那些前期埋没了的机会，在老票上，我们提出小荷才露尖尖角的机会也在于此，比如中科创达就属于类似品种，今天也出现继续涨停的走势，底部崛起后表现很好，我们要做的就是挖掘更多类似品种。

核心观点

（1）结构性市场，更需把握好节奏，甄别好短线热点板块的机会与风险。

（2）资金的调股换仓更青睐于具有“科技基因”的新战区。

（3）资金博弈明显，把握好轮动博弈带来的高抛低吸。

（4）继续深耕挖掘“新战区”的科技优质标的。

总之，现在的博弈属于轻大盘、重个股阶段，对新战区个股的挖掘是重中之重。前期笔者也强调了，我们要理解这背后的逻辑和本质，接下来需要做的并不复杂：继续把握新战区里“小荷才露尖尖角”的机会，那里是未来市场进一步动荡的避风港所在。

当然，这很考验大家的选股能力，杀跌和暴涨的波动将更为突出，这也是未来进一步动荡中必然出现的盘面状况。因为在这个阶段，大部分人的心态都越来越复杂，焦虑、贪婪等交织在一起，唯有看透本质，看透资金流向和个股基本面的研判，围绕牛散大学堂所坚持的“成长为王”的核心理念，洞悉未来而不是局限于眼下，才能柳暗花明，拥有更精彩的未来。

然而，个股基本面的研判一直是散户投资者最薄弱的地方，大多数人更为习惯的方式是技术层面的看图说话，抓不住本质的技术研判往往会被市场磨得晕头转向。因此，接下来的章节笔者将结合牛散大学堂“成长为王、引爆为辅、博弈融合”的核心理念，为读者提供几类牛股的综合研判思路，希望能帮大家进一步打开视野和格局，洞悉其中的奥秘，回归投资本质！

个股高胜算
交易篇

第六章　权重个股交易逻辑

东方财富

一、看好创业板蓝筹股的逻辑

1. 从创业板板块整体估值来看，自 2015 年 5 月以来，创业板 PE 下跌 63%，大幅挤压泡沫（图 6-1）。

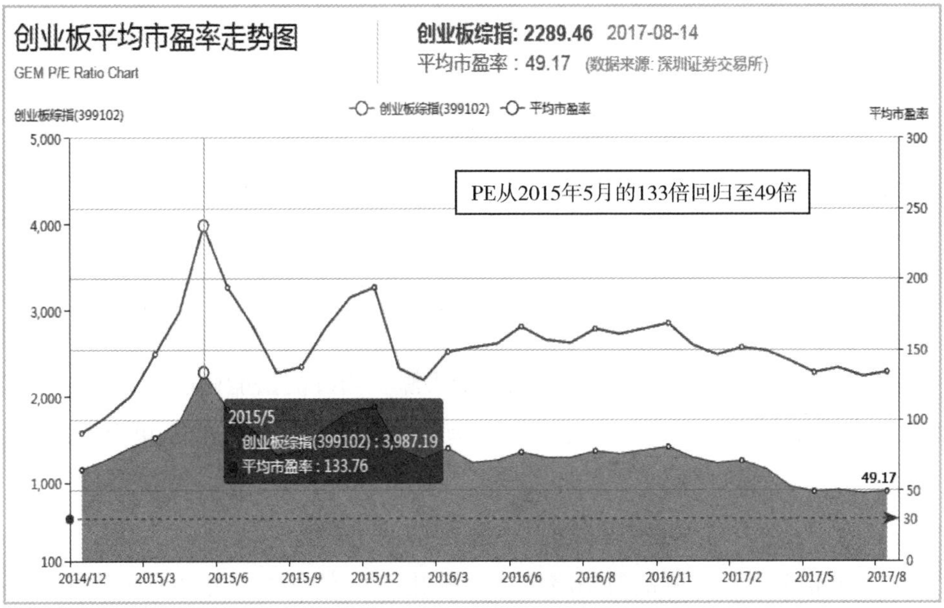

图 6-1　创业板平均市盈率走势图

2. 部分基本面优质的创业板企业业绩持续增长。

部分以新兴产业为代表的公司，特别是处于行业龙头低位的公司，在股价挤压泡沫的过程中，其业绩在近几年仍持续增长。例如昆仑万维（手游行业，2015—2016 年净利润平均增长 28%，2017 年上半年增长 57.5%）、光线传媒（影视传媒，2015—2016 年净利润平均增长 53%，虽然 2017 年上半年下降 13%，但营收却增长 35%，）、汤臣倍健（保健食品行业，2014—2016 年净利润平均增长 10%，2017 年上半年增长 63%）、东方国信（软件应用，2014—2016 年净利润平均增长 54%，2017 年上半年预计增长 50%）。

3. 从资金流入角度来看，近期出现明显的资金持续流入迹象，创业板指数在 2017 年 7 月 27 日、8 月 8 日、8 月 14 日带量阳线上攻（见图 6-2）。

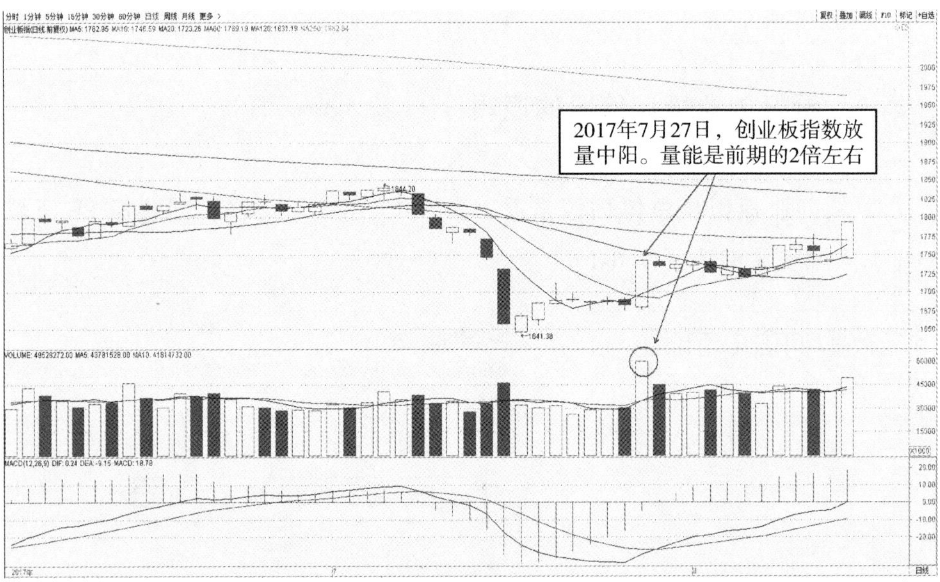

图 6-2　量能状态

2017 年 7 月 27 日，创业板指数放量大涨，当日的量能比前几天放大 1 倍以上。这足以说明有一定资金涌入，否则量能不会放得如此大。更重要的是，这是在创业板指数持续下跌后的放量，是相对低位的放量，值得高度重视。值得思考的是，资金将主要涌进创业板的哪个分支呢？

4. 本轮创业板反弹的行情将会以结构化的特点演绎，主要是业绩回归为主线，而不是创业板所有股票整体上涨，故对于个股的精选研究至关重要，基于以上逻辑我们推出创蓝筹。

5. 2017 年 8 月初，笔者的研究团队推出了一份研究报告，主推创业板蓝筹股，其中就有东方财富（见图 6-3）。至 2018 年 4 月，东方财富的股价已达到 17 元，从底部算起，波段涨幅 70%，2018 年一季度则预增 170%～200%。因此，我们在东方财富的最底部对其挖掘。此外，光线传媒、汤臣倍健等都在 2017 下半年—2018 年走出了一波牛市行情，有力验证了我们定位于金融文化增值服务商的高度前瞻性和研发能力！

股票池及策略：

1、华策影视：证金进场+下半年业绩集中释放；

2、东方财富：证金进场+证券+互联网金融；

3、思创医惠：人工智能+互联网医疗+业绩成长确定；

4、光线传媒：影视传媒行业龙头+优质内容制作公司+储备多部优质作品；

5、昆仑万维：网游龙头+业绩持续增长+证金进场；

6、汤臣倍健：细分行业冠军+具备竞争护城河优势；

图 6-3　内参股票池（截图）

二、个股投资逻辑

1. 2017 年 7 月 27 日，创业板以一根放量长阳线划破黑暗的夜空，点燃了反弹之火，再加上当时强势的主流板块如钢铁、稀土、石墨烯等涨价题材开始出现高位剧烈动荡，市场出现阶明确的段性调整信号（见图 6-4）。

2. 权重板块的资金出来之后（见图 6-5），可能会寻找下一个价值洼地，创业板处于绝对的低位，但它的整体业绩并不太好，而且监管层又有意引导资金向价值投资转变，所以创业板的蓝筹股成为资金的关注对象。

3. 东方财富是创业板的龙头股，同时证券业务占比达 50% 以上（见图 6-6），身兼券商属性，容易被资金关注。

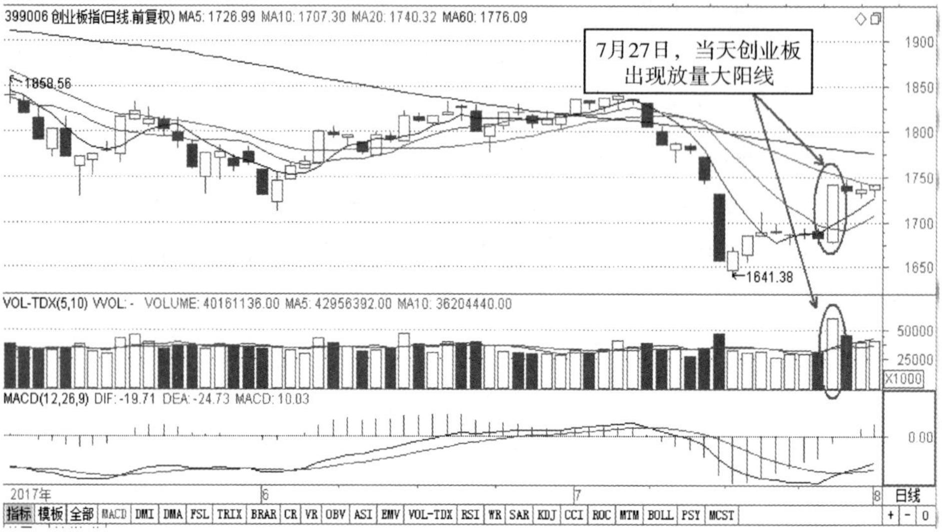

图 6-4　创业板指日 K 线走势图

图 6-5　创业板 50 指数日 K 线走势图

4. 二季度前十大流通股股东中，有一家社保基金和中央汇金公司（见图 6-7）。

【1. 主营业务】
向广大互联网用户提供综合性的财经资讯和金融信息服务。

【2. 主营构成】
【截止日期】2017-06-30

主营业务突出

项目名	营业收入(万元)	营业利润(万元)	毛利率(%)	占主营业务收入比例(%)
证券业(行业)	61501.52	-	-	56.22
信息技术服务业(行业)	47890.23	27811.27	58.07	43.78
合计(行业)	109391.75	89312.79	81.64	100.00
证券服务(产品)	61501.52	-	-	56.22
金融电子商务服务(产品)	35658.42	31809.44	89.21	32.60
合计(产品)	109391.75	89312.79	81.64	100.00

图 6-6　东方财富主营业务及构成情况（截图）

机构或基金名称	持有数量(股)	占流通股比例	实际增减持	股份类型
郑州宇通集团有限公司	1.95亿	6.11%	不变	流通A股
沈友根	1.25亿	3.93%	不变	流通A股
陆丽丽	1.23亿	3.85%	不变	流通A股
天安财产保险股份有限公司-保赢1号	1.03亿	3.24%	新进	流通A股
西藏自治区投资有限公司	1.00亿	3.14%	不变	流通A股
中央汇金资产管理有限责任公司	6753.89万	2.12%	不变	流通A股
安徽省铁路发展基金股份有限公司	4928.13万	1.55%	新进	流通A股
史佳	4866.79万	1.53%	不变	流通A股
张碧华	3812.54万	1.20%	↑6.32%	流通A股
全国社保基金四一八组合	2026.38万	0.64%	↓-23.11%	流通A股

图 6-7　东方财富 2017 年二季度前十大流通股股东（截图）

综上所述，我们认为，创业板的反弹离不开龙头股东方财富的先锋突围作用，有可能带领创业板反弹。

买卖逻辑

风格：短线波段。

2017 年 8 月 4 日买入，成交价 13.12 元；2017 年 8 月 28 日卖出，成交价 14.89 元；总收益 13.5%。具体可见图 6-8 和图 6-9。

图 6-8　东方财富短线波段交易

成交日期	成交时间	证券代码	▲证券...	操作	成交数量	成交均价
20170828	13:31:34	300059	东方财富	卖		14.890
20170804	13:28:55	300059	东方财富	买		13.120

图 6-9　东方财富交易明细

为何选择在 2017 年 8 月 4 日买入？

自 2017 年 7 月 27 日出现爆量长阳之后，创业板调整了一周多，量能相对温和，2017 年 8 月 4 日调整至重要颈线位置受到支撑。

东方财富近两个交易日放量突破双底结构，指数低吸点和个股突破买点同时出现（见图 6-10 和图 6-11），因此，我们果断买入。

为何选择在 2017 年 8 月 28 日卖出？

上证指数在 2017 年 8 月 25 日、28 日连续两个交易日放量向上攻击，一举突破 3300 点，券商板块功不可没。但是券商板块短期涨得太猛，有调整的需要，因为这一板块历来形成这样一个规律，就是在冲关的时候充当先锋部队，突围后便卸甲归去，除非基本面上有很大的改善，不然很难走出持续逼空的行情（见图 6-12）。东方财富作为券商板块的一员，同样会有这种规律。

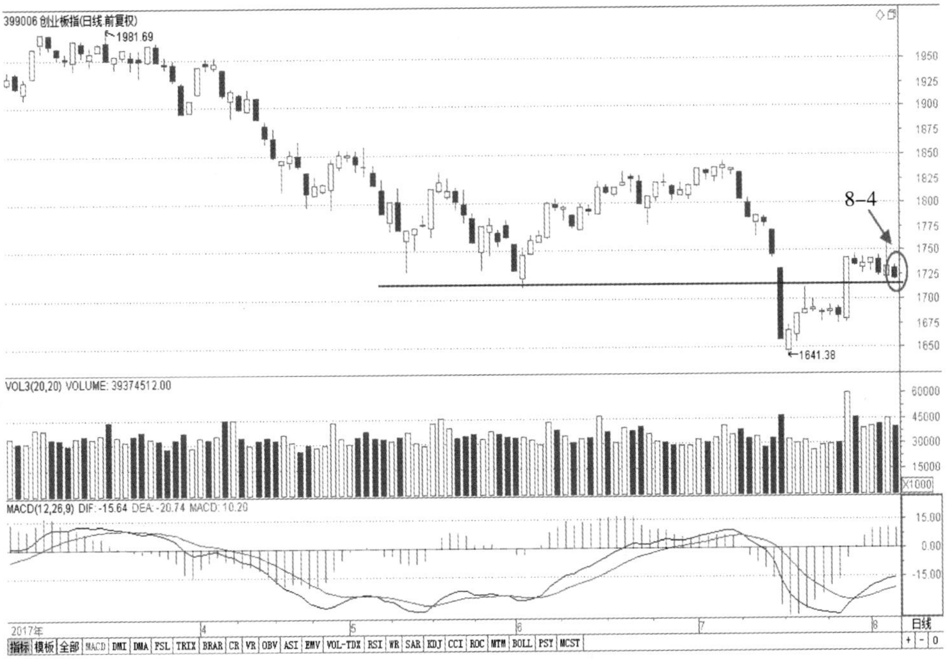

图 6-10 东方财富日 K 线走势图

图 6-11 东方财富 2017 年 8 月 4 日分时图

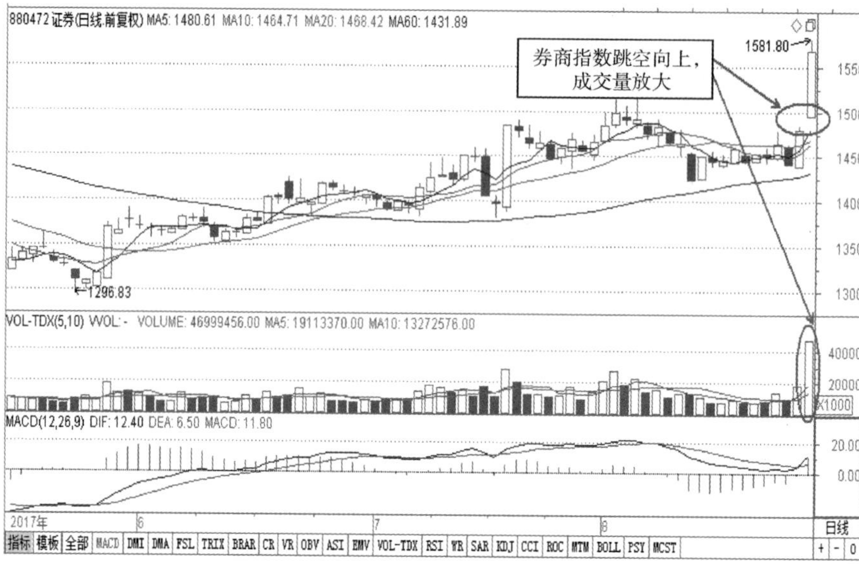

图 6-12　券商板块 K 线走势图

另外，从技术上看，创业板也到前期重要压力位（见图 6-13），对这种反弹行情不可过于乐观，遇到重要压力位，可以先把资金抽出来避一避，特别对于短线，适宜先获利，然后观察是否突破，再做下一步计划。因此，我们选择此时卖出。东方财富 2017 年 8 月 28 日的分时图见图 6-14。

图 6-13　创业板指 K 线走势图

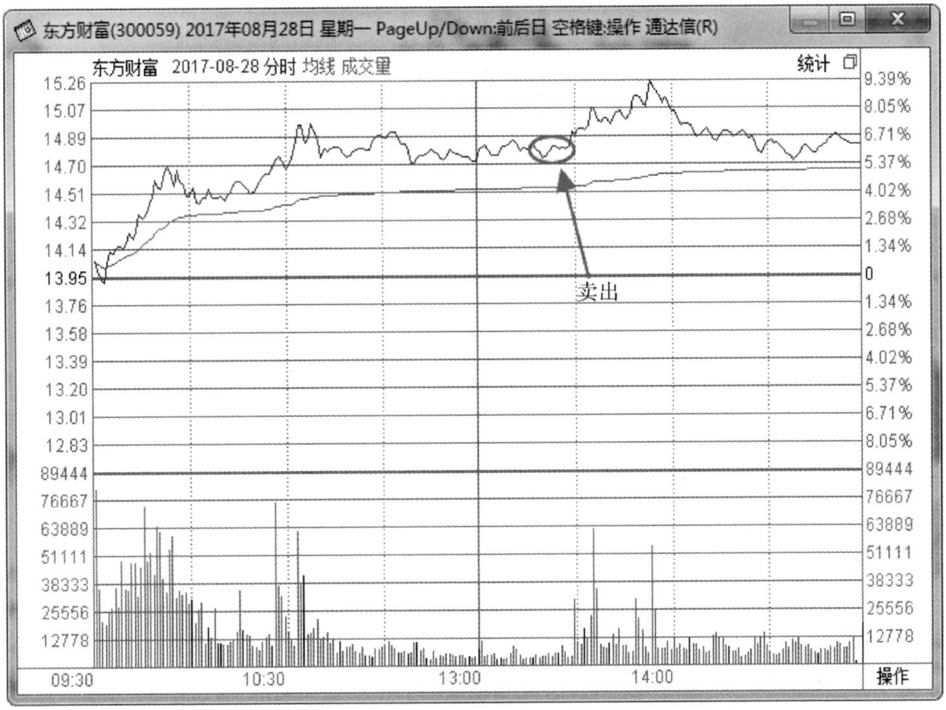

图 6-14　东方财富 2017 年 8 月 28 日分时图

交易总结

1. 股市交易要有大局观，对当下市场的形势做出准确分析，要能找准做多或做空的阵营在哪里，要知道它们之间是否有转化的迹象。在这个案例中，原本做多的阵容在钢铁、石墨烯和稀土等权重板块，但是它们有转弱迹象，另一股力量则兴起，那就是创业板正在积聚量能。

2. 选择板块或个股其实就是选择角色，要知道这个角色在当下的环境中能起到什么作用。时势造英雄，英雄亦适时，同一个环境中，不是每只股票都能走出行情。东方财富的角色就非常好，集创业板龙头、券商、创业板蓝筹股三者的优势于一身。

3. 具体交易时，不能忽略大环境，买卖都要结合当时大盘的位置。当然这并不是决定个股最终走势的唯一因素，但它能让你更好地把握时间窗口和介入点位。

国盛金控

大环境分析

2017 年 8 月 29 日，沪指连续走强，日 K 线稳步上行，沿着上升轨道健康运行（见图 6-15）。融资融券业务不断增加，做多人气高涨，题材活跃，场内外资金都比较看好 A 股中期向好格局。

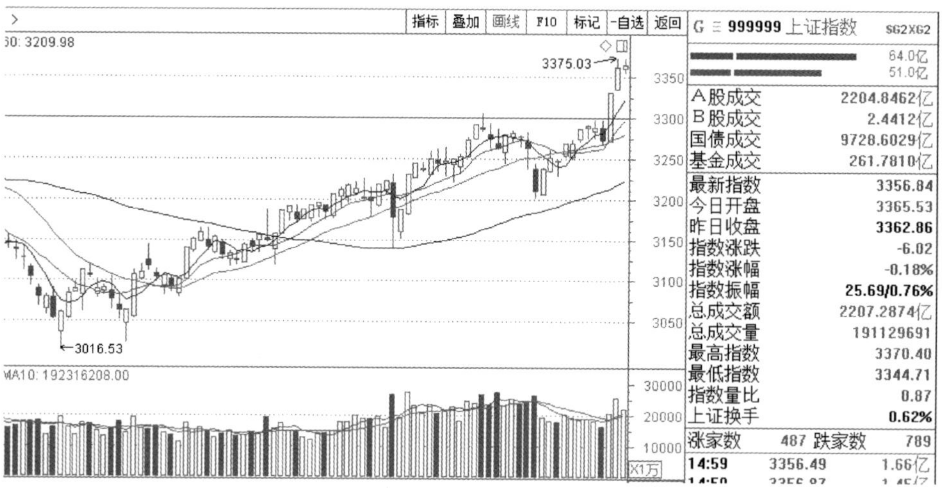

图 6-15　2017 月 8 月 29 日上证指数 K 线图

但主板沪指刚刚成功冲关突破 3300 阶段顶部，后市形势较为看好，均线呈多头排列，有望打开新的上涨空间。

沪指中期格局向好发展，股市交易活跃，最大的受益者当属券商板块。证券板块指数重新进入了上升通道，整体量能放大，人气开始聚集，整个证券板块赚钱效应不断涌现（见图 6-16），此时正是出击建仓的良好机会。

基本面简要分析：

国盛金控：主营证券业务、投资业务和线缆业务。

国盛金控 2014 年至 2017 年上半年的主要财务数据见图 6-17。预计 2017 年三季报业绩：净利润2.44 亿～3.6 亿元，增长幅度为 5%～55%，基本每股

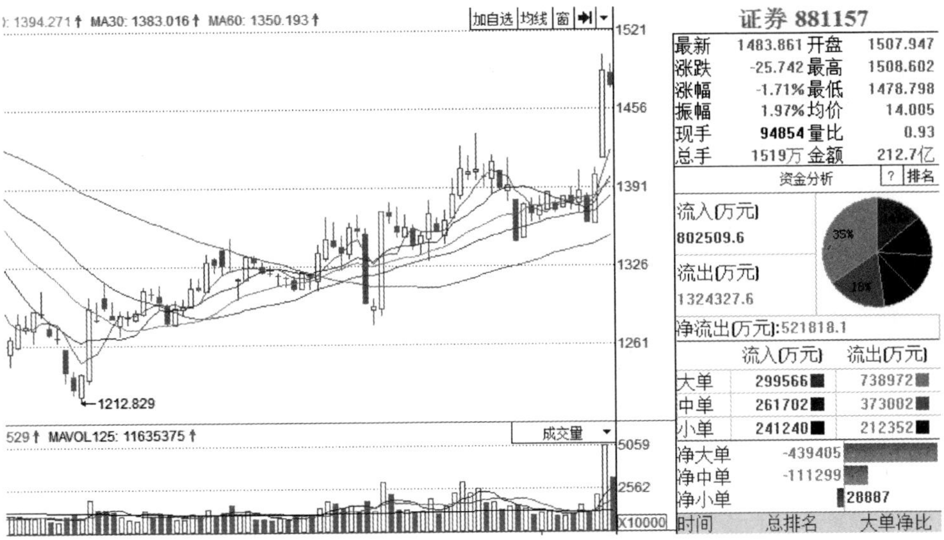

图 6-16　2017 年 8 月 29 日证券板块 K 线图

收益 0.16～0.24 元，在证券公司披露了中报业绩，16 家券商的前十大流通股股东名单中出现以证金公司、汇金公司等为代表的国家队身影，证金公司频频出现在券商前十大流通股股东名单，可见对券商后市的业绩及走势非常看好，也对后市股价有一定提振作用。

财务指标	2017-06-30	2016-12-31	2015-12-31	2014-12-31
审计意见	未经审计	标准无保留意见	标准无保留意见	标准无保留意见
净利润(万元)	15068.51	49814.56	2616.35	9335.92
净利润增长率(%)	53.1282	1803.9748	-71.9755	3.0170
营业总收入(万元)	122736.41	164186.03	104949.32	149707.02
营业总收入增长率(%)	111.7274	56.4432	-29.8969	0.6852
加权净资产收益率(%)	1.3000	7.0700	3.1200	11.6000
资产负债比率(%)	52.9526	55.3697	25.4968	39.1590
净利润现金含量(%)	846.6867	-1251.3905	1019.4695	136.4393
基本每股收益(元)	0.1006	0.7915	0.1308	0.4668
每股收益-扣除(元)	0.1177	0.7900	-	-
每股收益-摊薄(元)	0.1006	0.5321	0.1308	0.4668

6-17　国盛金控 2014 年至 2017 年上半年的主要财务数据（截图）

沪指跟证券板块指数都向上打开新的上涨空间，均线呈多头排列。整体量能放大，人气开始聚集，板块个股不断活跃。国盛金控属于新的重组券商标的，业绩良好，在券商上攻大盘做突破的时候可以重点关注。

2017 年 8 月 29 日，坚决买入国盛金控（见图 6-18、图 6-19）。

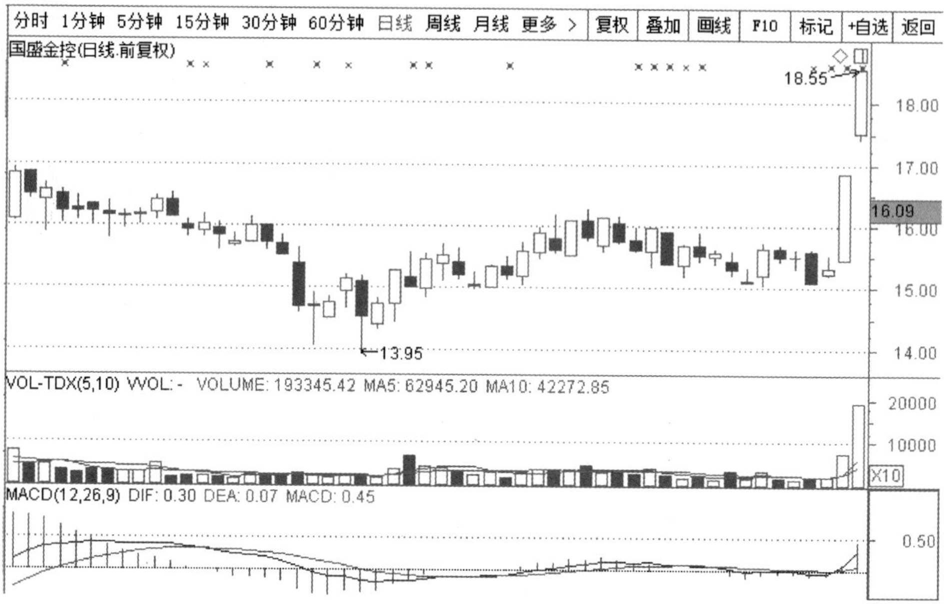

图 6-18　国盛金控 2017 年 8 月 29 日 K 线图

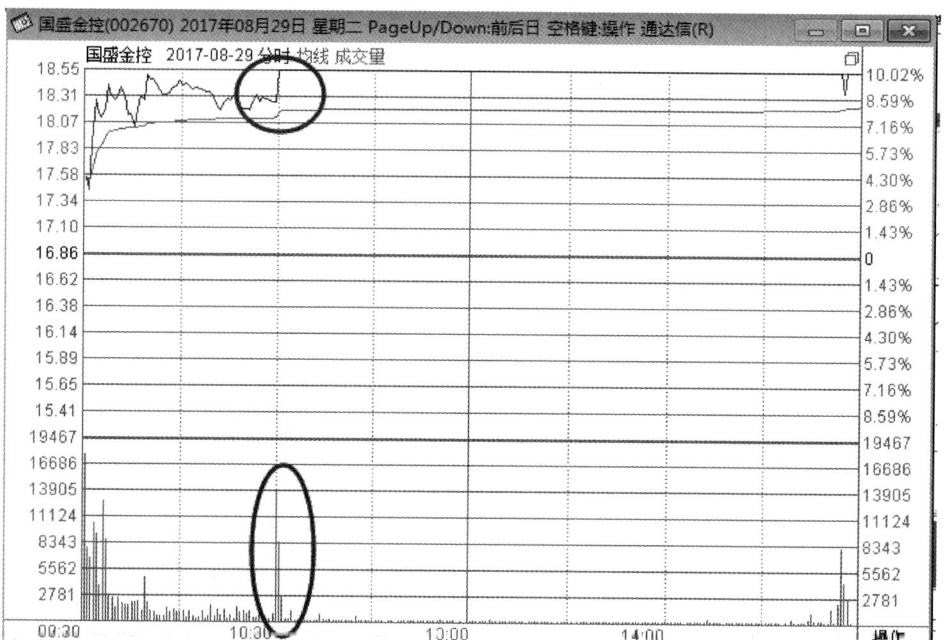

图 6-19　国盛金控 2017 年 8 月 29 日分时图

市场新一轮的上涨与做多空间即将打开，券商板块内部个股浙商证券出现了二连板，联动性比较强。这时，人气、情绪、资金就成为交易的主要因素，这也正是我们的博弈融合的交易思路。

随着半年报披露接近尾声，券商股二季度机构持仓情况也逐渐亮相，部分公司股票在今年二季度获“国家队”大幅增持，成为市场关注的焦点。证金概念股成为市场追逐的主战场，氛围高涨，人气聚焦。国盛金控的半年报大幅预增，证金公司进驻增持，从而使其成为市场抢筹的优质标的。

结合上述条件，精心筛选出国盛金控，在盘中分时上急剧放量拉升后买入。为什么选择涨停买入？因为，涨停的突破表示个股处于强势状态，拉升两连板更是引领市场的风口机会，接下来就可以做阶段性买入。

2017 年 8 月 30 日，卖出止盈。当日大盘指数的 K 线图见图 6-20。

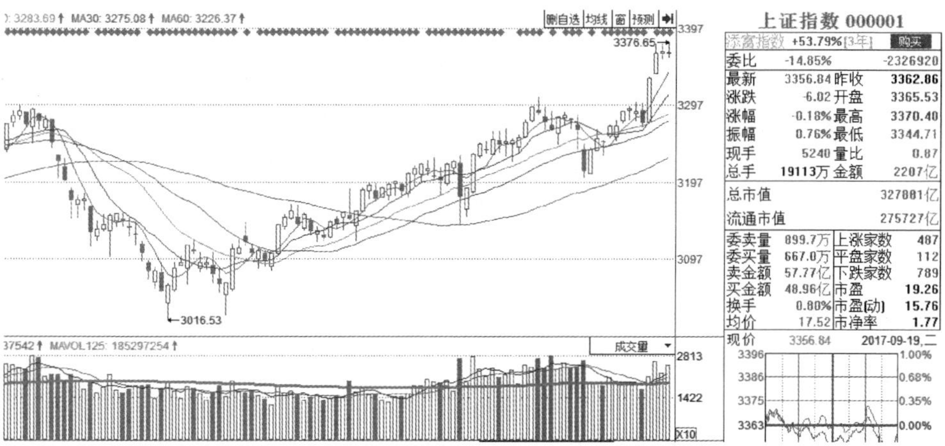

图 6-20　2017 年 8 月 30 日大盘 K 线图

国盛金控冲关成功后出现四连阳，形势虽一片大好，但资金托而不举，所以要谨防冲高回落（见图 6-21）。国盛金控 2017 年 8 月 30 日的分时图见图 6-22。

券商人气龙头股浙商证券连板走强后，出现冲高回落态势，致使整个券商板块人气稍有减弱。

基于整个券商股出现了获利盘出逃的迹象，个股也出现宽幅震荡。谨防沪指放量冲关成功后的冲高回落。当日封板失败，砸板后择机选择果断止盈，短短 2 个交易日国盛金控上涨了 7. 2 个百分点，收益颇丰。

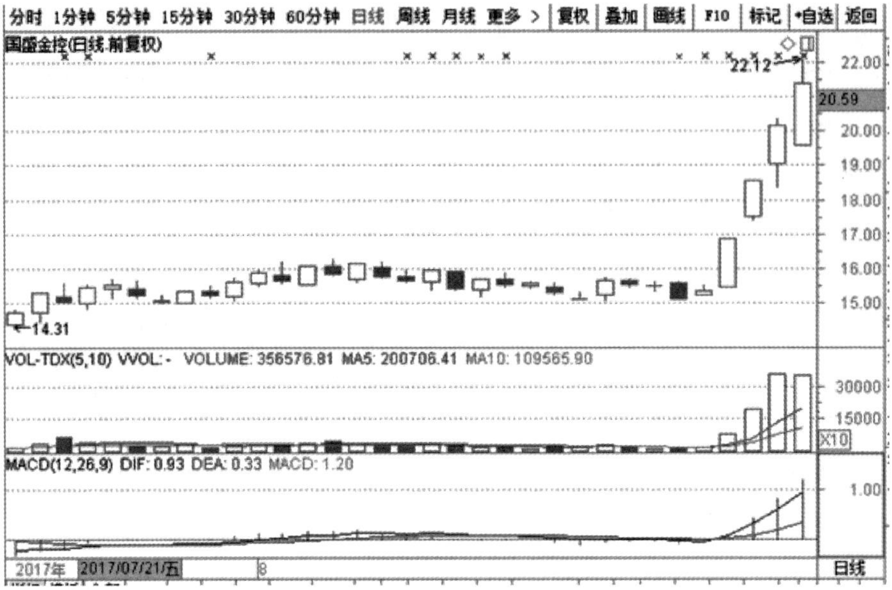

图 6-21　国盛金控日 K 线出现四连阳

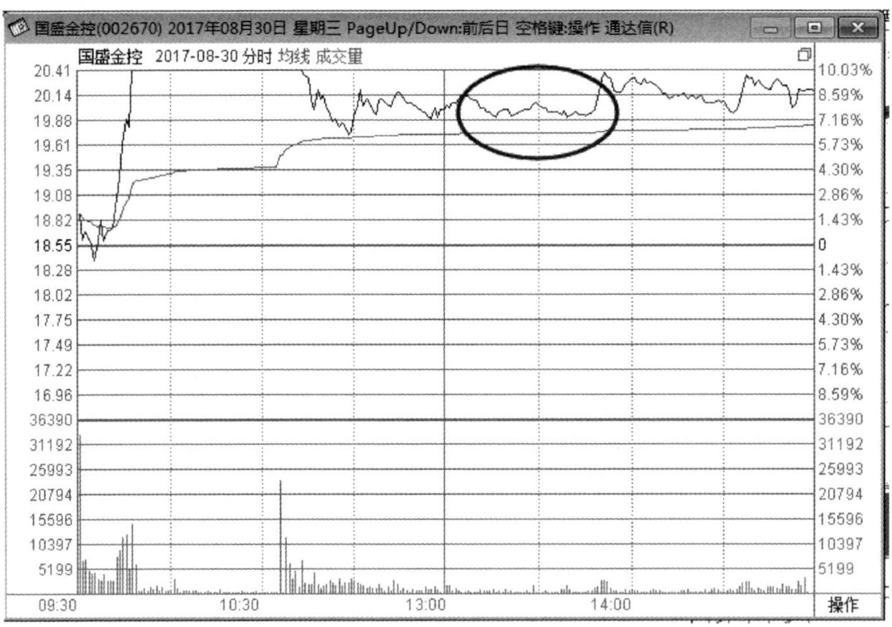

图 6-22　国盛金控 2017 年 8 月 30 日分时图

总结：做短线券商个股的变化和波动是瞬息万变的，交易时需要用博弈的观点去看待，在买入卖出时一旦发现苗头不对就要果断撤离，在做多时需选择好整个板块的氛围及个股。

浙商证券

大环境分析

2017 年 8 月 23 日，沪指连续走强，日 K 线稳步上行，沿着上升轨道健康地运行。融资融券业务不断增加，做多人气高涨，题材活跃，场内外资金都比较看好 A 股中期向好格局。2017 年 8 月 23 日上证指数 K 线图见图 6-23。

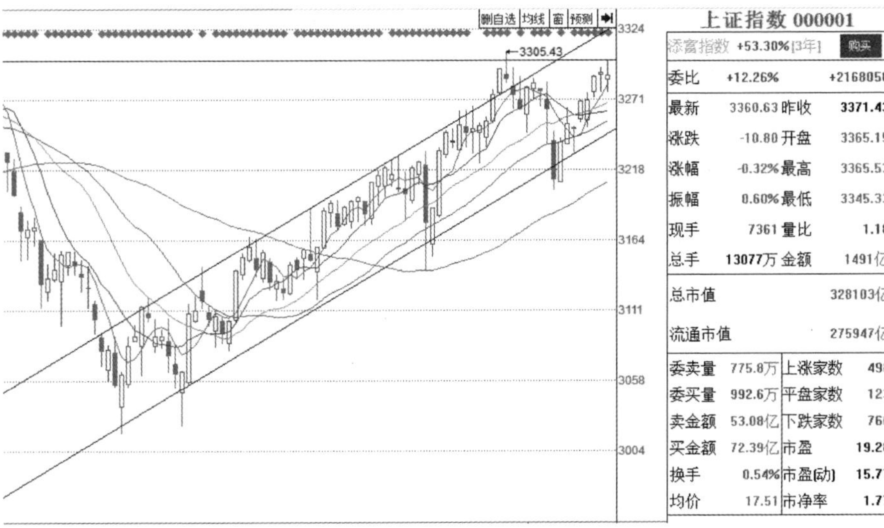

图 6-23　2017 年 8 月 23 日上证指数线图

但主板沪指面临 3300 阶段顶部，冲关迫在眉睫，根据 A 股惯性，冲关必备“三驾马车”——券商股、银行股、保险股轮番异动，冲关意愿强烈，冲关之际，券商板块首当其冲。沪指中期格局向好，股市交易活跃，最大的受益者当属券商板块。

证券板块指数重新进入了上升的通道，整体量能放大，人气开始聚集（见图 6-24），整个证券板块的赚钱效应不断涌现，此时正是出击建仓的机会。

新股与次新股指数重新进入了上升的通道，整体量能放大，人气开始聚集（见图 6-25），板块内个股分线井喷，其中，中科信息 8 天连涨 7 板，建科院助攻股价持续强势大涨。夸张地说，次新股个股“遍地黄金”，这一板块成为孕育牛股的摇篮。

图 6-24　2017 年 8 月 23 日证券板块指数 K 线图

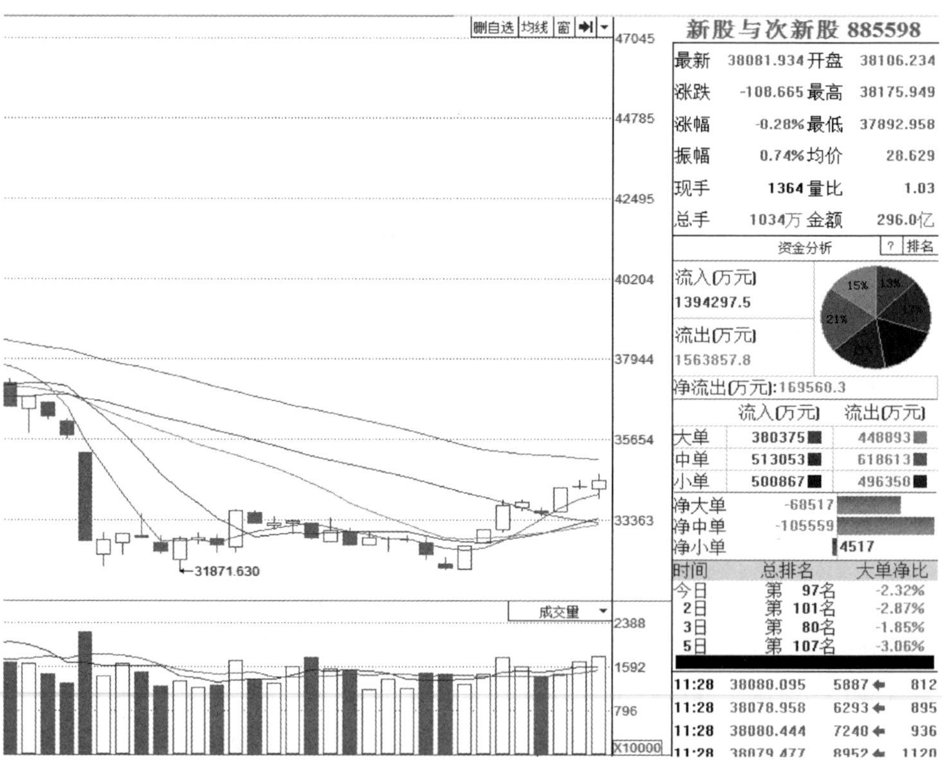

图 6-25　2017 年 8 月 23 日新股与次新股指数 K 线图

具有券商和次新双题材的浙商证券具有炒作的引爆点，游资喜欢这种热门题材，所以要对浙商证券给予密切关注。

买卖逻辑

2017年8月23日14:14:07，坚决买入浙商证券。

冲关在即，市场新一轮的上涨与做多空间即将打开，次新股在经过几轮下跌以后重新回到了上涨的轨道，而板块内部新开板的个股联动性比较强，冲关三驾马车——券商股、银行股、保险股随时爆发。这时，人气、情绪、资金就会成为交易的主要因素，也是我们博弈融合的交易思路。

作为次新股和领涨两市的人气龙头，中科信息开盘早盘拉升（见图6-26），对整个次新股板块的做多氛围有非常大的提振作用，并且走出了8天连涨7板的走势（见图6-27）。

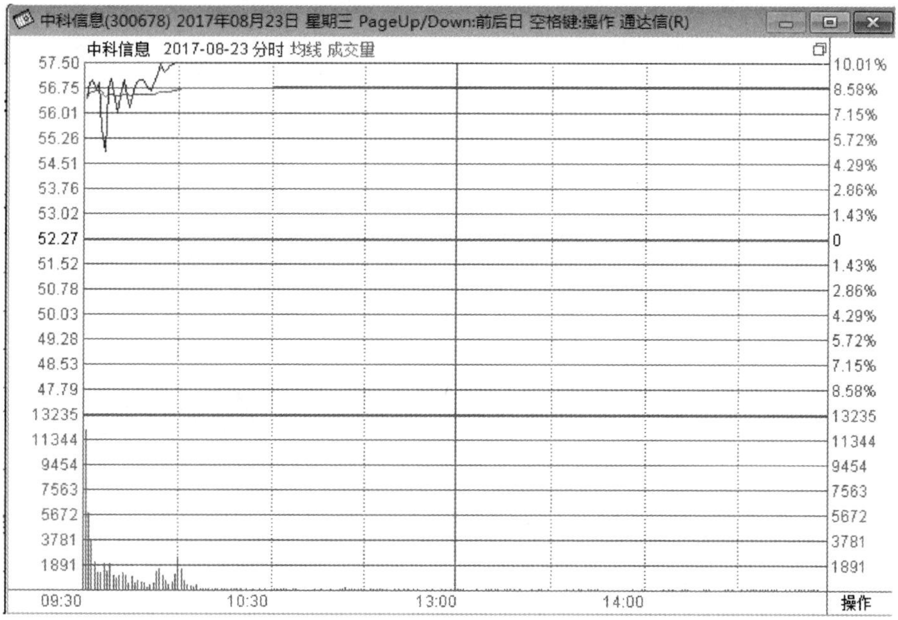

图6-26 中科信息2017年8月23日分时图

浙商证券是近期次新股块板中唯一的券商股。它具有稀缺性，且冲关在即，大金融券商股这一题材起到锦上添花的作用。

结合上述条件，精心筛选出浙商证券，在盘中分时上急剧放量拉升后缩量回踩买入（见图6-28）。

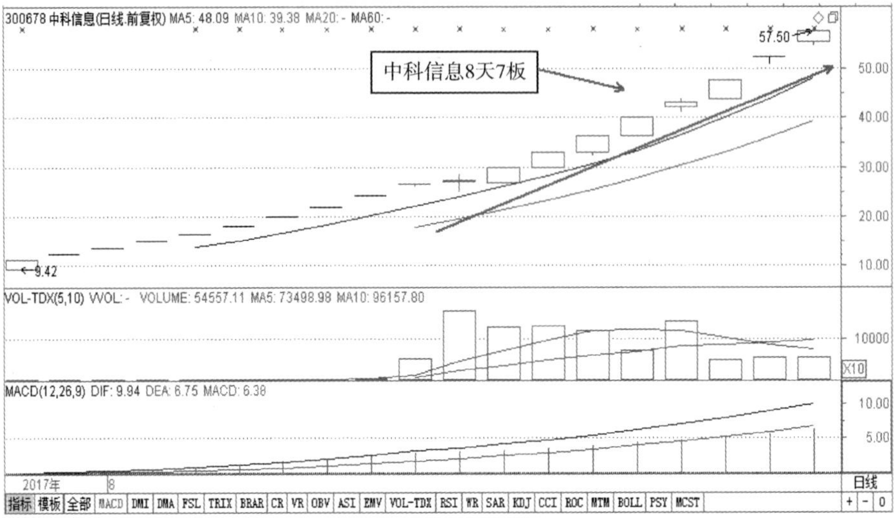

图 6-27　中科信息 8 天 7 板

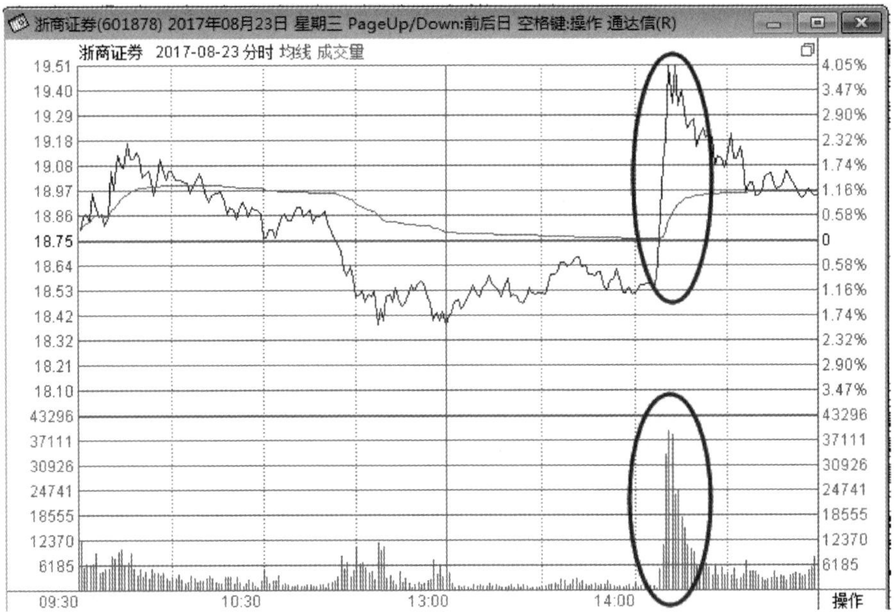

图 6-28　浙商证券 2017 年 8 月 23 日分时图

2017 年 8 月 24 日，从 K 线上看，浙商证券上升趋势向好（见图 6-29），作为大金融券商股及叠加全线井喷的次新股题材，领头冲关，爆发力弹性强。为此，我们坚定持股待涨。分时图上，股价虽沿着均线下行，但是量能整体并未放大，量价关系仍处于非常健康的态势。

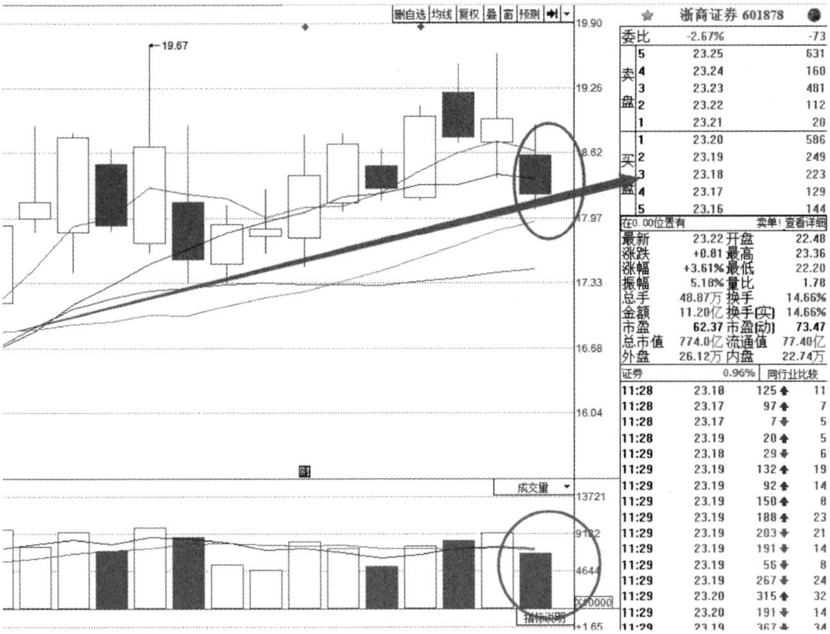

图 6-29　浙商证券 2017 年 8 月 23 日 K 线图

2017 年 8 月 25 日，沪指成功放量突破 3300 阶段顶部（见图 6-30），券商股、银行股、保险股三驾马车全线发力，冲关成功。两市个股全线开花，创造了良好的氛围。

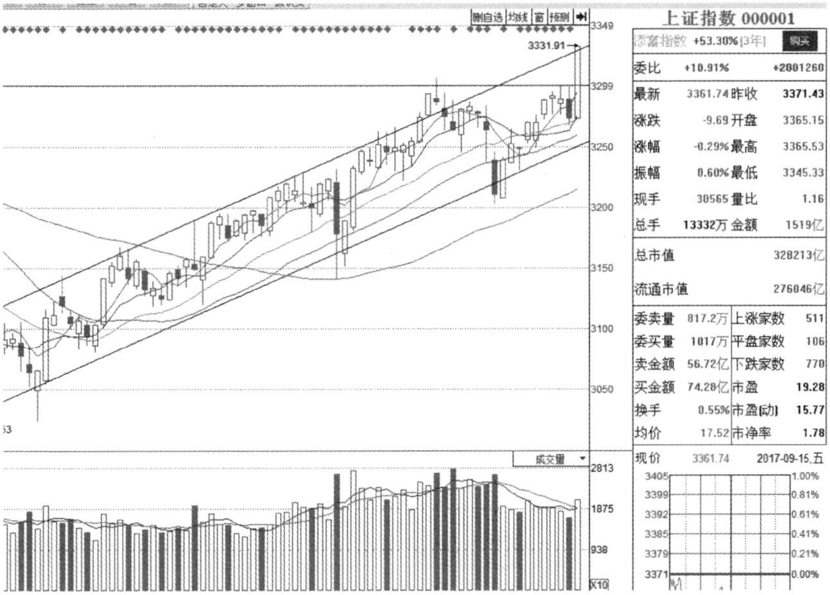

图 6-30　2017 年 8 月 25 上证指数 K 线图

浙商证券K线走势趋势大好，放量涨停（见图6-31），视为资金抢筹，后市持续走强机会大。

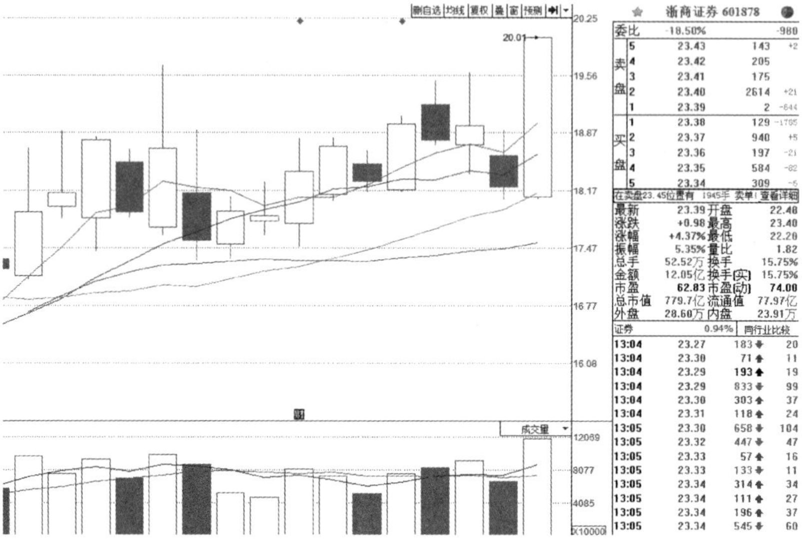

图6-31　浙商证券2017年8月25日K线图

鉴于大盘放量突破阶段顶3300点，后市打开新一轮的上涨空间。加之次新股做多氛围的不断走强。综上所述，我们继续持股浙商证券。分时盘口上，资金大单抢筹，封死涨停（见图6-32）。后市持续走强的概率较大。

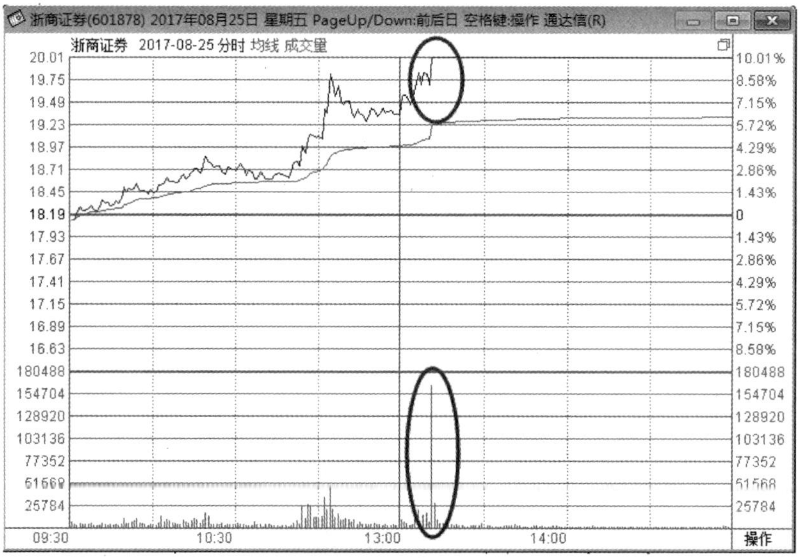

图6-32　浙商证券2017年8月25日分时图

8 月 25 日，中科信息遭遇停牌核查，给疯狂炒作的次新股敲响了警钟，也给次新股后市带来许多不确定性。

2017 年 8 月 28 日，卖出浙商证券止盈（见图 6-33、图 6-34）。

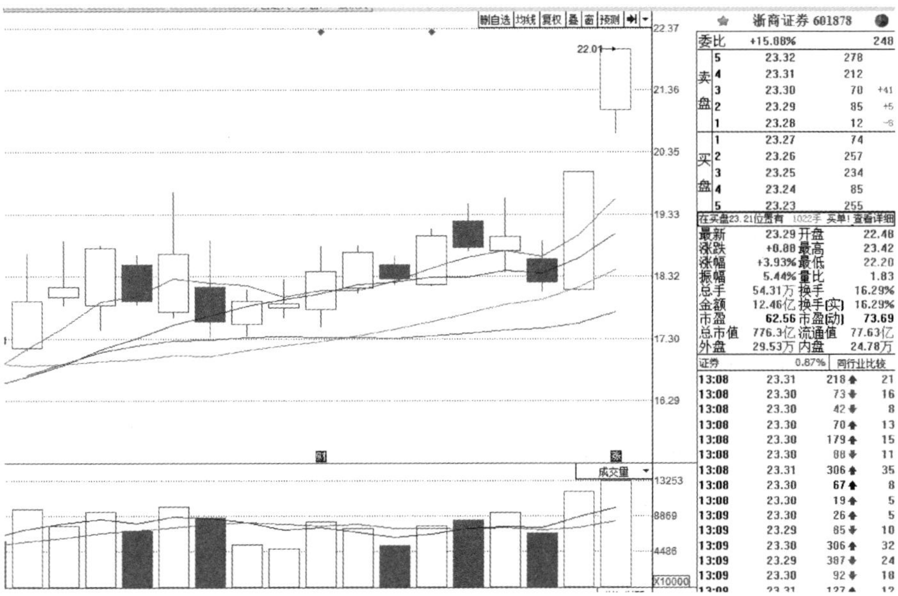

图 6-33　浙商证券 2017 年 8 月 28 日 K 线图

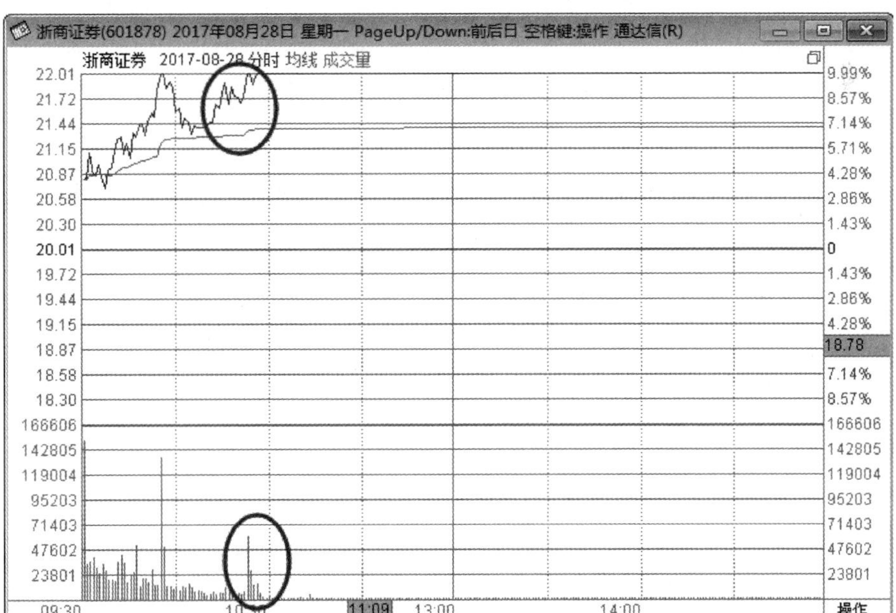

图 6-34　浙商证券 2017 年 8 月 28 日分时图

基于整个次新股出现了获利盘出逃的迹象，个股也出现宽幅震荡。

谨防沪量冲关成功后的冲高回落。所以选择果断止盈，短短 4 个交易日收益 11.4 点。

西水股份

一、个股基本面简介

1. 公司主业转型保险。2013 年以来，西水股份逐步剥离原主业水泥业务，目前公司主营业务已变更为保险业，且在天安财险的持股占比 50.87%。截至 2016 年，公司的保险业务营业收入占比已达到 99%，西水股份完成保险业转型。

2. 2017 年 4 月 19 日，西水股份发布 2016 年年报，公司 2016 年 1—12 月实现营业收入 306.04 亿元，同比增长 52.79%，归属于上市公司股东的净利润 3599.57 万元，同比下降 79.76%，主要原因为营业支出中保护储金摊销增加了 80 亿元。2017 年 4 月 29 日，西水股份发布 2017 年一季报，公司 2017 年 1—3 月实现营业收入 94.89 亿元，同比增长 43.33%。归属于上市公司股东的净利润 21.18 亿元，同比增长 3742.3%。原因是由于重组导致的业绩突变，为个股的炒作提供了很好的价值基础。西水股份成为保险板块里的超低动态市盈率个股。

3. 最重要的原因是市值，西水股份当时市值为 345 亿元，几乎相当于中国平安的 1/30，相比动辄几千亿市值的保险蓝筹，资金显然更加青睐只有 3 百亿市值的西水股份。

二、保险行业板块及政策状况

1. 业绩亮眼。数据显示，2016 上半年上市险企寿险板块保费实现 22% 的增长，产险则同比增长 17%，增速均维持在较高水平。

2. 2017 年 7 月 19 日，原保监会对外披露的《关于暂免征保险业监管费有关事项的通知》，以 2016 年度财务数据和业务数据为缴费基数进行测算后减半缴纳。对保险行业是一大利好，将进一步减轻保险公司的负担。

3. 2017 年 7 月 4 日，国务院印发《关于加快发展商业养老保险的若干意见》，明确提出 2017 年年底前启动个人税收递延型商业养老保险试点。个税递延养老险爆发，千亿增量保费催化行业估值。这一重磅政策的推出，将对我国金融市场格局带来深远影响。

在一系列保险行业利好政策的推动下，整个保险板块掀起了一波气势恢宏的上涨。

三、西水股份操作思路分析

1. 参股保险概念板块指数进入了上升的通道后，均线呈多头排列，整体量能放大，参股保险概念板块整个板块赚钱效应不断涌现，个股财富效应凸显，人气开始聚集，参股保险概念板块个股不断活跃（见图 6-35）。此时，这一板块形成非常高涨的赚钱氛围。

2. 自 2017 年一季度高增长业绩发布后，5 月 2 日，西水股份以跳空涨停形式启动。随后构筑一个近 2 个月的整理平台，期间缩量调整，放量上涨，呈现明显拉高吸筹形态。于 6 月 22 日放量突破整理平台，开启新一波上涨。2017 年 6 月 30 日西水股份的 K 线图和分时图分别见图 6-36 和图 6-37。

分时图上放量拉升突破分时均线后，缩量回踩买入，当天股价一直在分时均线上方运行，说明资金抢筹明显，人气聚焦，后市有望保持强势表现。

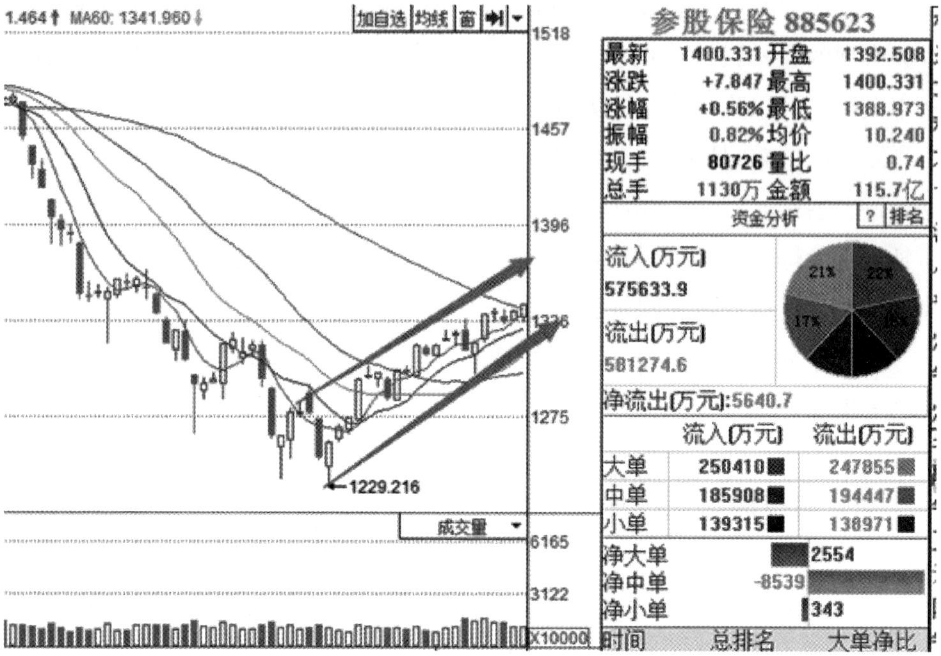

图 6-35　2017 年 6 月 30 日参股保险概念板块指数 K 线图

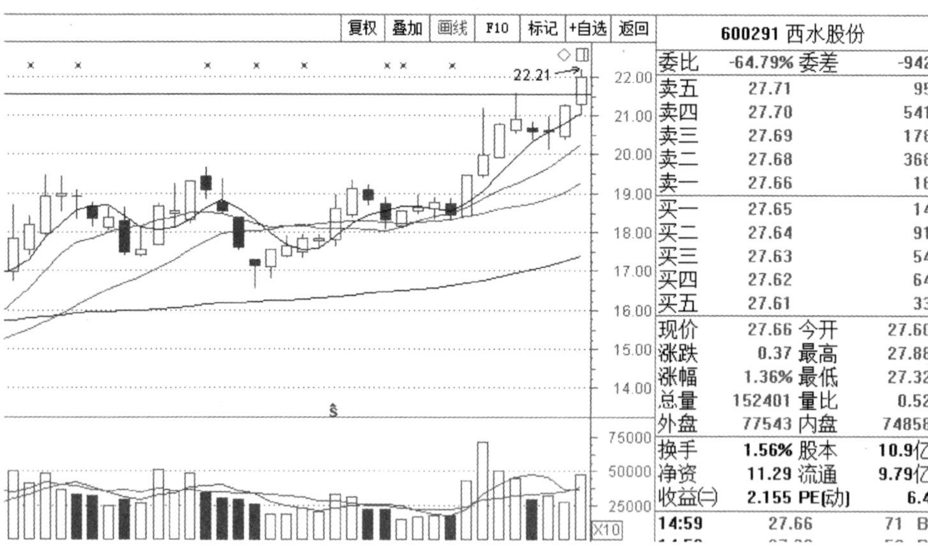

图 6-36　西水股份 2017 年 6 月 30 日 K 线图

图 6-37 西水股份 2017 年 6 月 30 日分时图

3. 2017 年 6 月 30 日建好底仓后，随后股价调整至 5 日均线附近，资金抢筹意图明显，后市有望打开新一轮上涨空间。7 月 4 日，国务院印发《关于加快发展商业养老保险的若干意见》，这无疑是一个重大利好。7 月 5 日，笔者于早盘加仓西水股份，当日股价触及涨停，此时西水股份已经呈现出参股保险板块龙头风范。当日参股保险概念块板的 K 线图见图 6-38，西水股份的 K 线图和分时图分别见图 6-39 和图 6-40。

分时上放量拉升突破分时均线后，缩量回踩买入，当天股价一直在分时均线上方运行，说明资金抢筹明显，人气聚集，后市有望保持强势的表现。

4. 2017 年 7 月 11 日，尾盘小幅跳水洗盘，坚定持有西水股份。当天西水股份的 K 线图见图 6-41。

西水股份一路沿着上升轨道健康运行，但在 2017 年 7 月 11 日盘中欲破 5 日均线的迹象，但资金承接力较强，马上收复并在 5 日均线上方形成有力支撑（见图 6-42），视为主力洗盘形式。当天西水股份一直窄幅震荡在分时均线附近，虽尾盘小幅度跳水，但量能并未放大，没有明显资金出逃迹象，视为主力打压洗盘行为，因此我们坚定地持有该股。

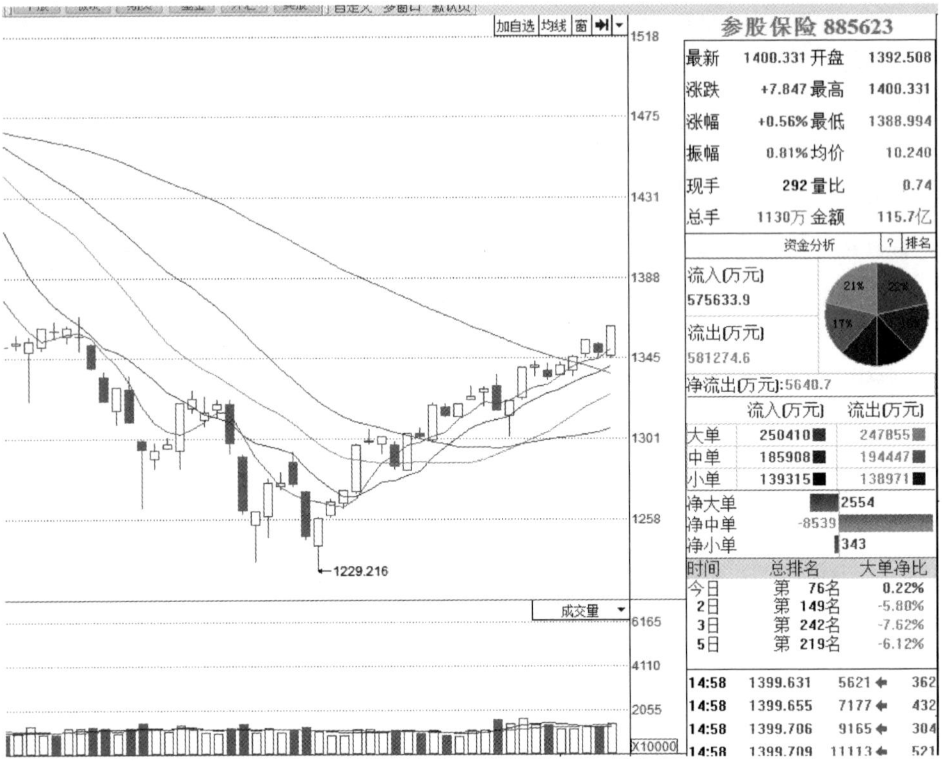

图 6-38　2017 年 7 月 5 日参股保险概念块板 K 线图

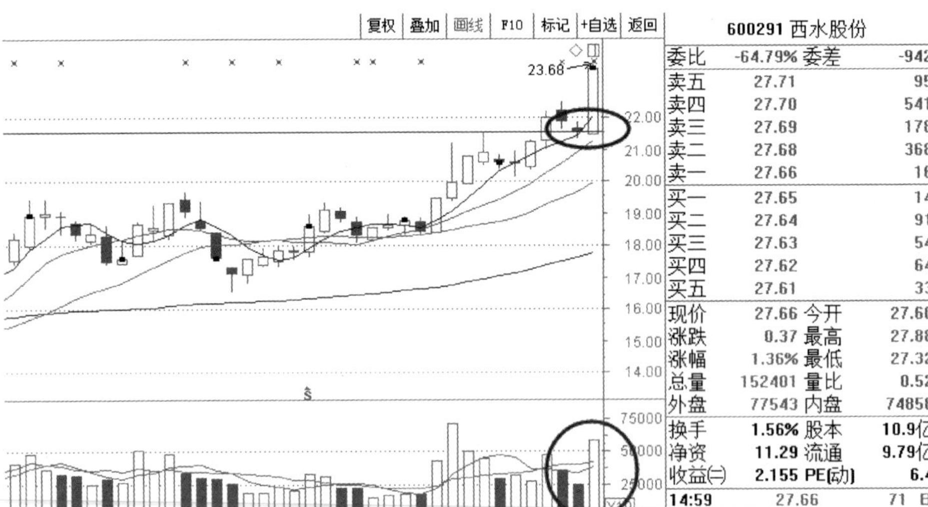

图 6-39　西水股份 2017 年 7 月 5 日 K 线图

图 6-40　西水股份 2017 年 7 月 5 日分时图

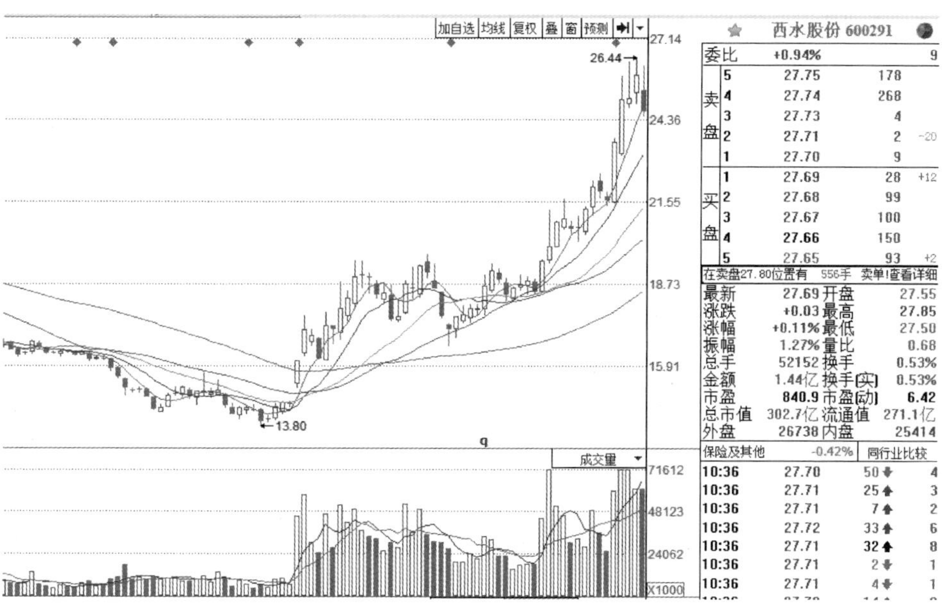

图 6-41　西水股份 2017 年 7 月 11 日 K 线图

图 6-42 西水股份 2017 年 7 月 11 日分时图

5. 2017 年 7 月 14 日，触及涨停。当天西水股份的 K 线图和分时图分别见图 6-43 和图 6-44。

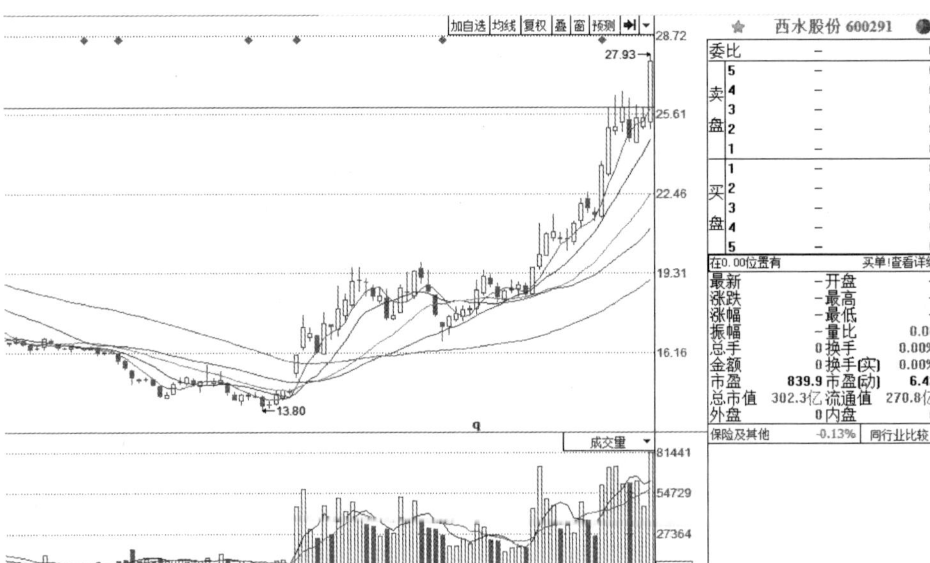

图 6-43 西水股份 2017 年 7 月 14 日 K 线图

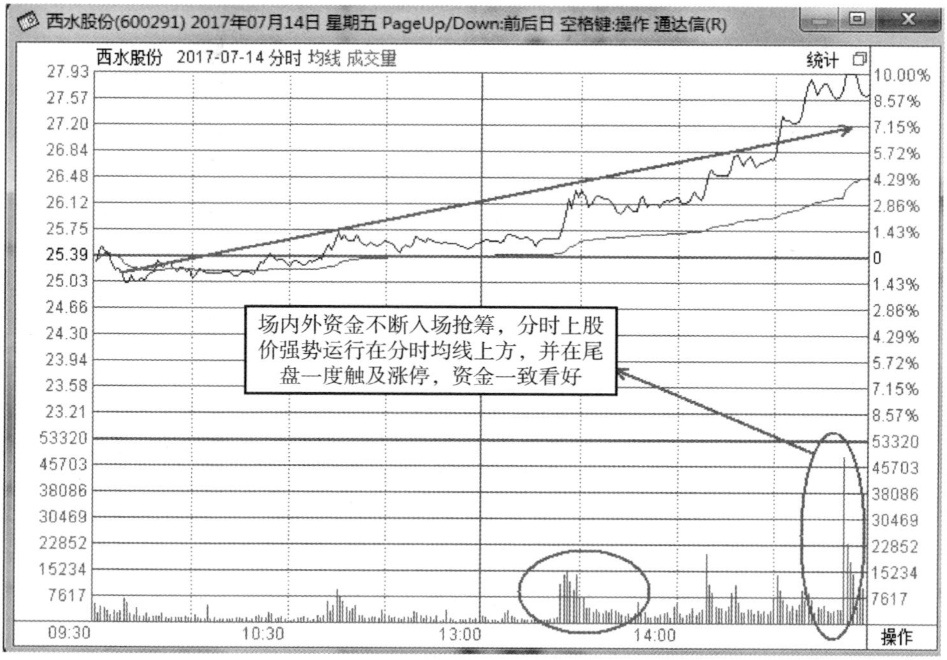

图 6-44　西水股份 2017 年 7 月 14 日分时图

西水股份维持在上升轨道健康运行，均线系统呈现多头排列；场内外资金不断入场抢筹，分时上股价强势运行在分时均线上方，并在尾盘一度触及涨停，资金一致看好，多头人气不断积聚，量能持续放大，财富效应凸显；日 K 线上也突破前期，盘中一度触及涨停，作为参股保险的龙头个股，备受场内外资金的持续关注，有望加速上扬。

6. 2017 年 7 月 25 日尾盘涨停。当天西水股份的日 K 线全景图和分时图分别见图 6-45 和图 6-46。

西水股份股价非常强势，沿着 5 日均线上行，均线呈现多头排列，加速上扬。

西水股份当天股价强势运行在分时均线上方，资金抢筹明显，尾盘封死涨停，但并未出现资金明显出逃迹象，我们选择继续坚定持股。

7. 卖出阶段：2017 年 7 月 27 日，止盈西水股份。当天西水股份的日 K 线全景图和分时图分别见图 6-47 和图 6-48。

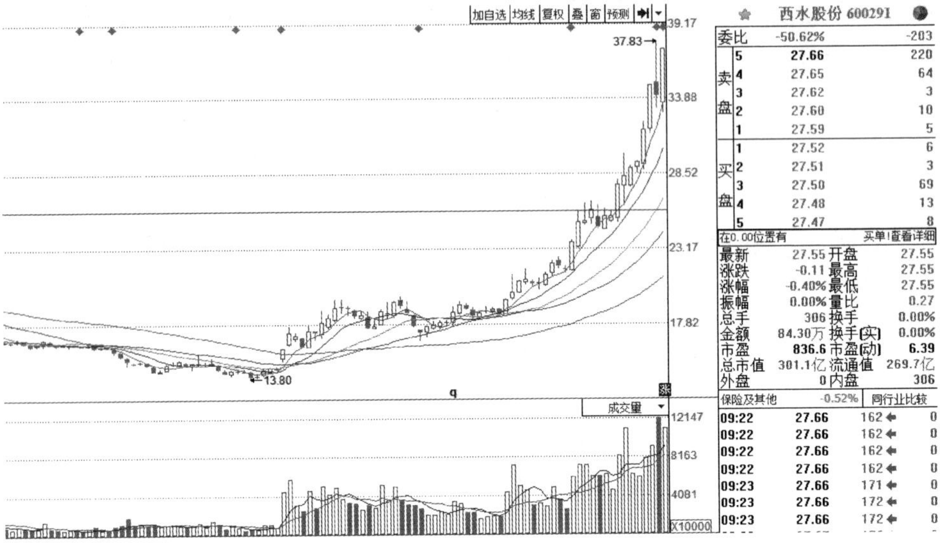

图 6-45　西水股份 2017 年 7 月 25 日分时图

图 6-46　西水股份 2017 年 7 月 25 日分时图

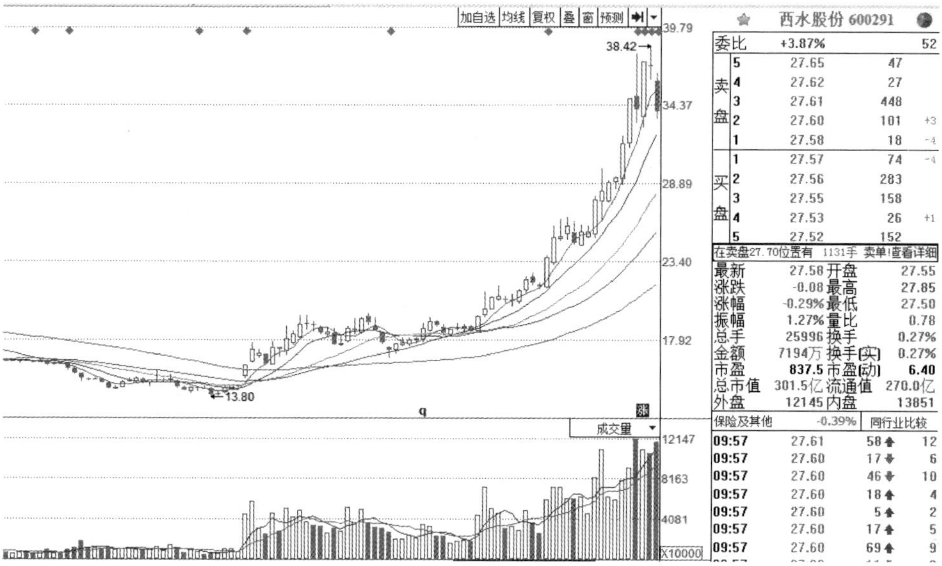

图 6-47 西水股份 2017 年 7 月 27 日分时图

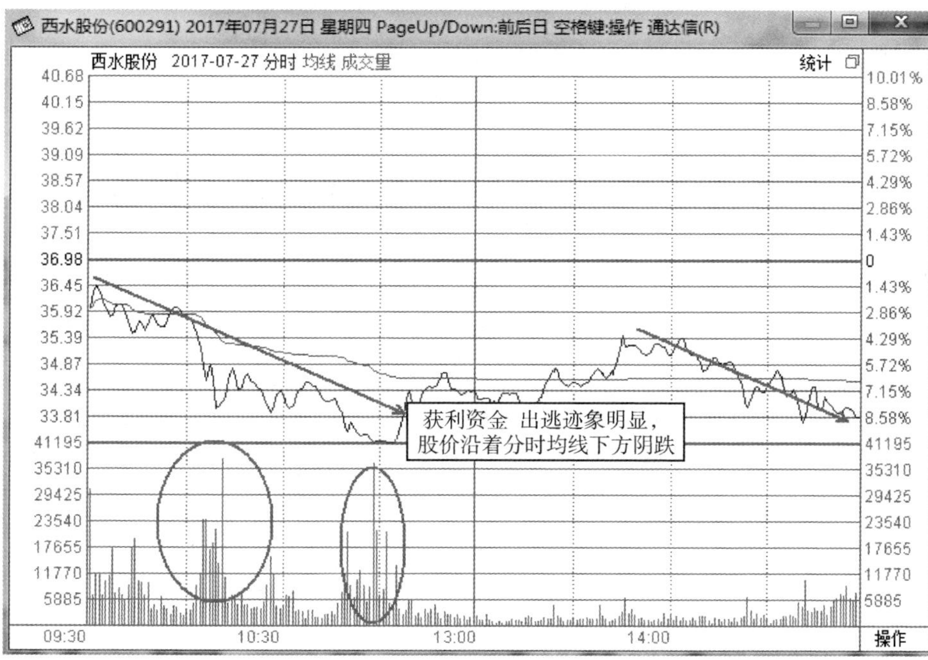

图 6-48 西水股份 2017 年 7 月 27 日分时图

（1）板块情况：保险板块中大盘蓝筹股新华保险、中国人寿等已经连续几天呈现见顶回落走势，跟风最强的天茂集团也呈现高位震荡走势，仅西水股份维持强势，但股市经常是盛极而衰，阳极而阴，因此我们等待盘面信号，获利出局。

（2）西水股份经过一轮上涨后，从底部的13.8元算起，已经接近3倍涨幅，我们的获利空间也达到了60%。斜率为70度角的加速上涨途中所积累的风险不容小觑；7月27日，个股分时走势呈现下跌放量，反弹无量，资金出逃迹象明显。日K线跌破5日线的支撑，趋势有走坏的风险，资金出逃迹象明显。为防止获利回吐，我们选择止盈离场。该股的走势验证见图6-49。

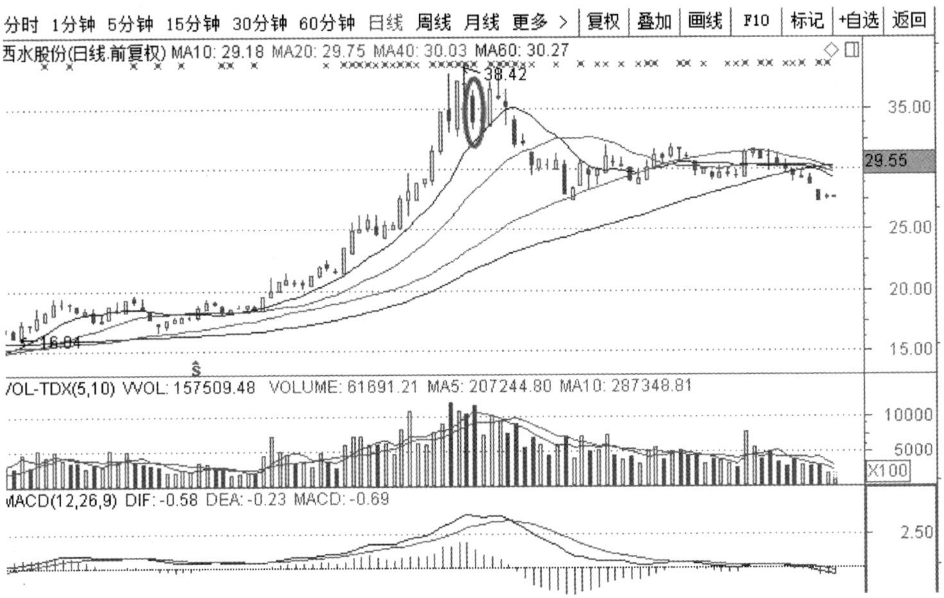

图6-49　西水股份K线走势验证

总结：做波段蓝筹大盘类型的个股，交易时需要用权重、板块护盘、估值的角度去分析，要基于对个股基本面的把握，以及对整个盘面的做多力量和板块氛围人气的判断。

第七章　主题个股交易逻辑

京汉股份

个股逻辑

1. 京汉股份作为雄安地产概念股，该公司在雄安周边地区具有很多土地储备（见图 7-1、7-2），在前期的雄安新区的炒作中，京汉股份作为地产板块的龙头之一，具有标杆地位。

【2017-04-05】【出处】证券日报
京汉股份(000615)主动蹭"热点" 披露与安新县万亩合作协议

近日，中共中央、国务院印发通知，决定设立河北雄安新区。雄安新区规划范围涉及河北省雄县、容城、安新3县及周边部分区域。4月4日晚间，多家上市公司发布公告，披露公司在雄安新区的业务及资产情况及对公司影响。

《证券日报》记者发现，有7家上市公司表态，称雄安新区的成立对公司影响不大，纷纷撇清了与新区的关系。此外，有1家上市公司发布公告，披露了与安新县的合作框架协议。

京汉股份公告显示，2014年8月份，公司全资子公司京汉置业集团有限责任公司（以下简称"京汉置业"）与安新县人民政府就中国白洋淀健康医疗、休闲养老、旅游度假大型综合性项目签署了《合作框架协议》，协议约定，项目占地约1500亩，总建筑面积约155万平方米，拟分三期建设。项目位于安新县大王镇，项目用地依法通过招拍挂方式分期供给。

实际上，2010年8月份，京汉置业就在安新县设立了京汉置业安新分公司，主要从事房地产开发业务，开发的项目为京汉·四季会馆建设项目，位于河北省保定市安新县城旅游路北侧，为商业、旅游服务项目。项目用地面积2.92万平方米，总建筑面积24494.95平方米，项目已竣工。该项目为京汉置业安新分公司自持，目前部分面积作为酒店经营（即京汉雅阁璞邸酒店）。 此外，因业务发展需要，京汉置业租用安新县大王镇张六村村民委员会农田16.40万m²，租金383.85万元；租用安新县向村自然人农用地4.36万m²，租金127.43万元。租赁期限均为13年。

2015年9月22日，京汉股份发布了《发行股份及支付现金购买资产暨关联交易报告书》，报告书中披露：目前京汉置业安新分公司已经与当地政府签署1500亩地的土地合作框架协议，今后将与当地政府合作扩大至1万亩。该地块位于国家5A级旅游景区白洋淀景区，在该功能性商业地产上，将建设温泉戏水度假中心、生态农业、商业街等，并与中国人民解放军总医院合作建立一座康复养老医疗基地。此外，该地块还将配套建设一部分养老地产，非常适合京津冀区域老年人群的养老居住。作为第一个健康产业的试点项目，京汉置业未来将通过运营和服务在该项目上获得收入，寻求利润稳步增长。

但是，京汉股份与安新县人民政府签订战略框架协议以后，双方进行了接触和磋商，截至目前，《合作框架协议》项下的土地没有交付，土地款也没有交纳，且无其他相关进展。京汉股份表示，目前国家对安新县的整体规划已发生重大变化，上述框架协议的履行存在有

图 7-1　京汉股份相关报道（截图）

公司在河北白洋淀大手笔拿地1500亩，并斥资60亿元深入挖掘区域优质生态资源，将项目建设成为环京津休闲度假旅；2017年4月公告，白洋淀项目合作框架协议》项下的土地没有交付，土地款也没有交纳，且无其他相关进展。另外京汉置业在安新县设立了京汉置业安新分公司，主要从事房地产开发业务，开发的项目为京汉·四季会馆建设项目，位于河北省保定市安新县城旅游路北侧，项目用地面积29,226.00平方米，项目已竣工。因业务发展需要，京汉置业租用安新县大王镇张六村村民委员会农田16.40万m²，租用安新县向村自然人农用地4.36万m²，租赁期限均为13年。

图 7-2　京汉股份相关报道（截图）

2. 调整周期较长，短期突破下跌趋势线（见图 7-3），股价有进一步反弹的需求。

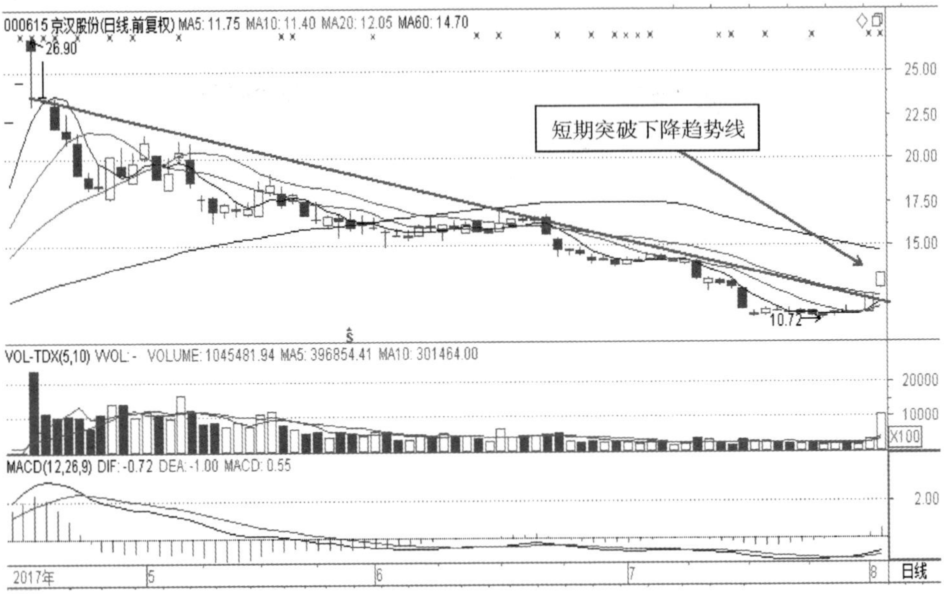

图 7-3　京汉股份短期突破下降趋势线

买卖逻辑

在突破下跌趋势线后，通常需要回踩确认，在站稳之后，股价有进一步反弹的需求，而如果叠加了题材因素，股价的上涨会更迅猛。

2017 年 8 月 3 日，京汉股份早盘继续保持活跃，开盘不久便直线拉升，但是由于量能不足，股价很快冲高回落，我们选择在午盘买入部分仓位，择机再进行补仓。当天京汉股份的分时图和 K 线图分别见图 7-4 和图 7-5。

在建好底仓之后，我们需要做的是等待机会加仓。2017 年 8 月 4 日京汉股份低开震荡，正是一个低吸的好机会，因此，选择在当天分时均线附近加仓。当天京汉股份的分时图和 K 线图分别见图 7-6 和图 7-7。

趋势线对资金具有牵引作用，不少资金是趋势投资，甚至“闻风而动”，特别是做短线投资，在关键位置时，显得特别敏感。

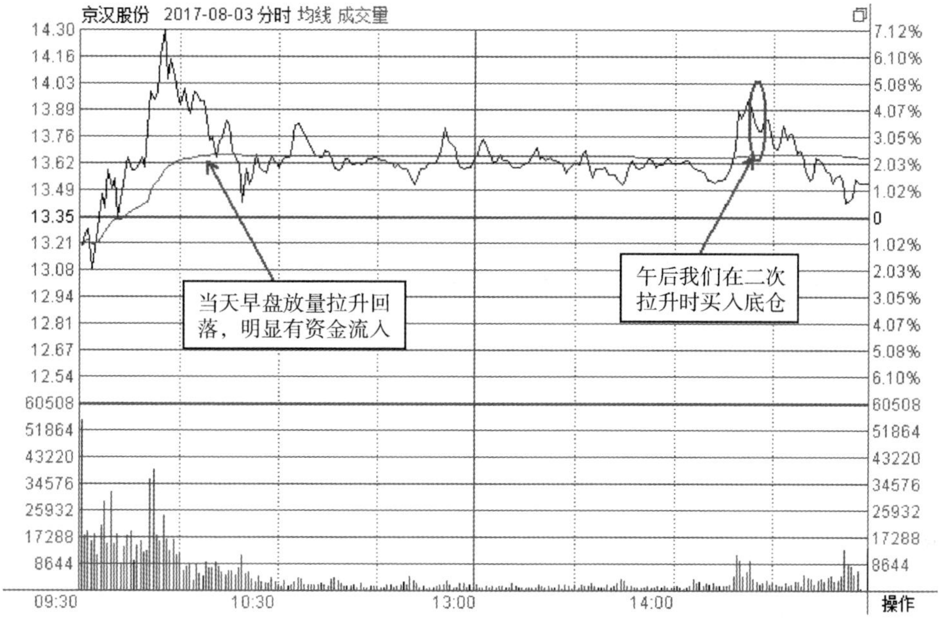

图 7-4 京汉股份 2017 年 8 月 3 日分时图

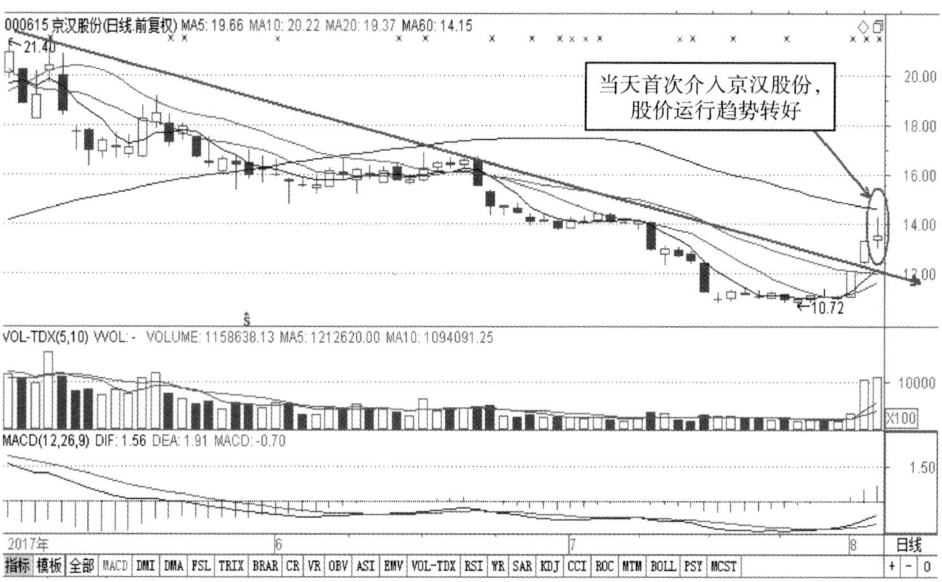

图 7-5 京汉股份 2017 年 8 月 3 日 K 线图

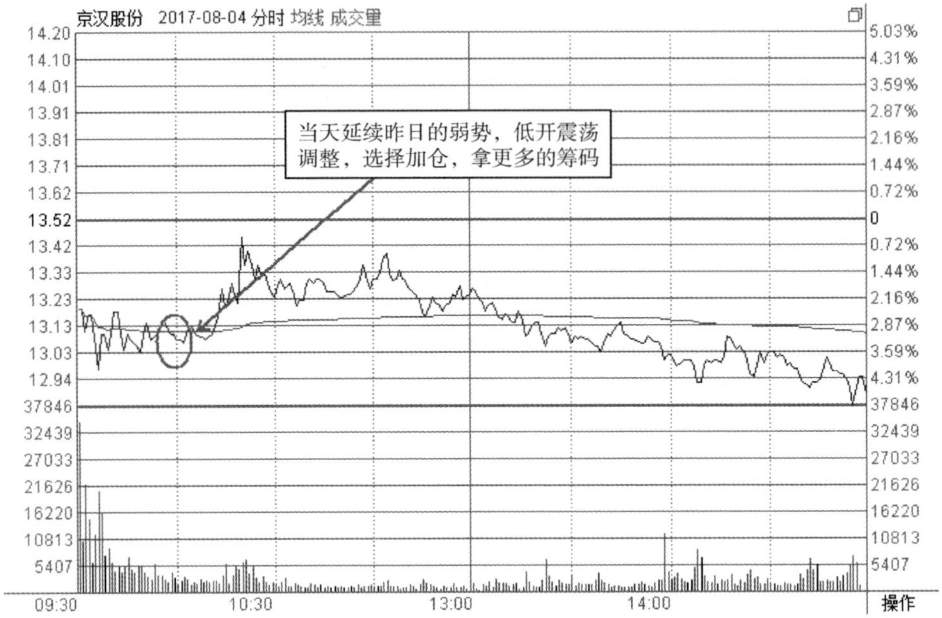

图 7-6 京汉股份 2017 年 8 月 4 日分时图

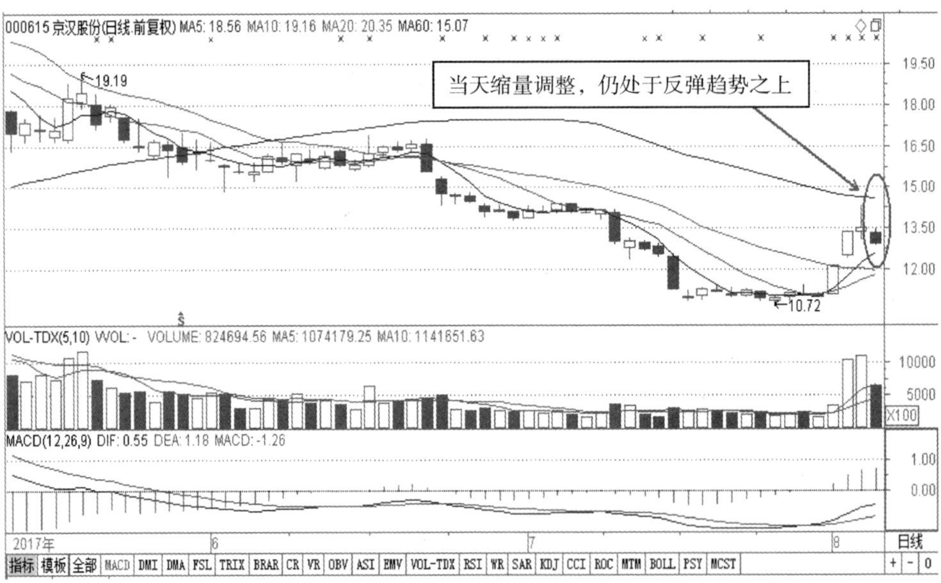

图 7-7 京汉股份 2017 年 8 月 4 日 K 线图

2017 年 8 月 7 日，京汉股份依然呈现弱势震荡状态，全天振幅缩小，分时走势没有异常，而从趋势来看，今天刚好回踩长期的下跌趋势线，支撑作用比较强，短期需要坚定持股做多。当天京汉股份的分时图和 K 线图分别见图 7-8 和图 7-9。

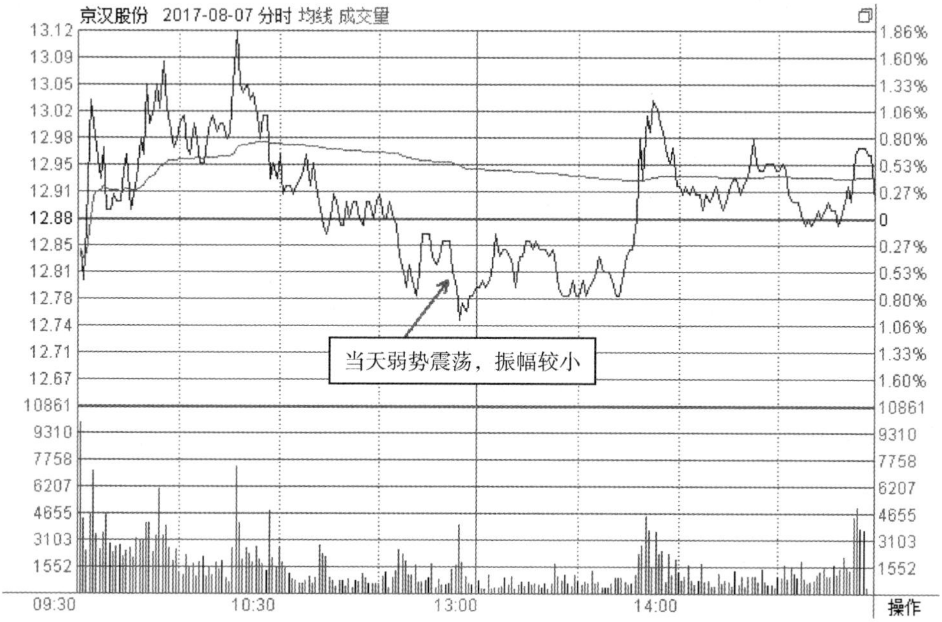

图 7-8　京汉股份 2017 年 8 月 7 日分时图

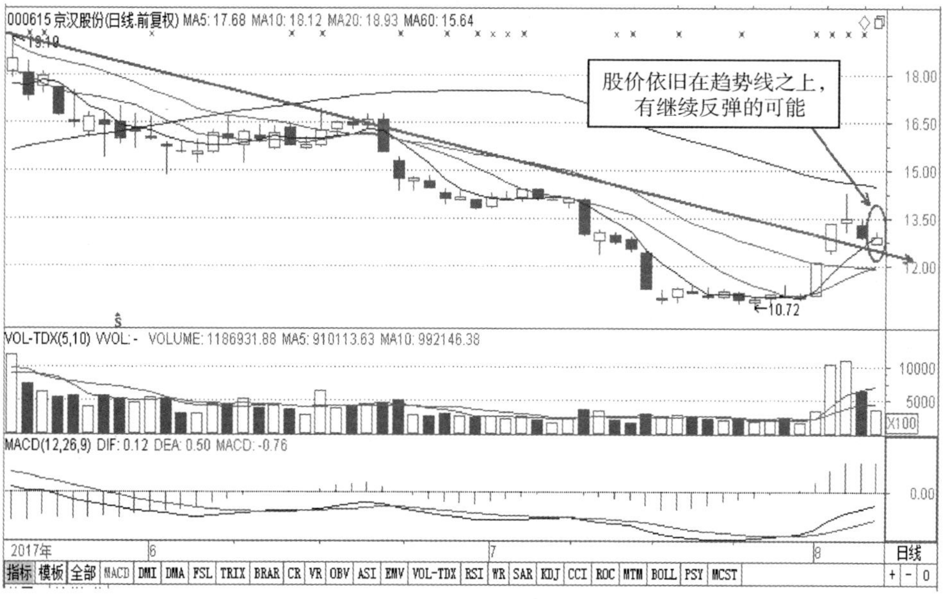

图 7-9　京汉股份 2017 年 8 月 7 日 K 线图

2017 年 8 月 8 日，盘面出现异动，高开低走，成交量未异常放大，所以不排除是主力的洗盘行为。我们进入时股价相对较低，所以选择继续持股，等待方向性选择，和主力资金共进退。当天京汉股份的分时图和 K 线图分别见图 7-10 和图 7-11。

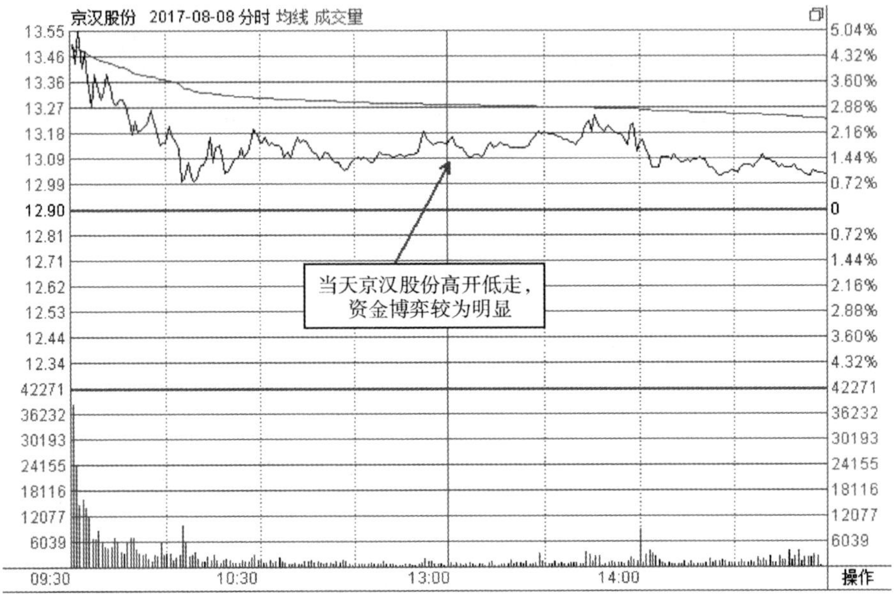

图 7-10 京汉股份 2017 年 8 月 8 日分时图

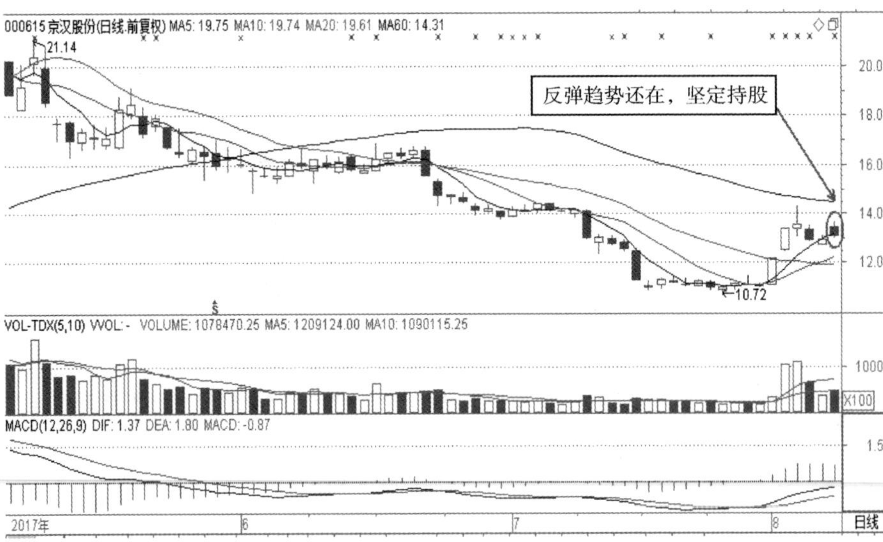

图 7-11 京汉股份 2017 年 8 月 8 日 K 线图

2017 年 8 月 11 日，在经过一周的震荡调整后，京汉股份终于选择了向上突破，而且成交量有所放大。从短期压力位来看，股价在 60 日均线的压制之下，短期如果未能突破，股价在这个位置有继续调整的可能。所以交易上，冲高回落未能突破压力位时要减仓应对，而短期快速上拉也可以选择止盈措施，确保资金落袋为安。当天京汉股份的分时图和 K 线图分别见图 7-12 和图 7-13。

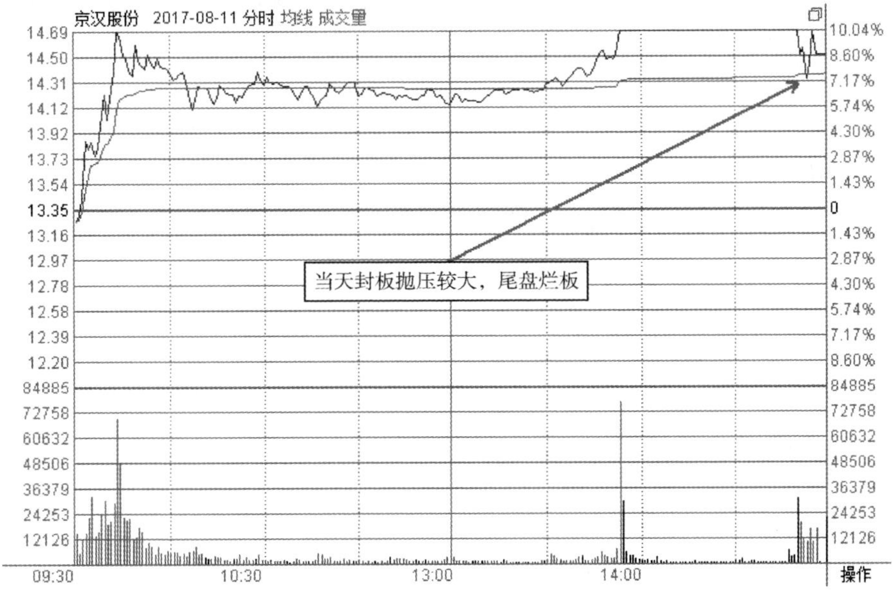

图 7-12　京汉股份 2017 年 8 月 11 日分时图

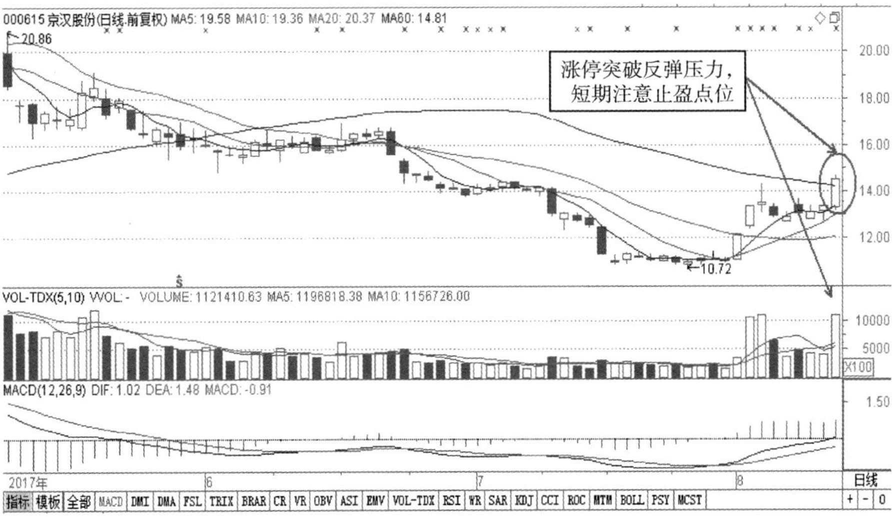

图 7-13　京汉股份 2017 年 8 月 11 日 K 线图

2017 年 8 月 14 日，京汉股份震荡上行，上拉突破 60 日均线，但是出现尾盘突袭，这种分时或许是诱多，所以短期以减仓作为应对措施，确保获利。波段交易需要做好止损止盈，在股价连续上涨时，可以选择先获利了结部分仓位，随着股价的上涨逐步进行减仓。当天京汉股份的分时图和 K 线图分别见图 7-14 和图 7-15。

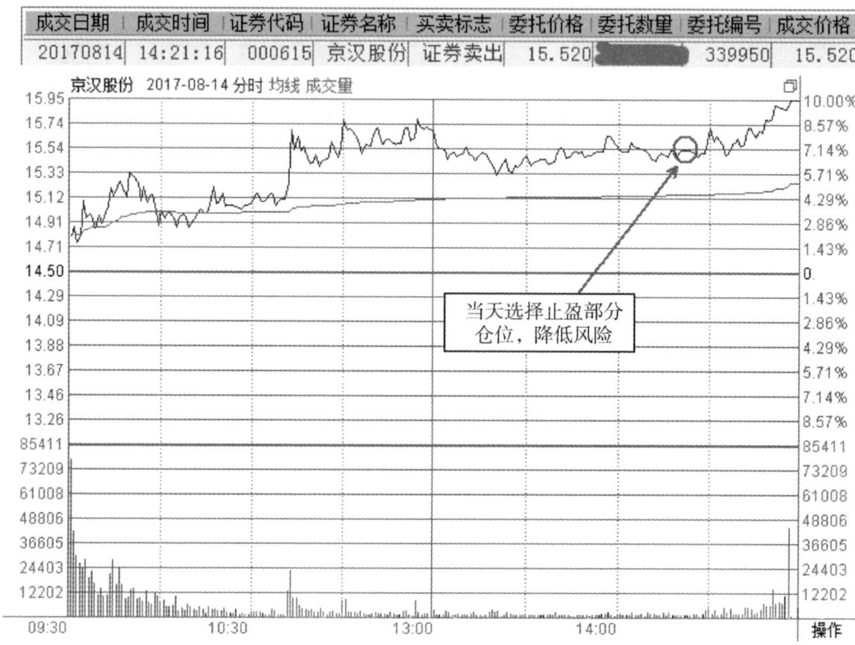

图 7-14　京汉股份 2017 年 8 月 14 日分时图

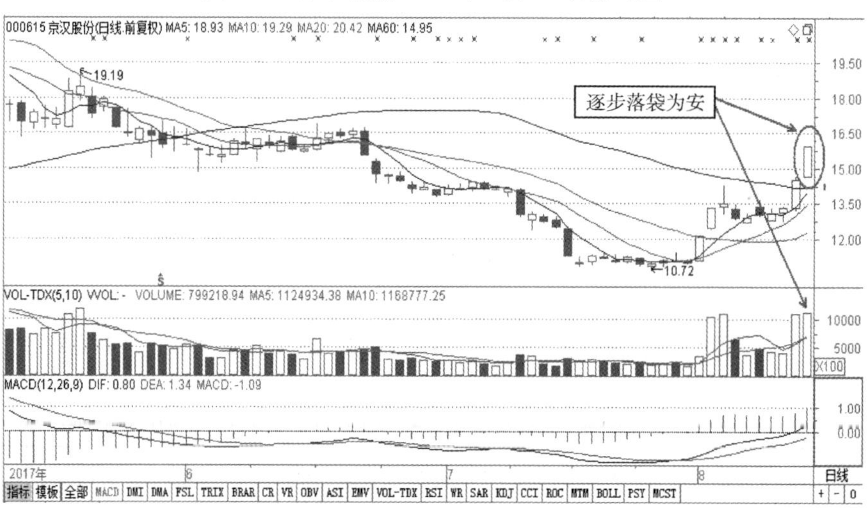

图 7-15　京汉股份 2017 年 8 月 14 日 K 线图

涨停板是最吸引资金关注的，而涨停之后第二天的走势尤为重要，是弱是强看分时图便知。若是强势，必然在涨停后一天可以高开；反之低开震荡，说明股价短期弱势，可以顺势止盈，确保资金落袋为安。

2017 年 8 月 15 日，京汉股份没能延续前一日的强势，低开震荡，分时显得较为羸弱，在反弹相对高位时，强则持有待涨，弱势则卖出止盈。所以，我们把京汉股份最后一笔清仓，确保资金落袋为安。当天京汉股份的分时图和 K 线图分别见图 7-16 和图 7-17。

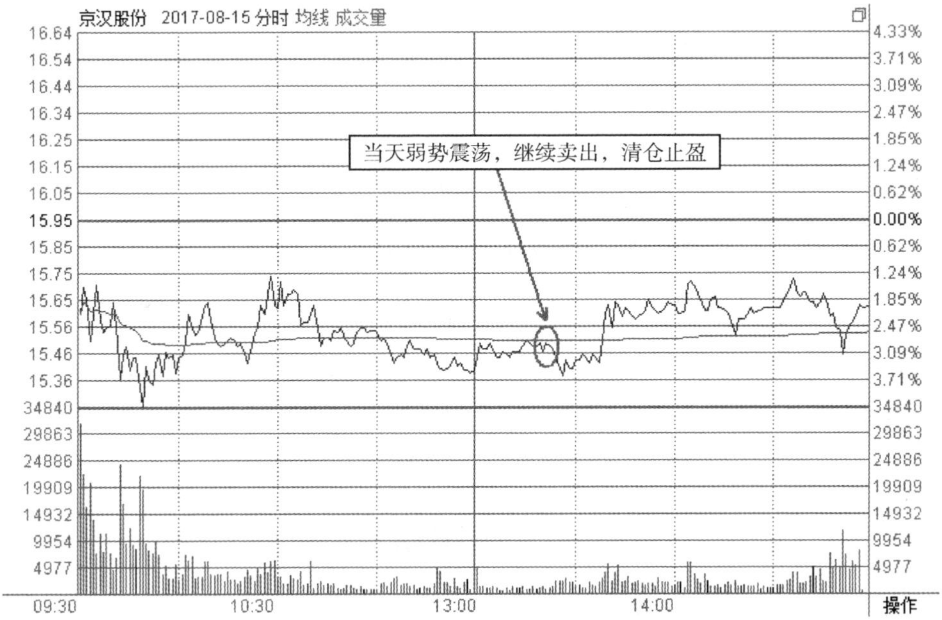

图 7-16　京汉股份 2017 年 8 月 15 日分时图

交易总结

雄安新区作为历史性题材，会反复活跃，所以，对一些真正受益的公司来说，可以根据“风口”所在位置进行交易。京汉股份作为前期雄安地产板块的龙头之一，在突破下跌趋势线时选择买入，一直持有至反弹高点才出仓了结。

在实际交易中，如果是以题材为引爆点，就需要密切关注题材的发酵。京汉股份正是依托雄安题材的炒作而崛起的个股，一旦题材不再火热，短期就要考虑获利后迅速出仓。同时，配合趋势线的压力和支撑，以及分时盘面

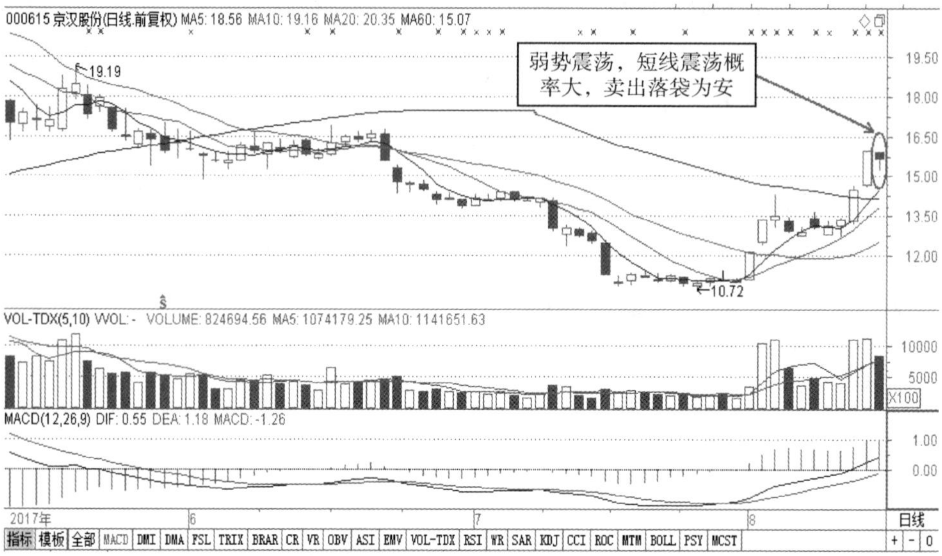

图 7-17　京汉股份 2017 年 8 月 15 日 K 线图

的量能，在尊重趋势的同时，结合盘口拉升和回调是否放量、缩量，来探明主力的洗盘和出货，京汉股份符合这一买卖逻辑，多重效应叠加，速战速决赢得战斗。

厦门国贸

个股逻辑

1. 2017 年 7 月 25 日，商务部副部长王受文表示，第九届金砖五国领导人会晤将于 9 月 3 – 5 日在厦门举办。金砖国家对世界经济增长率贡献达 50%，届时，厦门的国际关注度及影响力将明显提升，厦门本地股有望成为市场关注的焦点，厦门国贸有望得到资金炒作。图 7-18 为新华社所做的相关报道。

2. 厦门国贸是福建供应链管理行业的龙头，2017 年 7 月 21 日，公司发布业绩快报后的短短 4 个交易日，公司股价涨幅超过 30%（见图 7-19）。这只股票股性较好，短线拉升快进快出是理想的交易手段。

金砖国家第七次经贸部长会首次将经济技术合作纳入议程

2017-07-25 16:03　来源：　新华社　　　　　　　　　　【字体：大 中 小】　打印

新华社北京7月25日电（记者　于佳欣）第七届金砖国家经贸部长会将于8月1日至2日在上海举行。商务部副部长王受文25日表示，会议将围绕促进金砖国家贸易发展等四方面进行探讨，其中，经济技术合作将首次纳入金砖经贸合作议程。

王受文在商务部当日召开的媒体吹风会上表示，本次经贸部长会议是金砖合作步入第二个“黄金十年”后的首次经贸部长会议，意义重大。会议将加快推进金砖经贸合作的机制化、系统化和实心化。

王受文指出，在深化金砖国家经济技术合作方面，本次会议首次将经济技术合作纳入到金砖经贸合作议程。期待与各方一道，就《金砖国家经济技术合作框架》达成一致，全面启动贸易投资便利化、服务贸易、电子商务等领域的能力建设合作，从根本上提升金砖国家发展贸易投资的能力，更好地分享经济增长和全球化的成果。

此外，会议还将围绕促进金砖国家贸易发展、投资便利化合作、支持多边贸易体制方面进行探讨。在促进贸易发展方面，将探讨建立金砖国家示范电子口岸网络、金砖国家服务贸易合作路线图、加强电子商务领域合作等内容。

据悉，金砖国家机制性合作始于2006年。10年来，金砖国家经济总量占全球经济比重从12%上升到23%，贸易总额比重从11%上升到16%，对外投资比重从7%上升到12%，对世界经济增长率贡献达到50%。无论在贸易还是投资领域，金砖国家都具有广阔的合作前景。

图 7-18　新华社相关报道（截图）

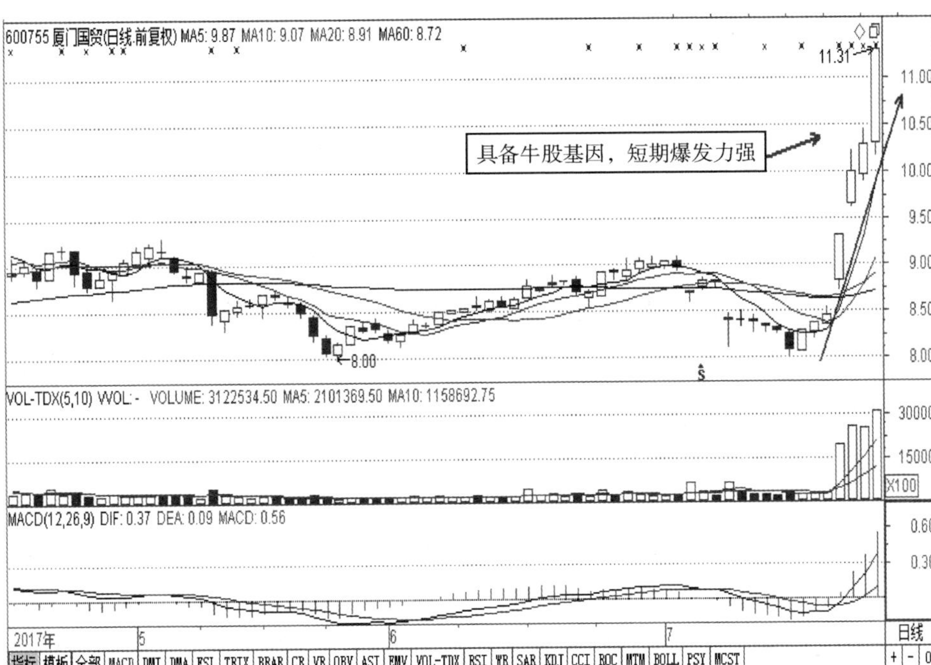

图 7-19　厦门国贸具备牛股基金，短期爆发力强

3. 厦门国贸业绩好，且业绩增长较为稳定，其主要财务指标情况见图7-20。

【1.财务指标】
【主要财务指标】

财务指标	2017-06-30	2016-12-31	2015-12-31	2014-12-31
审计意见	未经审计	标准无保留意见	标准无保留意见	标准无保留意见
净利润(万元)	78870.06	104319.77	64260.69	84903.34
净利润增长率(%)	28.9728	62.3384	-24.3131	-9.6169
营业总收入(万元)	6837904.21	9807656.68	6421262.83	5528789.49
营业总收入增长率(%)	67.8086	52.7372	16.1423	11.9761
加权净资产收益率(%)	6.8000	11.7600	8.2600	13.3100
资产负债比率(%)	71.5381	67.2909	76.5217	75.5666
净利润现金含量(%)	-394.0026	219.3291	428.7825	-438.8182
基本每股收益(元)	0.3800	0.6200	0.3900	0.5700
每股收益-扣除(元)	-0.0800	0.6900	0.0800	0.4300
每股收益-摊薄(元)	0.4737	0.6267	0.3861	0.5101
每股资本公积金(元)	1.0775	1.0766	1.2836	1.2095
每股未分配利润(元)	3.1026	2.8462	2.3613	2.0891
每股净资产(元)	5.4719	5.2000	4.8372	4.4531
每股经营现金流量(元)	-1.8664	1.3746	1.6554	-2.2384
经营活动现金净流量增长率(%)	47.2(L)	-16.9613	174.0(P)	-464.0(L)

图7-20 厦门国贸主要财务指标（截图）

厦门国贸具备多题材炒作的优势，容易受市场热度而被炒作起来。一方面，厦门国贸有事件的直接刺激，例如厦门金砖会议、海西自贸区建设等；另一方面，是它的业绩超预期增长。这两个条件都被市场资金所认可，具备炒作空间。

买卖逻辑

2017年8月17日买入。当天厦门国贸的K线图和分时图分别见图7-21和图7-22。

采取短线交易，在启动时买入是比较明智的，但不能盲目追高，厦门国贸在放量拉升时，不要急于追赶出手，等缩量站稳在均线之上再买入才是相对安全的，交易者要做到不心动、不急躁，抓住确定性机会。

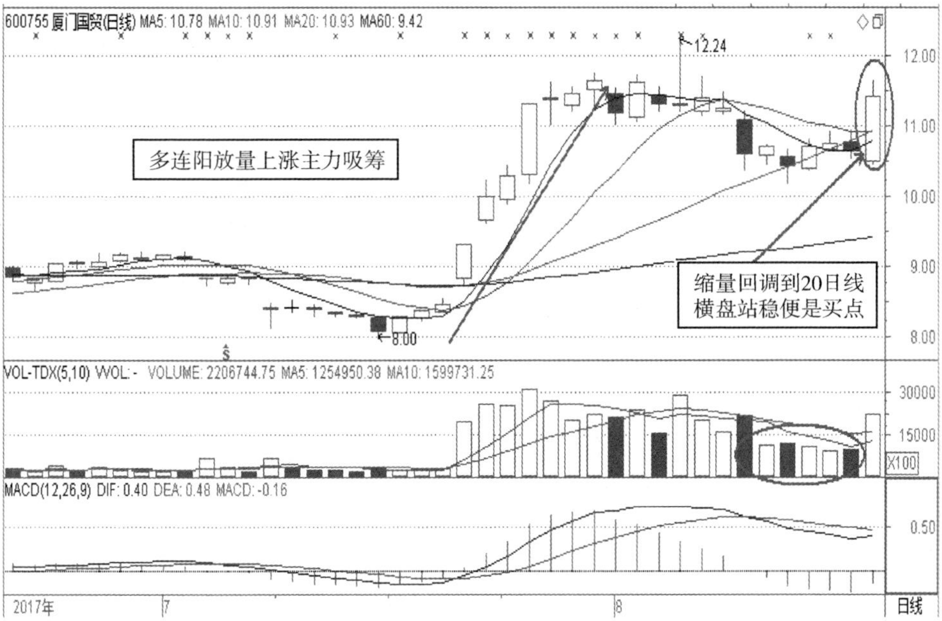

图 7-21 厦门国贸 2017 年 8 月 17 日 K 线图

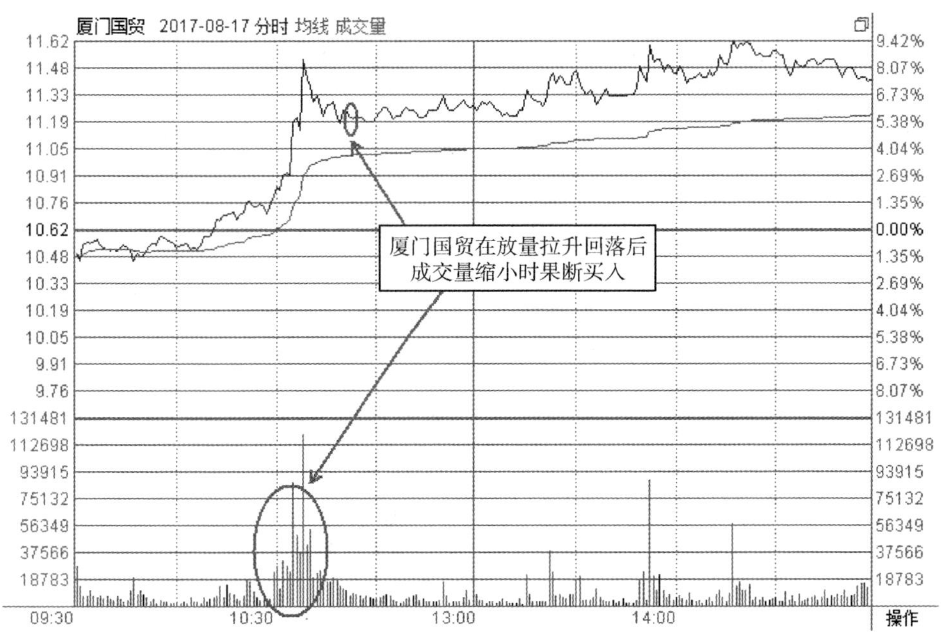

图 7-22 厦门国贸 2017 年 8 月 17 日分时图

2017 年 8 月 18 日，在前期高位附近，我们选择卖出厦门国贸。短线交易坚持止盈策略，获利后出仓。当天厦门国贸的分时图和 K 线图分别见图 7-23 和图 7-24。

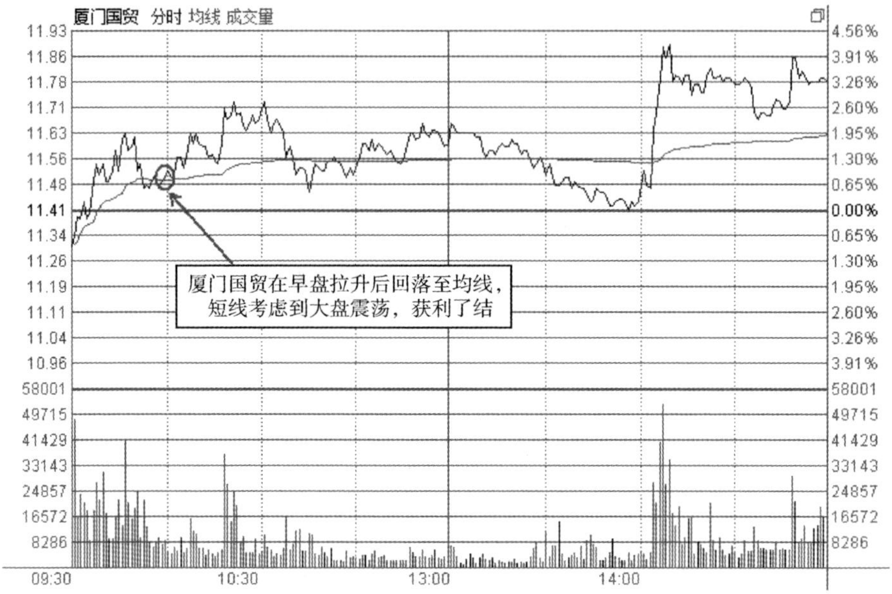

图 7-23　厦门国贸 2017 年 8 月 18 日分时图

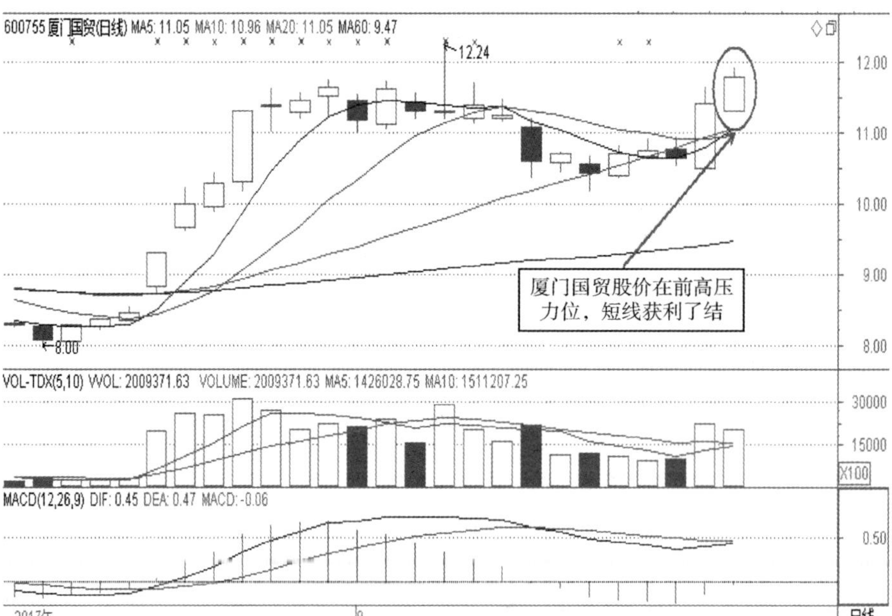

图 7-24　厦门国贸 2017 年 8 月 18 日 K 线图

交易总结

在整个短线交易中，稳健盈利是最重要的，前期交易的维宏股份也是如此，在自己的盈利体系里，把握住行情，必须坚决做到止盈止损。

短线交易忌贪，在自己的预期之内止盈，是最好的交易，也就是交易者要有良好的“纪律性”，不随意改变交易策略。

另外，牛散大学堂一贯坚持“提前，深度，坚持，大格局”的九字方针。说道厦门国贸，我们在短线止盈之后，主力又挖了一个坑，然后在2017年8月29日和8月30日借助铺天盖地的的“金砖”利好新闻，进行出货。要么提前介入，享受利润；要么及时止盈，遵守纪律，切忌在市场众所周知的口号和风口形成后，才后知后觉，参与其中，否则市场只会给你一个大大的教训（见图7-25）。

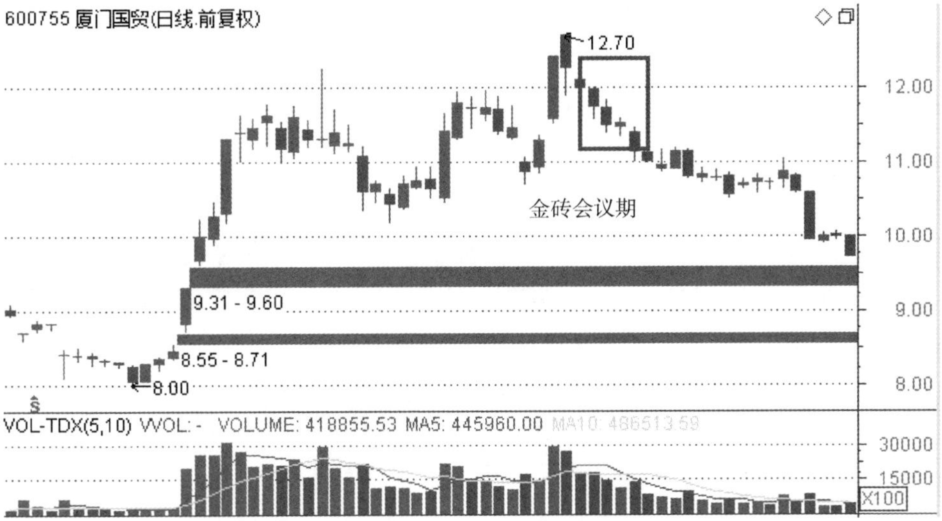

图7-25 金砖会议期间厦门国贸走势

第八章　涨价个股交易逻辑

格林美

大环境分析

2017 年 9 月 11 日，市场的博弈依旧精彩，以保险品种为代表白马蓝筹已经走出进一步杀跌的行情，白马蓝筹做多阵营将进一步瓦解。然而，沪指连续走强，日 K 线稳步上升，沿着上升轨道健康运行（见图 8-1）。说明其中有部分资金想利用近期活跃的市场环境做波段。如今，融资融券业务不断增加，做多人气高涨，题材活跃，场内外资金都比较看好 A 股中期向好的格

图 8-1　2017 年 9 月 11 日上证指数 K 线图

局，这也进一步验证了一些资金在流出，试图把握其他机会。

但主板沪指刚刚成功冲关突破 3300 阶段顶部，后市形势较为看好，均线呈多头排列，其中在 2017 年 9 月 11 日沪指站上 5 日均线。沪指的上涨走势给个股走强创造了良好的氛围，提供了不错的大环境，个股也相应地凸显出了良好的赚钱效应，沪指有望打开新的上涨空间。

格林美的营业范围为废弃钴镍钨资源与电子废弃物的循环利用，以及钴镍粉体材料、电池材料、碳化钨、金银等稀贵金属、铜与塑木型材的生产、销售。其在锂电池（钴酸锂）、三元正极材料、三元电池、动力电池正极材料、正极材料、汽车拆解业务、电池正极材料、锂离子电池均有布局。

预计三季报业绩：净利润 2.98 亿 ~ 3.97 亿元，增长幅度为 50% ~ 100%，基本每股收益 0.08 ~ 0.1 元。在其前十大流通股股东名单中出现以汇金公司、全国社保基金等为代表的国家队身影，可见大机构对格林美后市的业绩及走势非常看好，对后市股价有一定提振作用。

锂电池板块指数进入了上升的通道后，均线呈多头排列，整体量能放大，整个锂电池板块活跃（见图 8-2），个股财富效应良好，人气开始聚集，此时板块迸发出非常高涨的赚钱气氛。

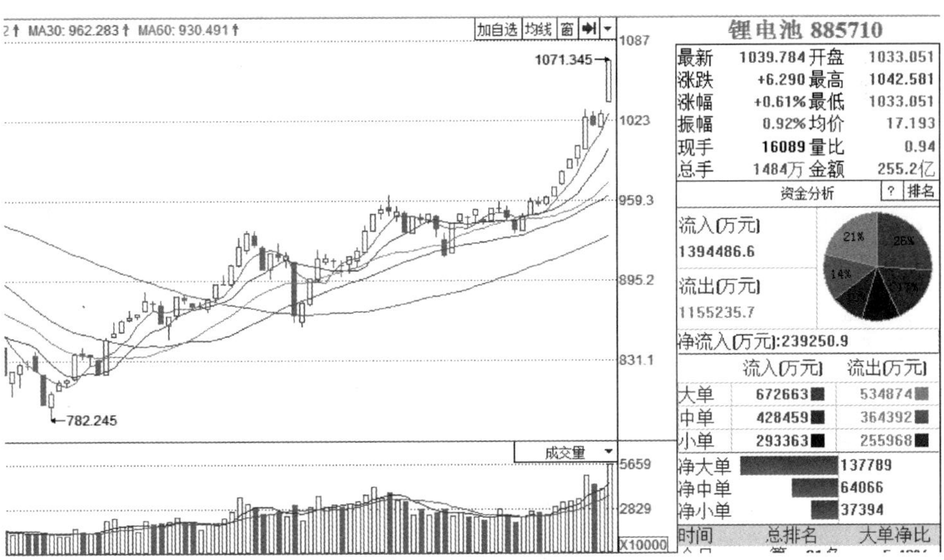

图 8-2　锂电池板块指数 2017 年 9 月 11 日 K 线图

格林美在新能源汽车领域也有所布局：2015 年 11 月 11 日公司发布公

告，11 月 10 日，公司与荆门市政府签署了《关于建设车用动力电池材料与工业固体废物处理等项目的合作协议》，拟在荆门新增投资 10.068 亿元，建设车用动力电池材料项目与固体废物处理等项目。2016 年 4 月发布公告，公司与东风襄旅及三星环新签订战略合作协议，拟共建具有全球竞争力的新能源汽车绿色供应价值链与循环利用体系。本次三方合作，预计 2016 年首期合作规模为 2000 辆纯电动物流车及专用车，三星环新是全球最大的锂电池及动力电池制造公司三星 SDI 与安徽环新集团、西安高科集团共同建立的中韩合资企业，在纯电动物流车项目上已与东风汽车展开合作。

据报道，工信部将制定燃油车禁售时间表，各种新能源汽车政策频出，板块不断向好发展，量能不断放大，维持在上升通道健康运行，均线呈多头排列（见图 8-3），做多人气聚集，财富效应显现出来，板块内个股后市有望持续走强。而就在 2017 年 9 月 11 日前一个周末，有消息指出未来国家将出台政策，逐步取消传统能源车，最终全部以新能源车代替，这可能成为新能源车板块进一步疯狂的导火索。

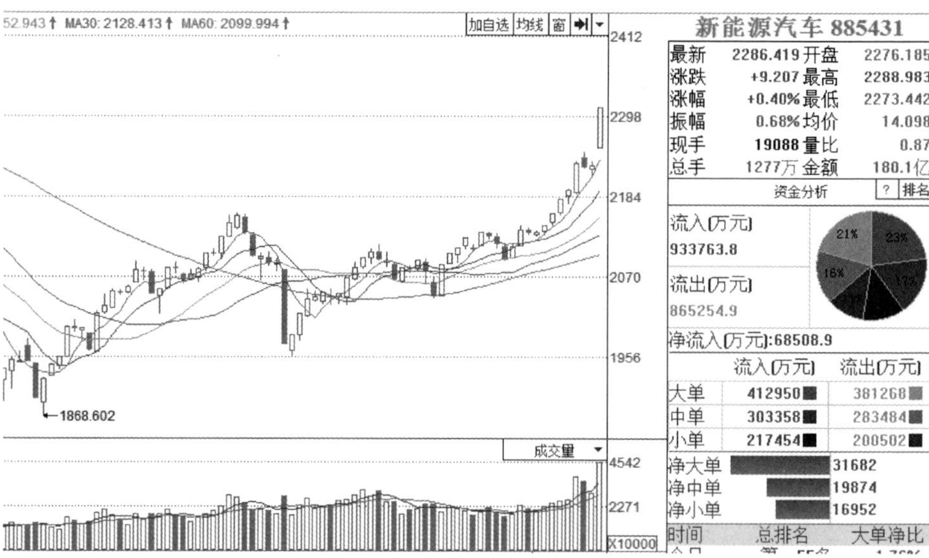

图 8-3　2017 年 9 月 11 日新能源汽车电池板块指数 K 线图

格林美是废弃资源循环利用行业的龙头企业。公司在深圳建有电子废弃物处理与塑木型材循环再造工厂，在湖北建有占地 600 亩的循环利用产业园，年处理各种废旧电池、电子废弃物和钴镍废弃资源达到 5 万吨以上，循环再造超细钴镍粉末、塑木型材等各种高技术产品达到7000吨以上，为中国电子废弃物、废旧电池与废弃钴镍资源循环利用与低碳资源化的产业基地，创立了“从废弃物收集—循环产品再造—替代进口产品—行业名牌产品”高端循环模式。

固废板块自2017年8月以来一直在上升通道健康运行，缩量调整，放量上涨，量价关系非常健康，上行中量能不断放大，均线呈现多头排列（见图8-4），做多人气聚集，财富效应显现出来，板块内个股后市有望持续走强。

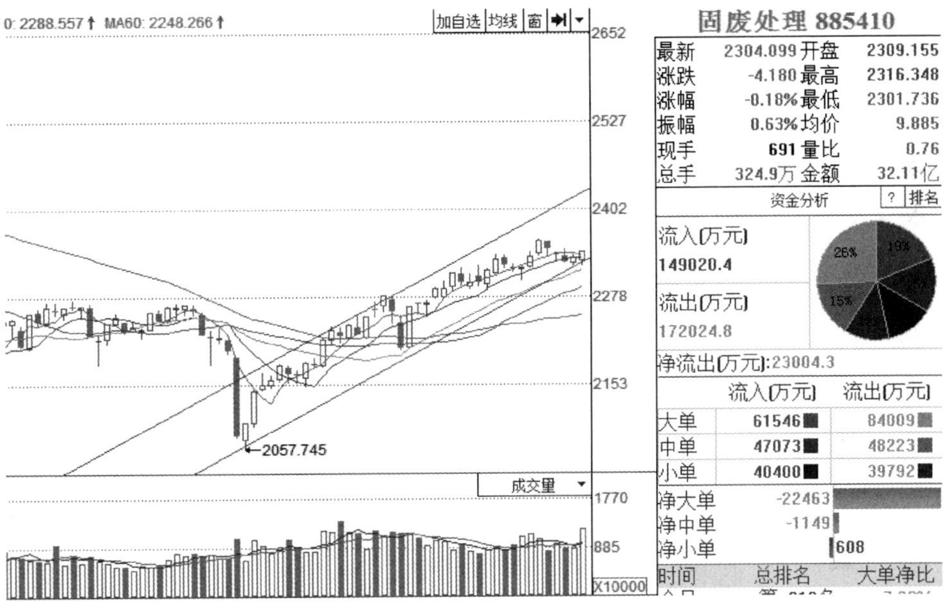

图8-4 2017年9月11日固废处理板块指数K线图

2017年9月11日，坚决买入格林美。当天该股的K线图见图8-5。

随着市场新一轮的上涨，做多空间即将打开，而格林美所涉及的以赣锋锂业为代表的锂电池、新能源汽车板块个股不断走强，且联动性比较强。所以这时，人气、情绪、资金成为交易参考的主要因素，这也符合我们博弈融合的交易思路。

随着对格林美未来业绩的信心，市场对三元正极材料的需求日益增大，格林美受到“国家队”的青睐，成为市场关注的焦点。证券金融概念板块成为市场追逐的主战场，氛围高涨，人气聚焦。锂电池、新能源汽车概念站上市场的风口，个股纷纷大涨，格林美成为市场抢筹的优质标的。

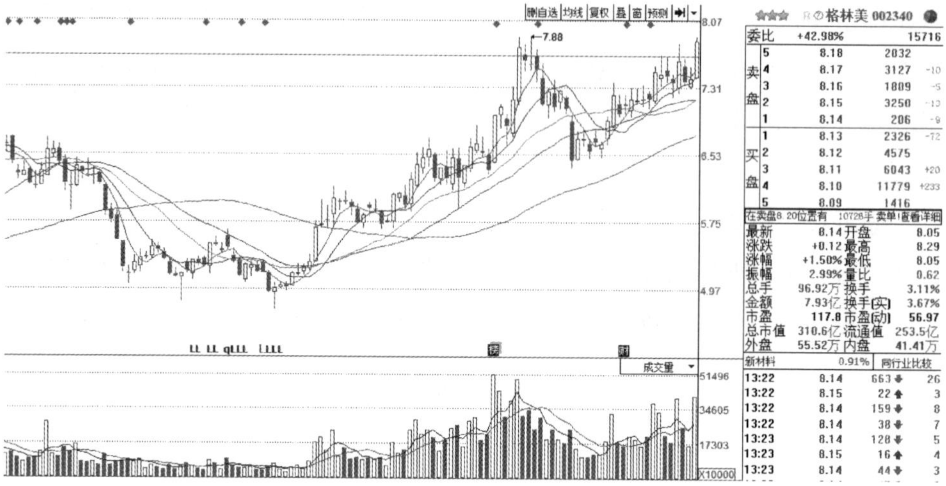

图 8-5　格林美 2017 年 9 月 11 日 K 线图

锂电池板块在连续上涨后，人气迅速积聚，量能不断放大，均线呈现多头排列（见图 8-6），个股一片向好，板块有望加速上扬。

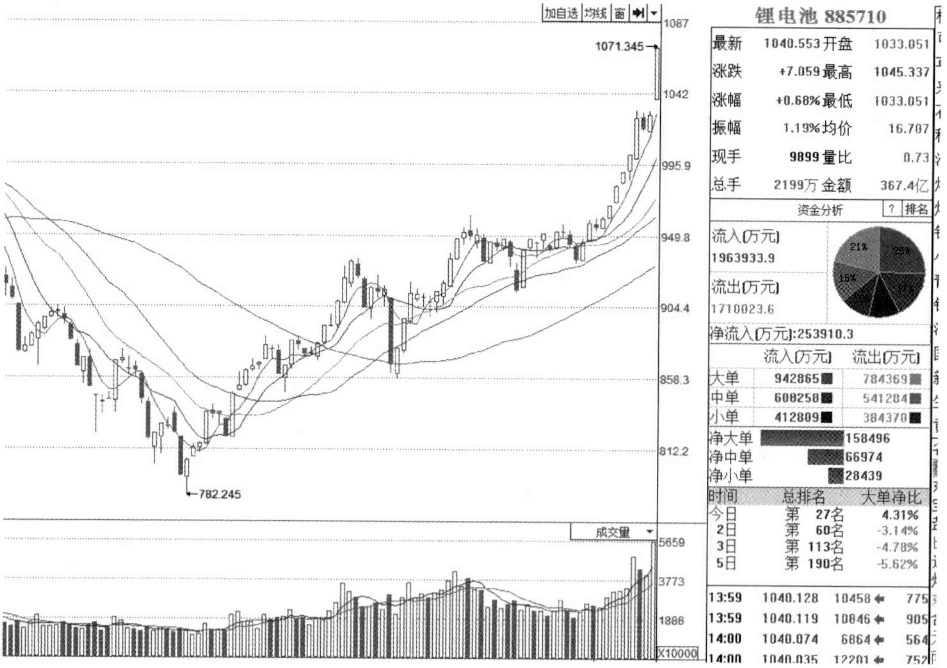

图 8-6　锂电池板块 2017 年 9 月 11 日 K 线图

分时上放量拉升，缩量回踩确认后买入；进入后，股价一直在分时均线上方运行，从而证明买入交易的准确性（见图 8-7）。

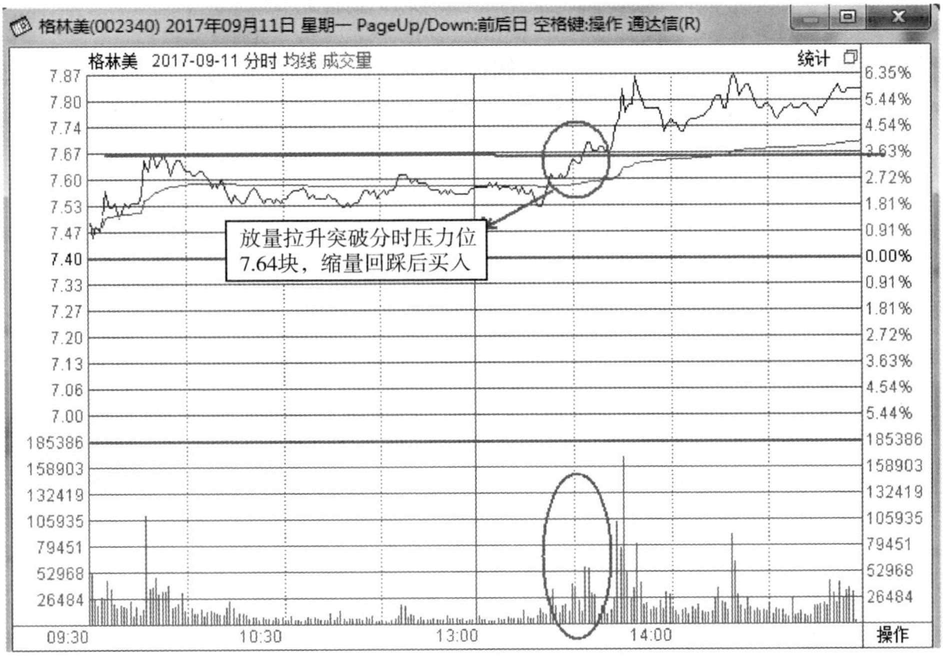

图 8-7　格林美 2017 年 9 月 11 日分时图

2017 年 9 月 12 日，卖出止盈。随着沪指冲关 3300 点成功，形势虽一片大好，但资金托而不举，并未进一步上攻，此时谨防冲高回落，那些获利的个股获利回吐。当天上证指数的 K 线图见图 8-8。

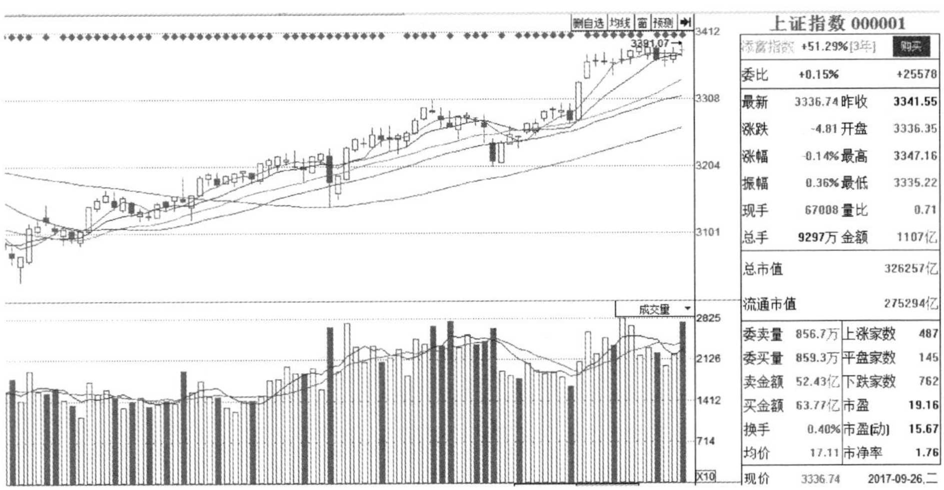

图 8-8　上证指数 2017 年 9 月 12 日 K 线图

整个锂电池板块连续走强，板块内股价节节攀攀升后，上涨的过程中也不断积累着风险，冲高乏力后，出现冲高回落、筹码松动迹象，资金出逃明显。此时，在策略上应及时止盈，获利出局。当天锂电池板块的K线图和分时图分别见图8-9和图8-10。

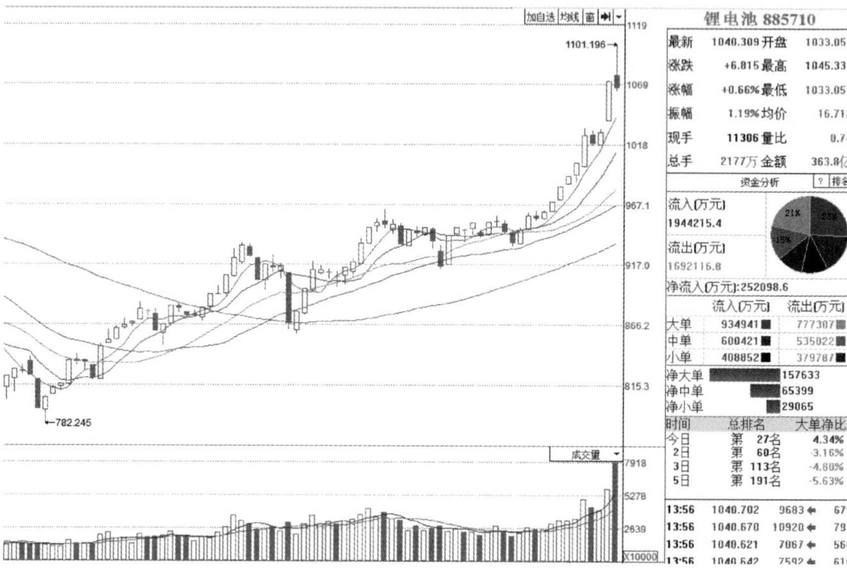

图8-9 锂电池板块2017年9月12日K线图

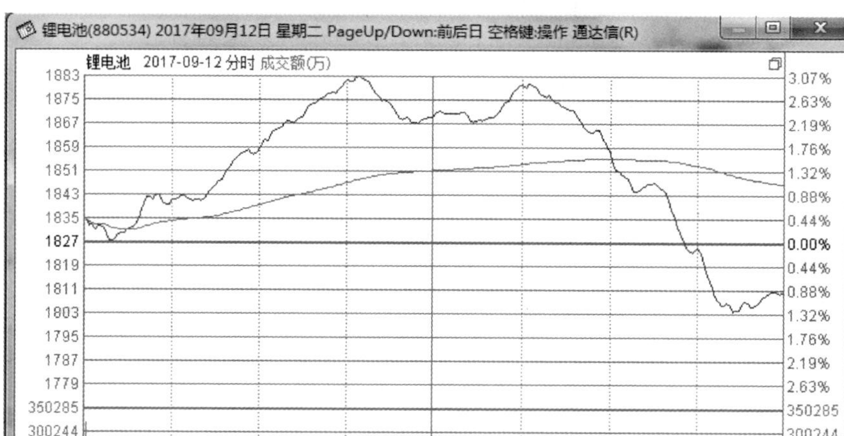

图8-10 锂电池板块2017年9月12日分时图

锂电池板块的人气龙头股之一的赣锋锂业连续走强后，出现冲高回落态势（图8-11），整个锂电池板块人气稍有减弱，此时更要谨防板块内个股冲高回落的风险。

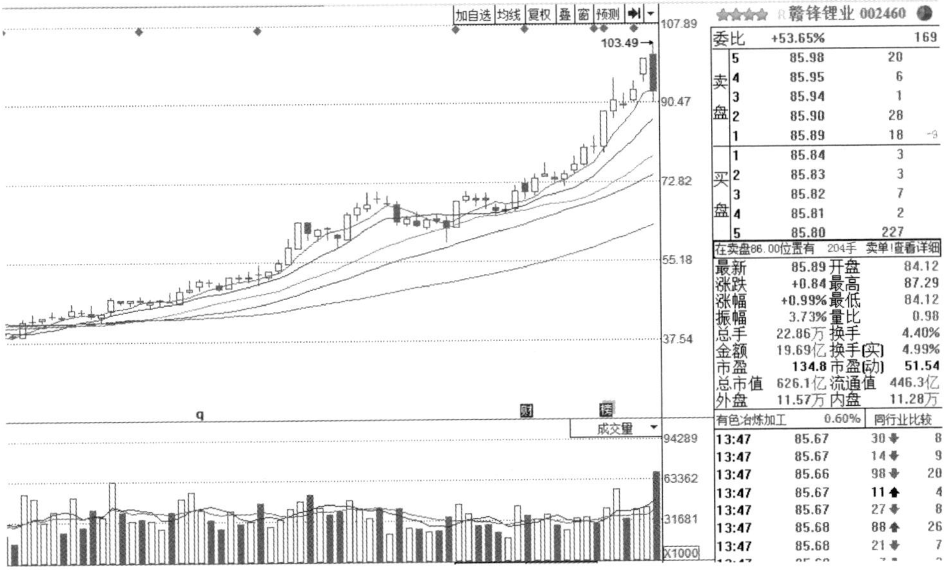

图8-11 锂电池龙头赣锋锂业2017年9月12日K线图

基于整个锂电池板块出现了获利盘出逃的迹象，个股也出现宽幅震荡，谨防冲高回落的获利回吐。当日封板失败，砸板后迅速回封（见图8-12），我们择机果断止盈，短短2个交易日收益13.2%，可谓收益颇丰。

总结：做短线，个股的变化和波动是瞬息万变的，牛散大学堂开创性地将“博弈融合”的理念融入投资实战中，在把握成长主线的同时，运用心理和技术层面的博弈把握机会并规避风险，从而进一步放大盈利。因此，我们在交易时也需要用博弈的观点去看待个股的运行格局，在买卖时一旦发现苗头不对，就要果断止盈谨防获利回吐，而做多时需选择好整个板块的氛围，把握好基本面优秀的个股。

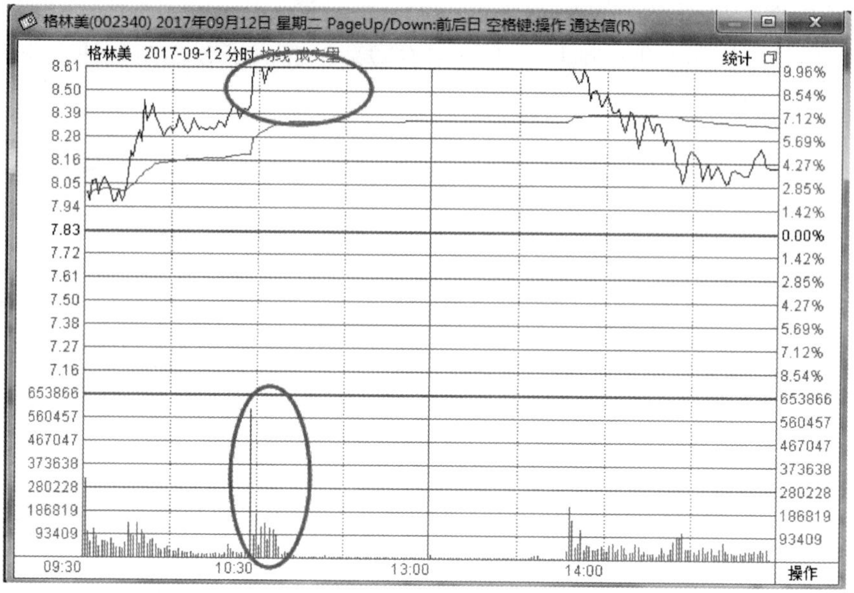

图 8-12　格林美 2017 年 9 月 12 日分时图

雅化集团

大环境分析

2017 年 9 月 13 日，市场依然处于动荡中，沪指向上的运行格局较为健康。

沪指强势站稳 5 日均线这也给个股走强创造了不错的大环境，个股也相应地迸发了良好的赚钱效应，沪指有望打开新的上涨空间（见图 8-13）。

雅化集团的营业范围：各类民用爆炸物品的研发、生产与销售，为客户提供特定的工程爆破解决方案及相关服务。

雅化集团预计三季报业绩：

净利润 1.46 亿 ~1.76 亿元，增长幅度为 50% ~80%，基本每股收益 0.15 ~0.18 元，在其前十大流通股股东名单中，出现以汇金公司为代表的“国家队”的身影，可见大机构对格林美后市的业绩及走势非常看好，这对后市股价有一定提振作用。

雅化集团其在锂电池碳酸锂、锂盐、工业级碳酸锂、爆破业务、碳酸锂、

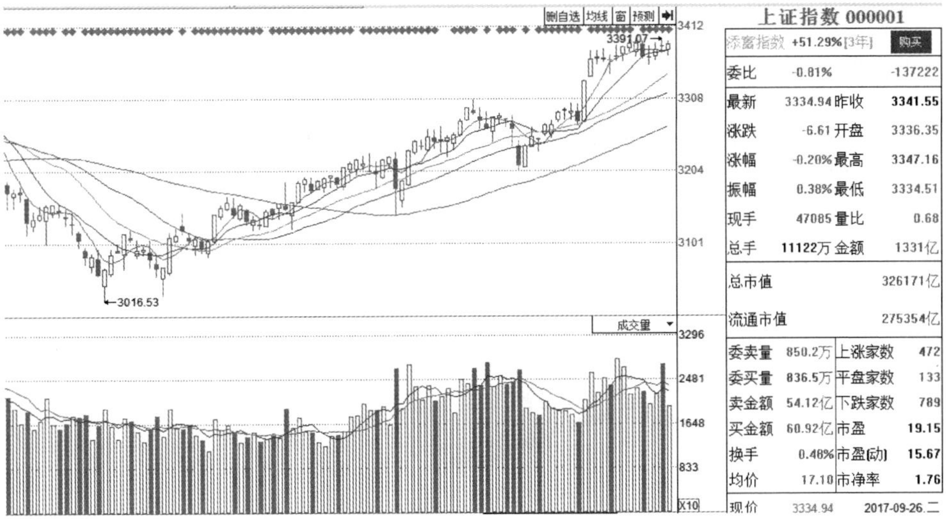

图 8-13 2017 年 9 月 13 日上证指数 K 线图

氢氧化锂、锂盐产品、单水氢氧化锂领域均有布局。

锂电池板块指数进入了上升通道后，均线呈多头排列，整体量能放大（见图 8-14），整个锂电池板块赚钱效应不断涌现。个股财富效应俱佳，人气开始聚集，板块个股不断活跃，此时板块形成非常高涨的赚钱氛围。

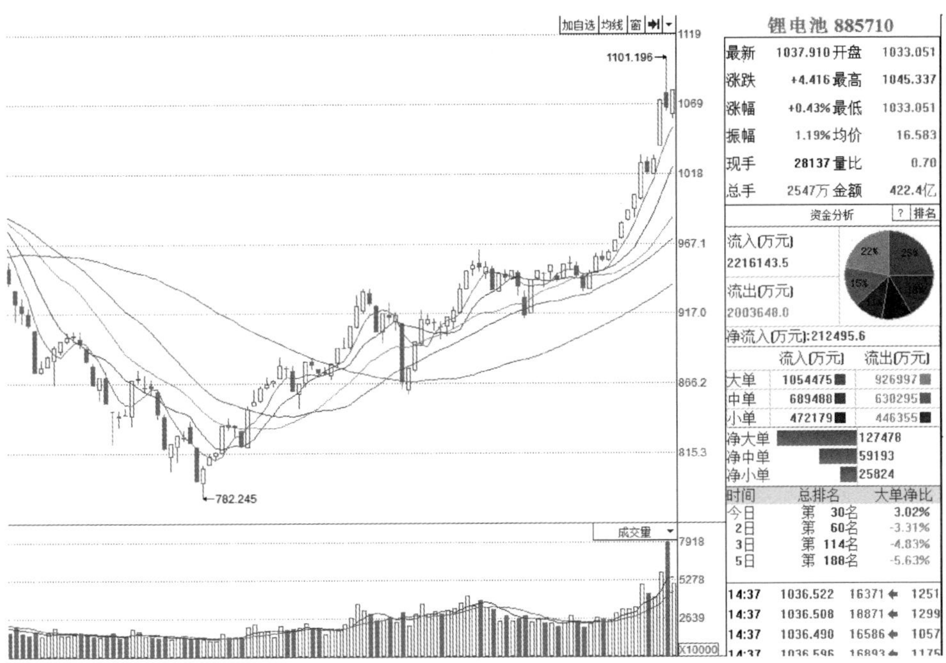

图 8-14 锂电池板块 2017 年 9 月 13 日 K 线图

图 8-15 显示了 2017 年 9 月 13 日的锂电池板块分时图，全天呈现先抑后扬的态势，说明资金承接力度强，后市有望进一步走强。

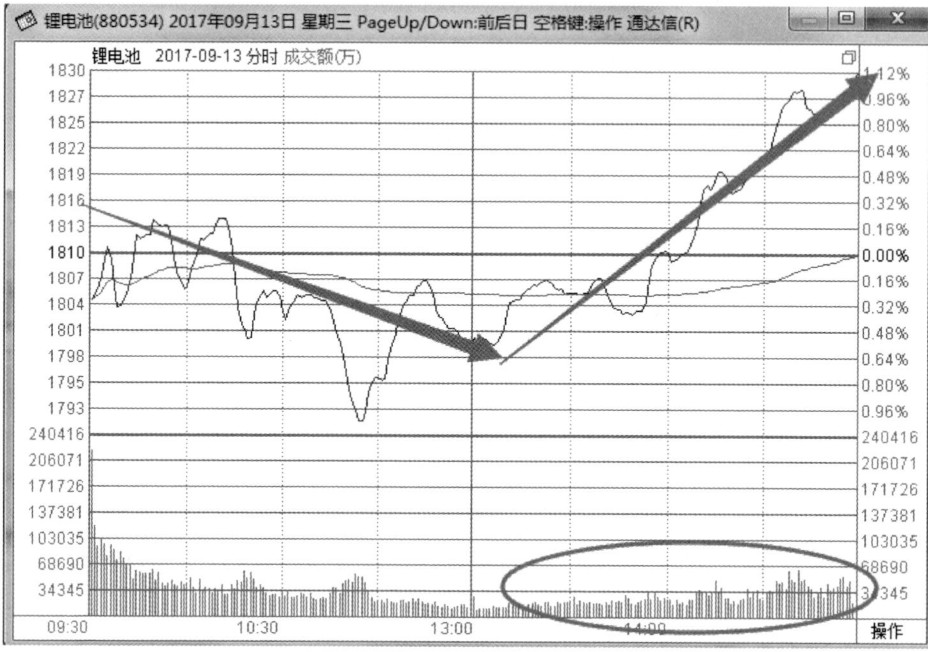

图 8-15 锂电池板块 2017 年 9 月 13 日分时图

2017 年 9 月 13 日，坚决买入雅化集团。当天该股的 K 线图见图 8-16。

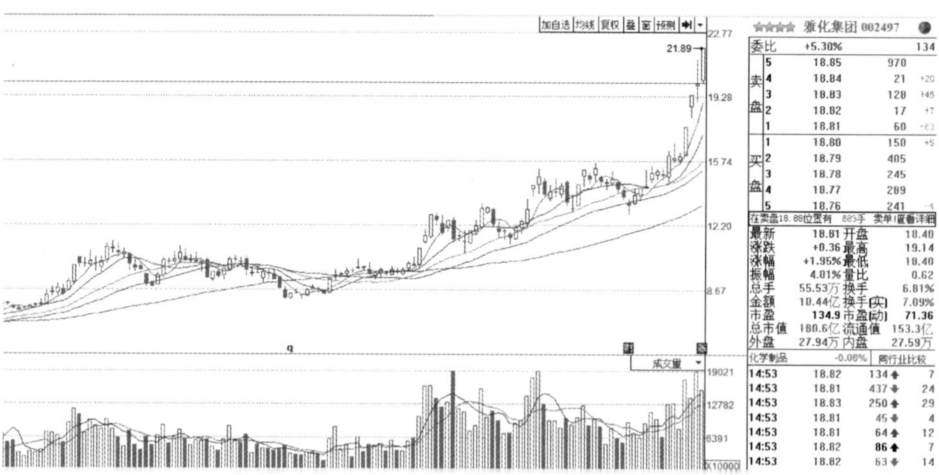

图 8-16 雅化集团 2017 年 9 月 13 日 K 线图

随着市场新一轮的上涨，做多空间即将打开，新能源汽车以及锂电池的政策利好不断释放，其题材个股有望受资金进一步追捧。由于雅化集团在锂电池均有布局，而且锂电池个股不断走强联动性比较强，所以这时人气、情绪、资金成了交易的主要参考因素，正好符合博弈融合的交易思路。

随着对雅化集团未来业绩的信心，市场对锂电材料的需求日益增大，并且收获“国家队”青睐，从而成为市场关注的焦点。证券金融概念成为市场追逐的主战场，氛围高涨，人气聚焦。锂电池、新能源汽车概念站上市场的风口，个股纷纷大涨，雅化集团成为市场抢筹的优质标的。

锂电池板块在连续上涨后，人气迅速积聚，量能不断放大，均线呈现多头排列（见图 8-17），个股一片向好，板块个股继续走强，有望加速上扬。

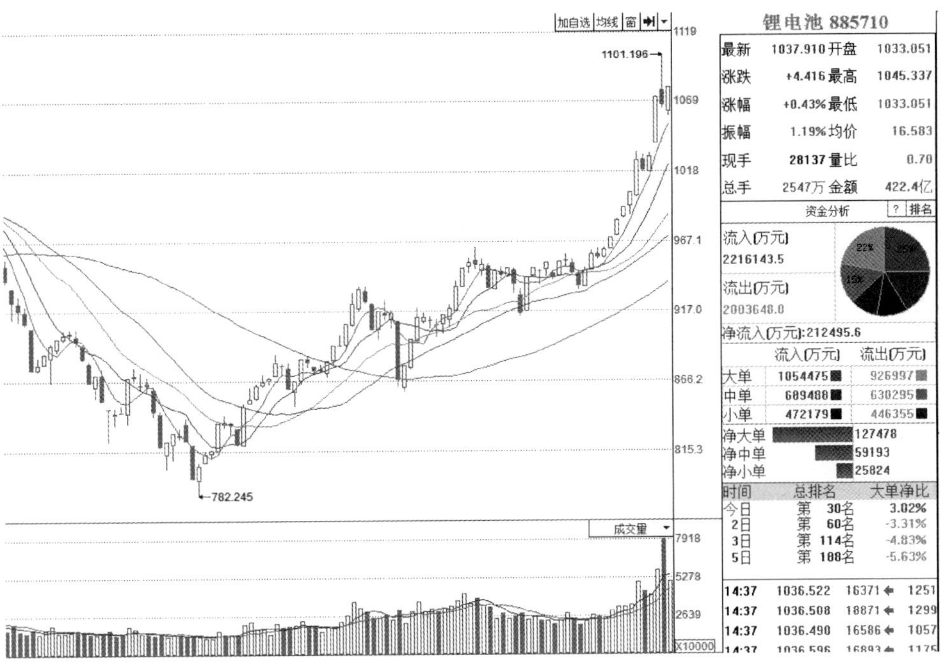

图 8-17　锂电池板块 2017 年 9 月 13 日 K 线图

从分时图上看，早盘放量拉升突破分时后，缩量回踩确认后买入，介入后，股价一直在分时均线上方运行并在尾盘封住涨停（见图 8-18），从而证明我们买入的准确性。

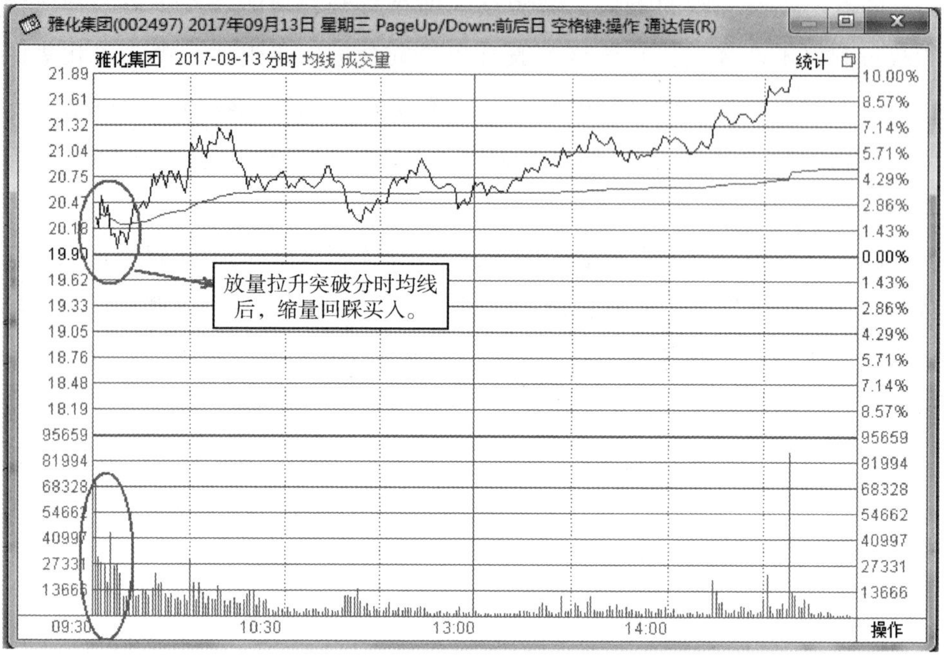

图 8-18　雅化集团 2017 年 9 月 13 日分时图

2017 年 9 月 14 日，随着指数冲关 3300 整数关口成功（见图 8-19），形势虽一片大好，但资金托而不举，并未进一步上攻。此时，要谨防冲高回落，个股获利回吐。

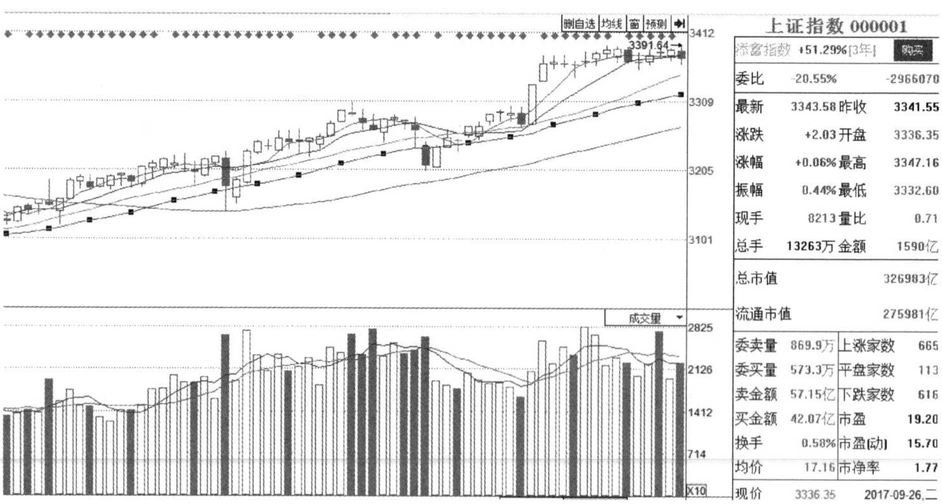

图 8-19　2017 年 9 月 14 日上证指数 K 线图

锂电池板块在连续走强，个股股价节节攀升后，上涨过程中也在不断积累风险，冲高乏力后，出现冲高回落、筹码松动的迹象，资金出逃明显（见图 8-20）。此时，策略上应该及时止盈，获利出局。

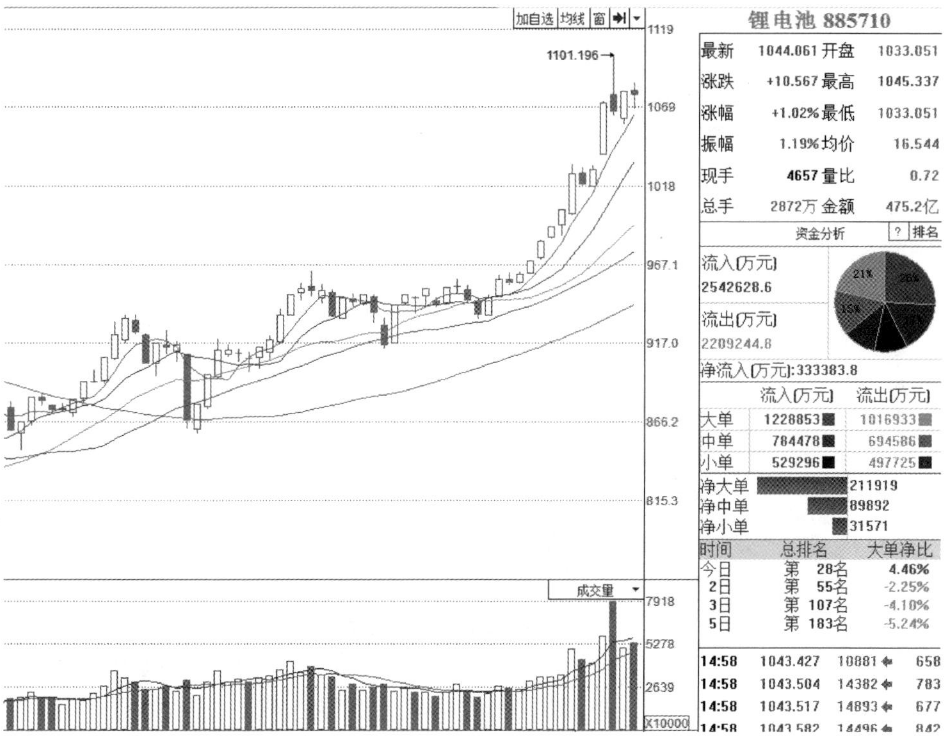

图 8-20　锂电池板块 2017 年 9 月 14 日 K 线图

锂电池板块分时图上（见图 8-21），全天呈现宽幅震荡向下，资金流出明显，筹码松动，获利资金出逃迹象明显，应及时止盈离场，谨防获利回吐。

锂电池板块的人气龙头之一赣锋锂业连续走强后，出现冲高回落态势（见图 8-22），整个锂电池板块人气稍有减弱，此时更要谨防板块内个股冲高回落。

基于整个锂电池板块出现了筹码的松动，个股出现较大回撤，在均价线上承压回落。所以当日冲击分时均线失败后（见图 8-23），选择止盈，2 个交易日收益 7. 67 点。

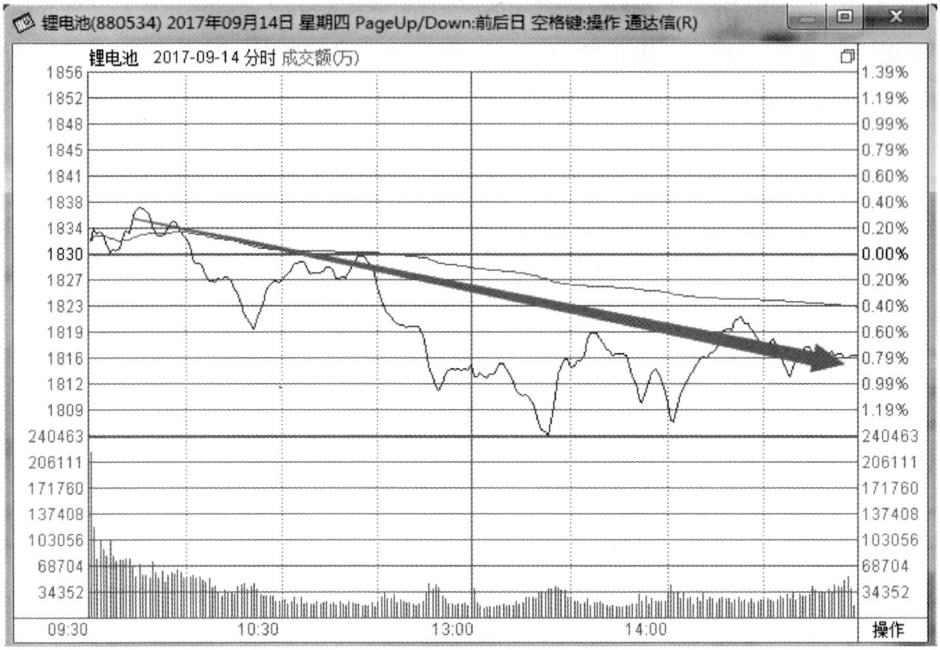

图 8-21 锂电池板块 2017 年 9 月 14 日分时图

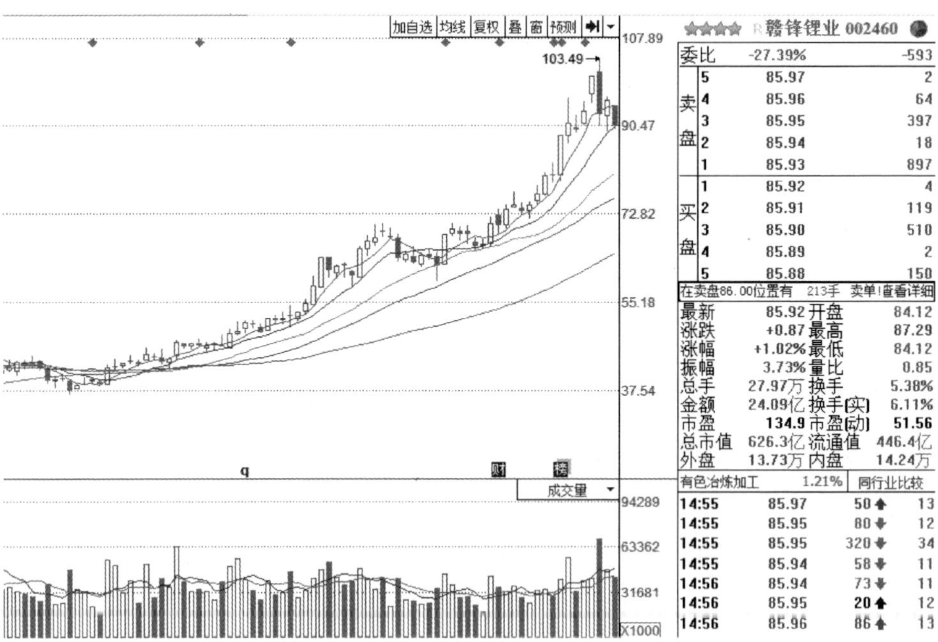

图 8-22 锂电池龙头赣锋锂业 2017 年 9 月 14 日 K 线图

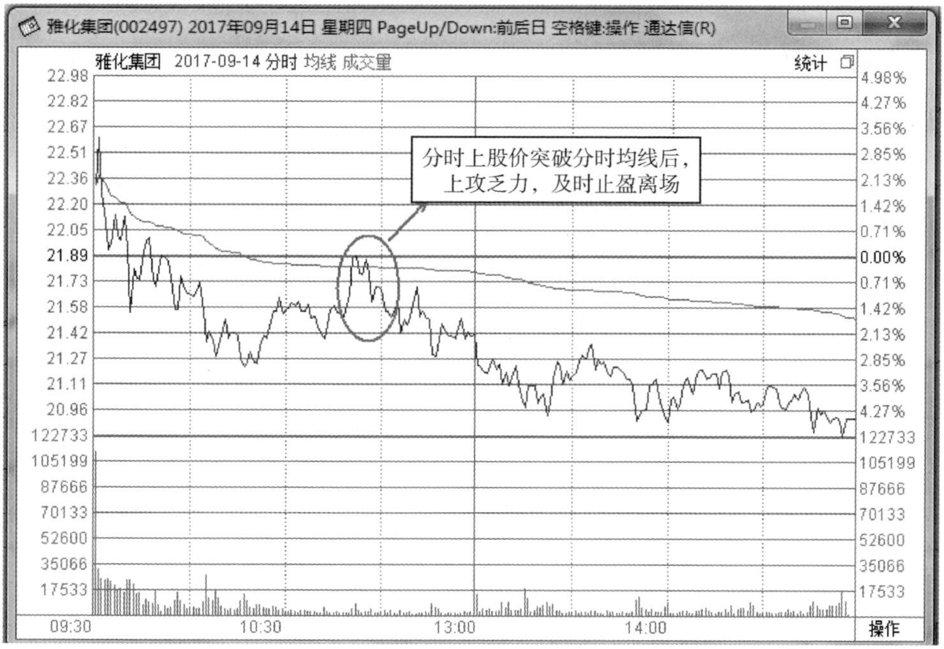

图 8-23　雅化集团 2017 年 9 月 14 日分时图

总结： 在交易资源类个股时需要思考为什么会有这样的走势，个股处于什么位置，业绩是否在短时间内还会有爆发，结合好 K 线形态，做好波段；如果出现短线的高位回撤，这时要果断、快速地选择止盈出局。

作为这波涨价概念的总龙头方大炭素，在 2017 年 7 月 28 日继续强势涨停，引爆了整个石墨烯板块的炒作，所以本着安全性考虑，我们选择了相对低位的补涨品种，博取加速行情，比如我们已经挖掘出来的宝泰隆近期也是走出了加速行情，那么在 2017 年 7 月 28 日，我们选择了低位补涨的中国宝安和金路集团，这种短线交易也是可取的。

中国宝安

中国宝安属于相对低位的石墨烯概念股，前期底部堆量上涨说明有资金在关注它，后期随着板块的炒作情绪升温，中国宝安是不错的低位补涨个股。

2017 年 7 月 28 日，分批买入中国宝安。当天该股的分时图和 K 线图分别见图8-24和图 8-25。

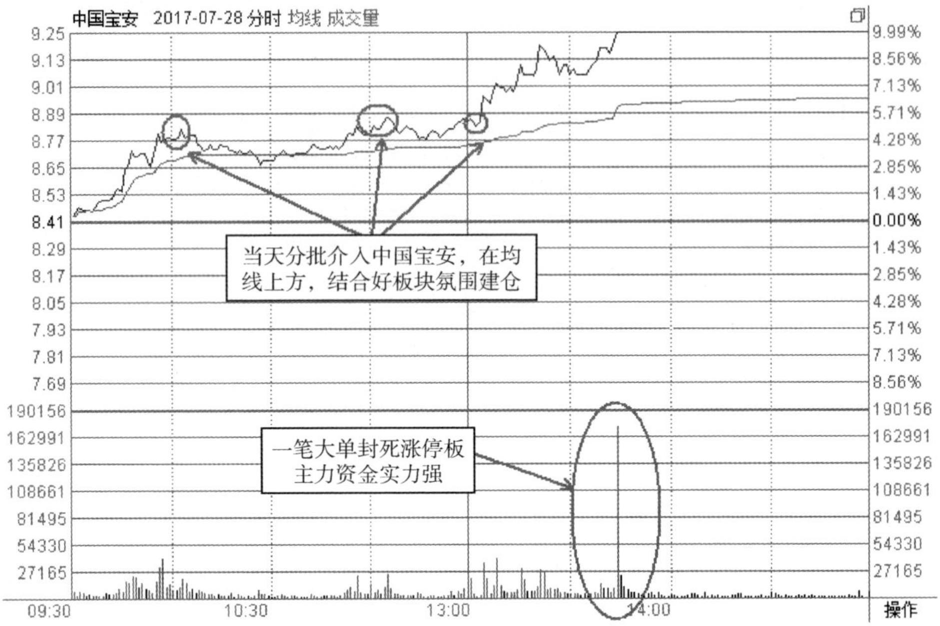

图 8-24　中国宝安 2017 年 7 月 28 日分时图

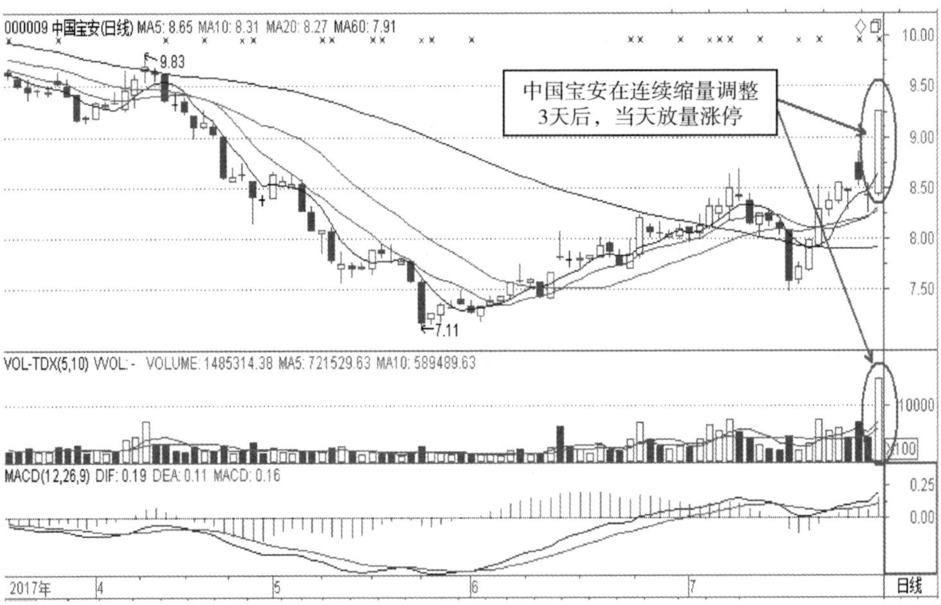

图 8-25　中国宝安 2017 年 7 月 28 日 K 线图

当天方大炭素、宝泰隆带动了整个石墨烯板块的炒作情绪，而从短线思维来看，高位股集体涨停，踏空的资金则会去挖掘低位个股，做一个安全系数较高的补涨。中国平安在早盘就出现了异动，说明聪明的资金已经介入，而我们在早盘放量的时候便买入底仓，在午后加仓，当天顺势抓到一个涨停板的机会。

2017 年 7 月 31 日，在中国宝安冲高出现量价背离的时候，我们果断获利了结，资金落袋为安，在石墨烯板块接近高潮时刻，不贪婪是股市投资保住利润的关键，中国宝安也是如此，投资者不要贪图大赚，短线交易可稳健获利 7.5% 。当天该股的分时图和 K 线图分别见图 8-26 和图 8-27。

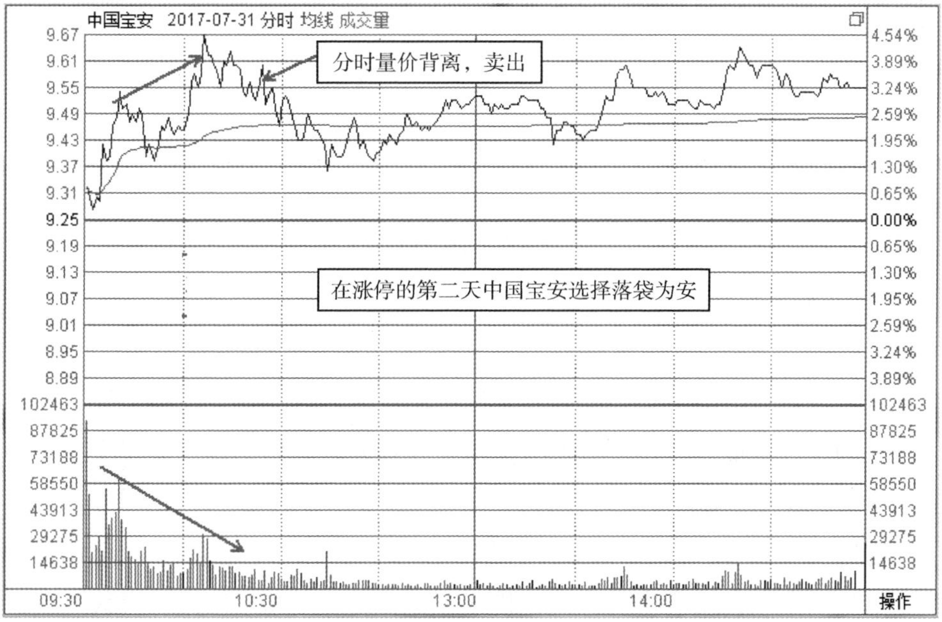

图 8-26　中国宝安 2017 年 7 月 31 日分时图

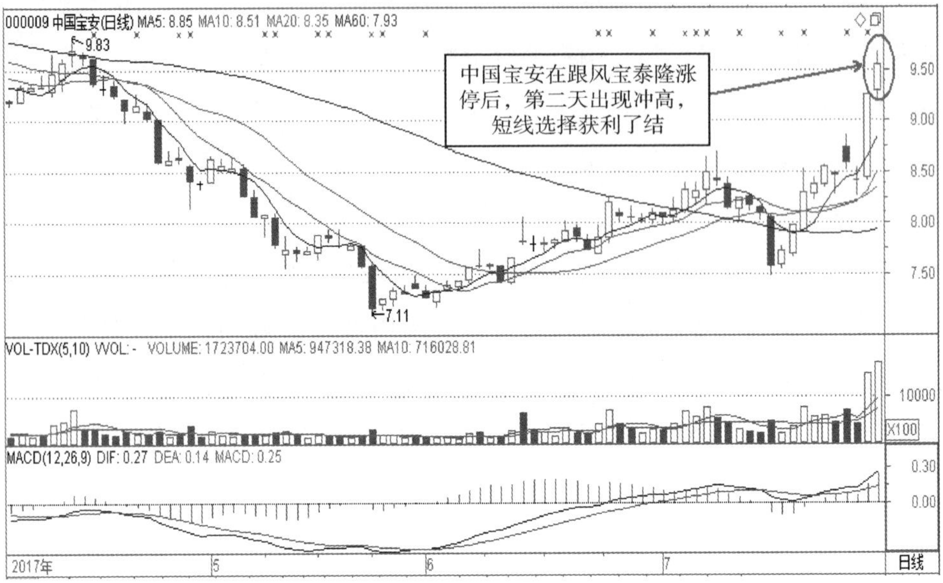

图 8-27　中国宝安 2017 年 7 月 28 日 K 线图

金路集团

金路集团和中国平安一样，都属于低位补涨的石墨烯板块的个股，两者的区别的是金路集团的股性不太活跃，所以对金路集团来说，短线交易预期不能太高，要见好就收。

2017 年 7 月 28 日，在石墨烯板块炒作环境不错时，在均线附近选择买入金路集团套利，短线快进快出，当天尾盘也拉升了 6.2%，短线获利较为理想。当天该股的分时图和 K 线图分别见图 8-28 和图 8-29。

由于金路集团的股性不活跃，以及石墨烯板块的炒作接近高潮，短线选择获利了结，在 2017 年 7 月 31 日，尾盘拉升时卖出，短线隔日赚 3.2%，快进快出。当天该股的分时图和 K 线图分别见图 8-30 和图 8-31。

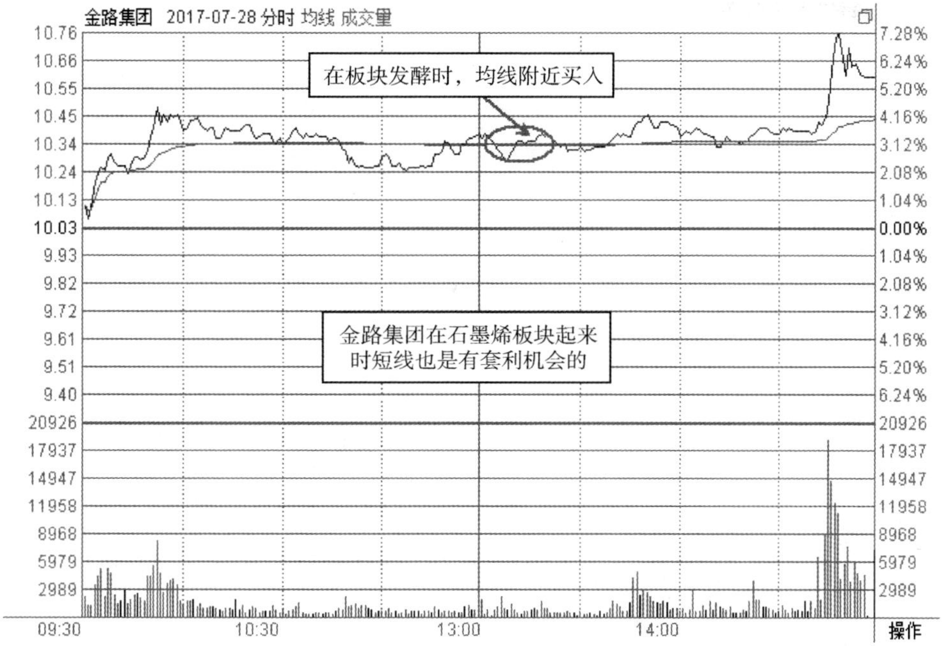

图 8-28　金路集团 2017 年 7 月 28 日分时图

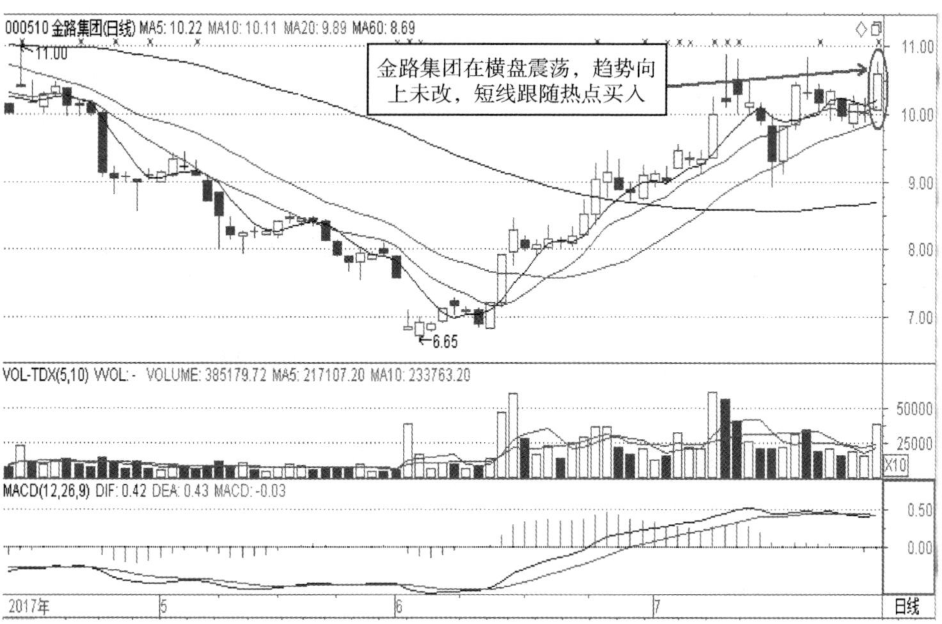

图 8-29　金路集团 2017 年 7 月 28 日 K 线图

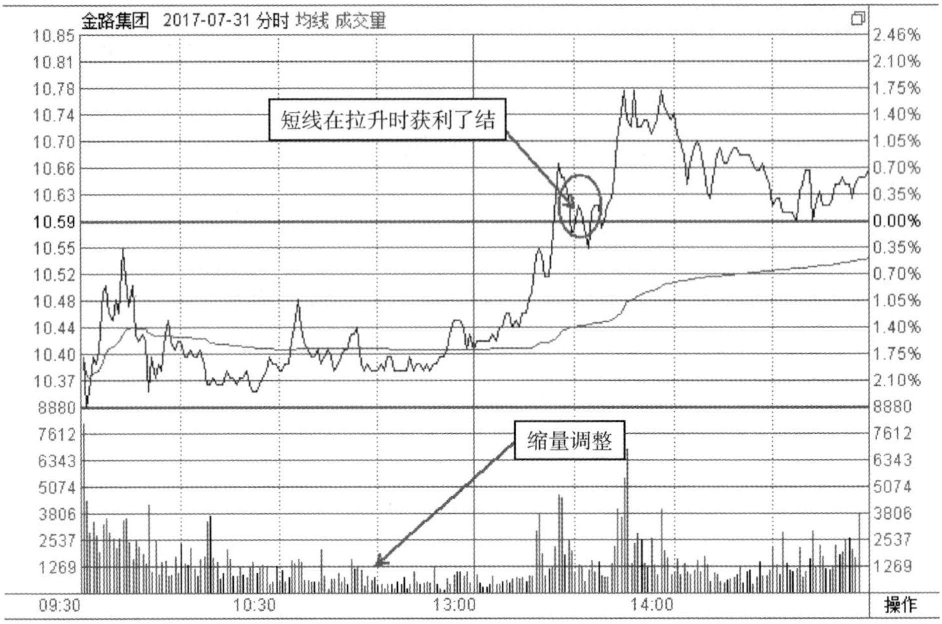

图 8-30 金路集团 2017 年 7 月 31 日分时图

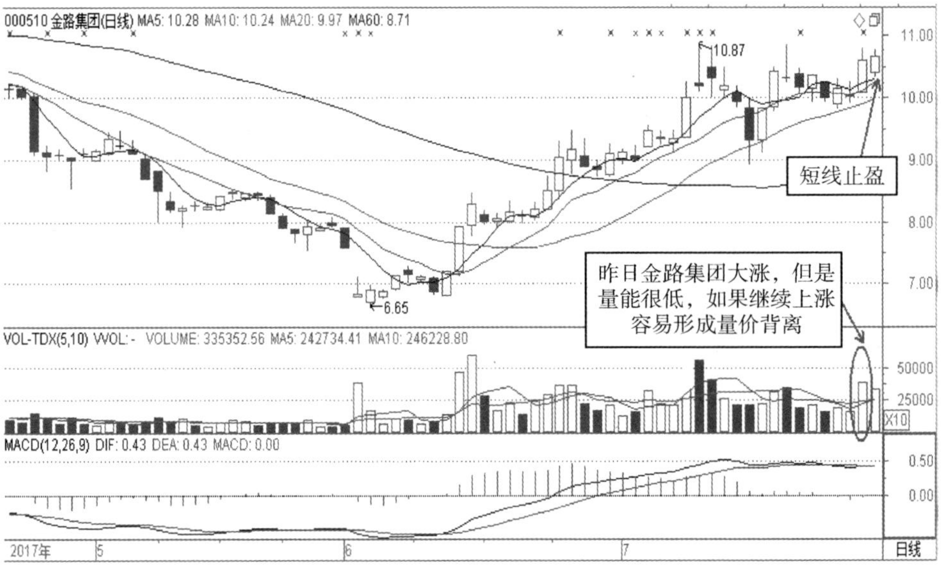

图 8-31 金路集团 2017 年 7 月 31 日 K 线图

总结：对中国宝安和金路集团的短线交易，我们以迎合市场情绪为主，按照市场主流资金的流向，选择短线交易，快进快出稳健获利。而这种短线交易，需要有很好的执行力，不可贪婪，做到知行合一。

索通发展

大环境分析

2017 年 8 月 25 日，权重银行和保险积极上攻，同时证券业大幅上攻，上证指数被直接带上了 3300 点（见图 3-32）。

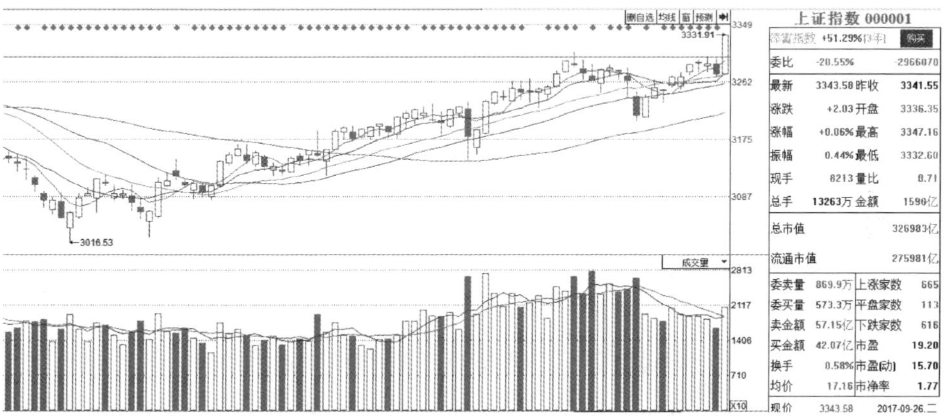

图 8-32　2017 年 8 月 25 日上证指数 K 线图

主板沪指成功冲关突破 3300 点阶段顶部，分时上沪指当天均在分时均线上方运行（见图 8-33），资金进场意愿强烈，承接力度强，后市形势较为看好，均线呈多头排列，2017 年 8 月 25 日沪指均线系统也成功突破 5 日均线，沪指的不断向好给个股走强提供了良好的大环境，个股相应地迸发出了很好的赚钱效应，且沪指有望打开新的上涨空间。

个股分析

索通发展：主营业务为预焙阳极的研发、生产及销售业务。

行业地位：索通发展是 A 股市场唯一以预焙阳极为主营业务的上市公司，预焙阳极对外出口量位居全国首位，海外营收占比保持大 45% 左右。随着供需持续紧张，环保限产政策发力，预焙阳极供需将更加紧张。

中报业绩披露：2017 年中报每股收益 1. 20 元，净利润 2. 16 亿元，较 2016 年同比增长 2532. 83%。

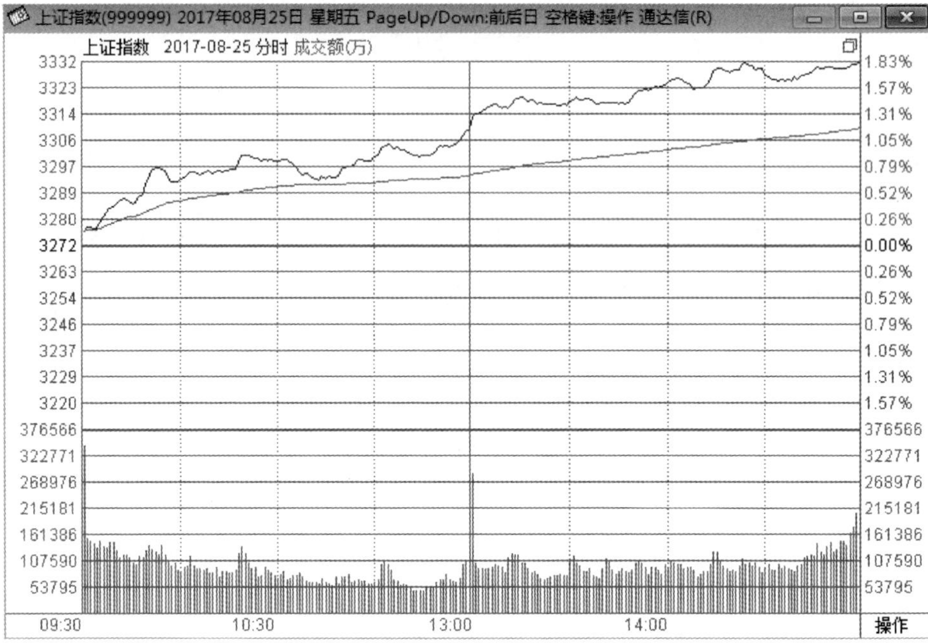

图 8-33 2017 年 8 月 25 日上证指数分时图

夯实的基本面以及后市需求的不断紧张，对其股价不断上行提供基础。

索通发展的主营构成分析见图 8-34，2014 年至 2017 年上半年的财务数据见图 8-35。

【2.主营构成分析】
【截止日期】2016-12-31

项目名	营业收入（万元）	营业利润（万元）	毛利率(%)	占主营业务收入比例(%)
预焙阳极(产品)	181637.70	40748.16	22.43	92.42
生坯(产品)	7078.00	1523.84	21.53	3.60
材料销售(产品)	1638.66	183.47	11.20	0.83
残极(产品)	5943.89	1003.59	16.88	3.02
阴极(产品)	61.38	19.24	31.35	0.03
其他(产品)	185.99	-1.22	-0.66	0.09
合计(产品)	196545.62	43477.09	22.12	100.00
国内销售(地区)	104734.71	-	-	53.29
出口销售(地区)	83980.99	-	-	42.73
其他(补充)(地区)	7829.92	-	-	3.98
合计(地区)	196545.62	-	-	100.00

图 8-34 索通发展主营构成分析（截图）

财务指标	2017-06-30	2016-12-31	2015-12-31	2014-12-31
审计意见	未经审计	标准无保留意见	标准无保留意见	标准无保留意见
净利润(万元)	21614.67	8891.50	9964.63	16058.29
净利润增长率(%)	2532.8276	-10.7694	-37.9471	265.4786
营业总收入(万元)	141912.20	196545.62	172798.75	182368.97
营业总收入增长率(%)	91.3387	13.7425	-5.2477	-4.9827
加权净资产收益率(%)	14.3800	6.4600	7.5500	13.1700
资产负债比率(%)	49.9222	53.3005	54.2346	47.1636
净利润现金含量(%)	84.4534	254.3780	293.7660	129.4962
基本每股收益(元)	1.2000	0.4900	0.5500	0.8900
每股收益-扣除(元)	1.0400	0.4600	0.5300	0.8700
每股收益-摊薄(元)	1.1975	0.4926	0.5520	0.8896

图 8-35　索通发展 2014 年至 2017 年上半年财务数据（截图）

索通发展：（新材料概念股）专业从事铝用预焙阳极的研发、生产和销售的高新技术企业，拥有雄厚的技术研发实力，其铝用炭素工程技术研究中心为山东省省级铝用炭素技术研究中心和省级认定企业技术中心，工程实验室已通过国家级实验室认证，为山东省重点实验室之一。

新材料概念板块指数进入了上升的通道后，均线呈多头排列，整体量能放大（见图 8-36），整个板块赚钱效应不断涌现，个股财富效应俱佳，人气开始聚集，板块个股不断活跃。此时，新材料概念板块迸发出高涨的赚钱氛围。

2017 年 8 月 25 日，坚决买入索通发展。

随着股市新一轮的上涨，做多空间即将打开，以华友钴业（见图 8-37）为代表的新材料概念板块个股不断走强的联动性比较强。这时人气、情绪、资金成为交易的主要参考因素，也符合博弈融合的交易思路。

随着对索通发展未来业绩的信心，市场对预焙阳极的需求日益增大，新材料概念成为市场追逐的主战场，氛围高涨，人气聚焦；索通发展成为市场抢筹的优质标的。

索通发展在开盘后，经过小幅调整后，股价持续走强，人气迅速积聚，量能不断放大，均线呈现多头排列（见图 8-38），个股一片向好，股价有望加速上扬。

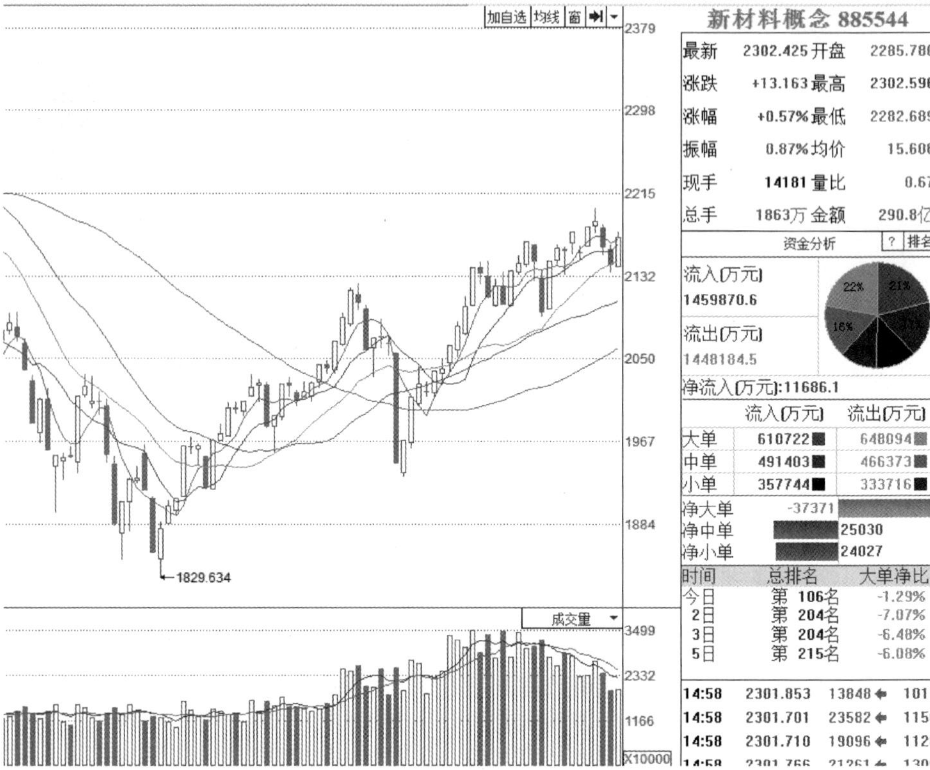

图 8-36　2017 年 8 月 25 日新材料概念板块指数 K 线图

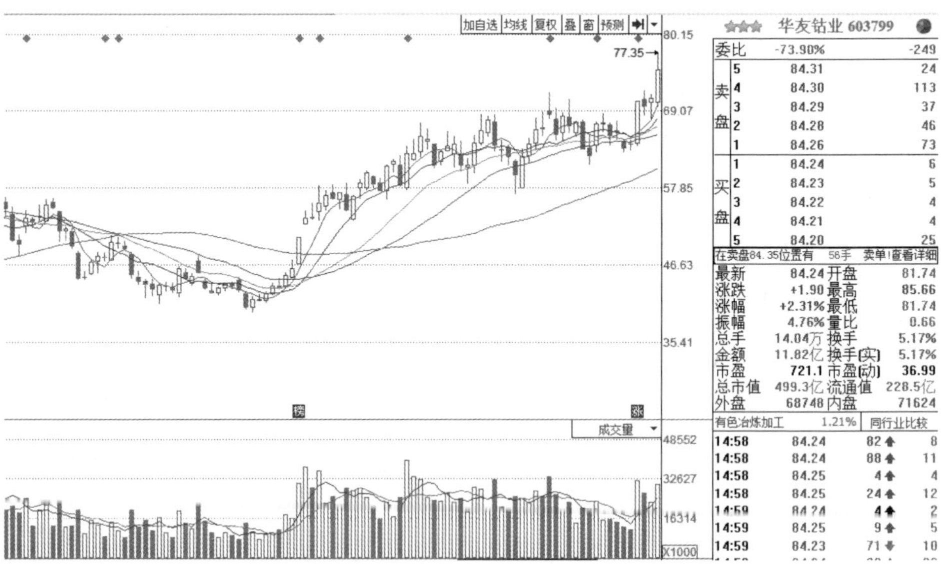

图 8-37　新材料概念龙头华友钴业 2017 年 8 月 25 日 K 线图

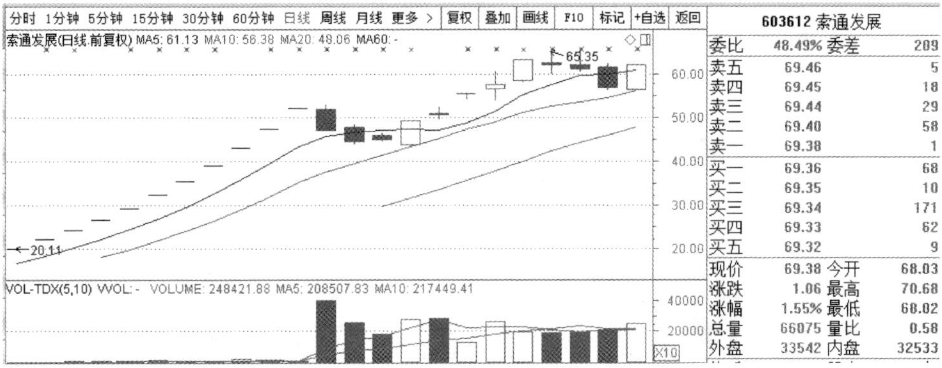

图 8-38　索通发展 2017 年 8 月 25 日 K 线图

分时上放量拉升后，缩量回踩买入，当天股价一直在分时均线上方运行（见图 8-39），说明资金抢筹明显，人气聚焦，后市有望保持强势表现。

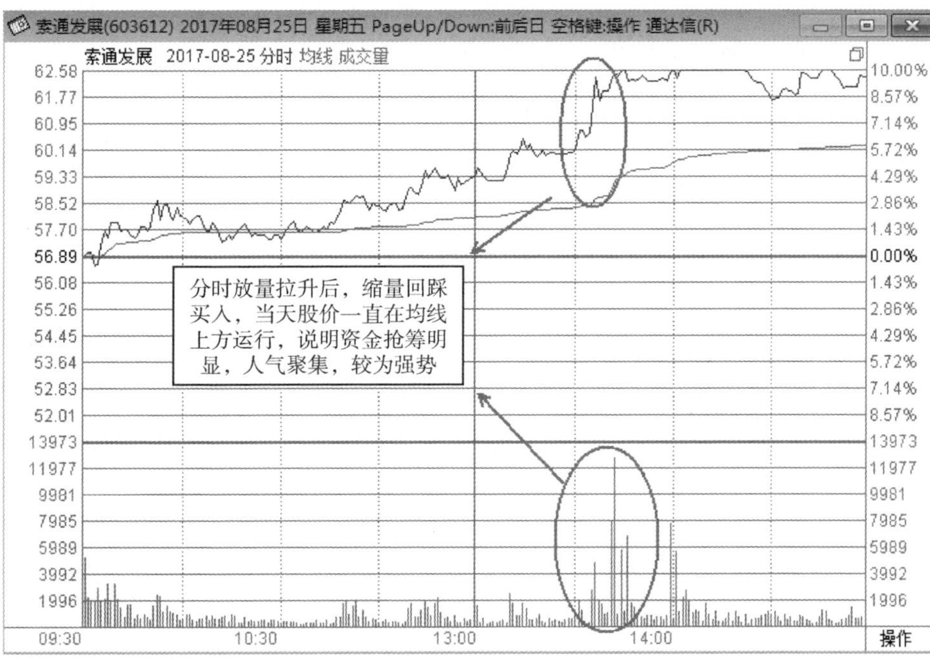

图 8-39　索通发展 2017 年 8 月 25 日分时图

2017 年 8 月 31 日，索通发展日 K 线沿着上升轨道运行，股价在 8 月 31 日当天突破 65. 12 元的小箱体，但量能上呈现温和放量，是主力吸筹加仓的表现，筹码不断集中（见图 8-40），后市有望持续走强向好，应继续坚定持有。

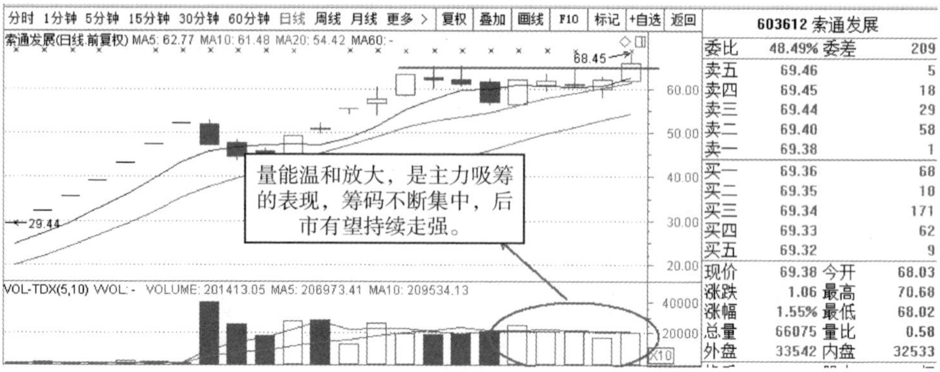

图 8-40　2017 年 8 月 31 日上证指数 K 线图

分时图盘中放量拉升，股价全天在分时均线上方运行（见图 8-41），资金进场意愿强，承接力较强，后市股价有望进一步走强。

图 8-41　索通发展 2017 年 8 月 31 日分时图

2017 年 9 月 4 日，第一次加仓索通发展。索通发展股价近期一直在上升轨道上健康运行，均线呈现多头排列，做多力量积聚，后市有望持续向好。

当天盘中分时上放拉量拉升后，缩量回踩后加仓（见图 8-42）。当天股价一直维持在 66.07 元上方，说明资金承接力度强，资金持续关注青睐，后市有望持续走强。

图 8-42 索通发展 2017 年 9 月 4 日分时图

2017 年 9 月 7 日，第二次加仓索通发展。沪指突破 3300 点整数关口后，做多力量持续增加，人气不断聚集，均线呈现多头均排，资金进场意愿强烈，遇到沪指有调整阴跌就是很好的加仓或买入机会。当天上证指数和索通发展的 K 线图分别见图 8-43 和图 8-44。

图 8-43　上证指数 2017 年 9 月 7 日 K 线图

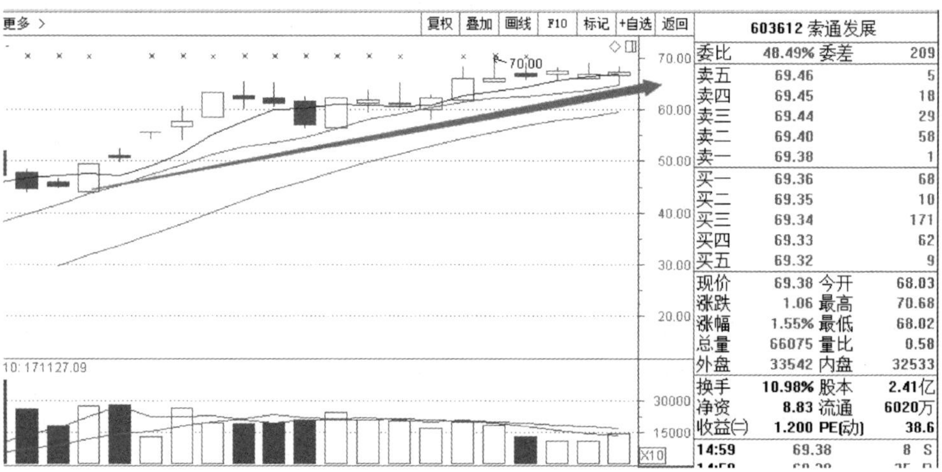

图 8-44　索通发展 2017 年 9 月 7 日 K 线图

索通发展分时图上放量拉升，突破分时均线，股价翻红盘后，缩量回踩后加仓（见图 8-45），资金承接力较强，收在 66. 99 元上方也佐证了这一点。

图 8-45 索通发展 2017 年 9 月 7 日分时图

2017 年 9 月 2 日，随着指数冲关 3300 点整数关口成功，形势虽一片大好，但资金托而不举，并未进一步上攻（见图 8-46），此时，需谨防冲高回落，个股获利回吐。

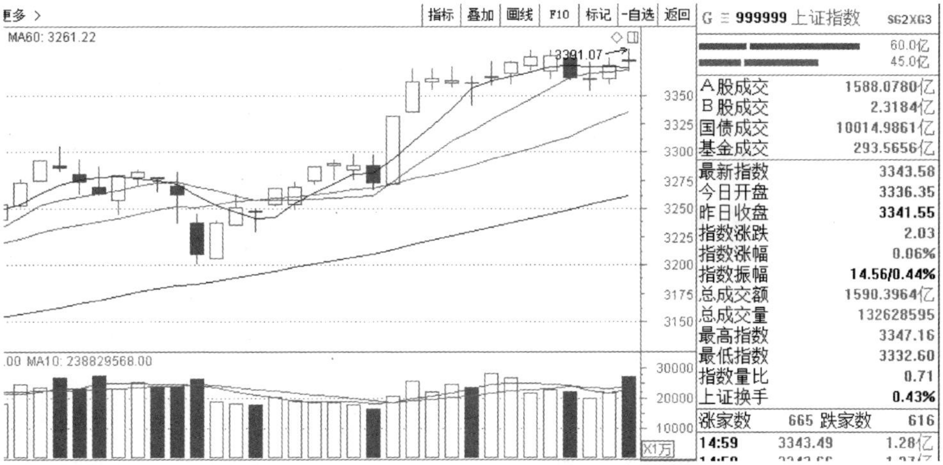

图 8-46 2017 年 9 月 12 日上证指数 K 线图

整个新材料概念板块在连续走强，板块内股价节节攀升后，上涨过程中也不断积累风险，冲高乏力后，出现冲高回落、筹码松动的迹象（见图 8-47），明显有资金出逃。此时，从策略上来看，应及时止盈，获利出局。

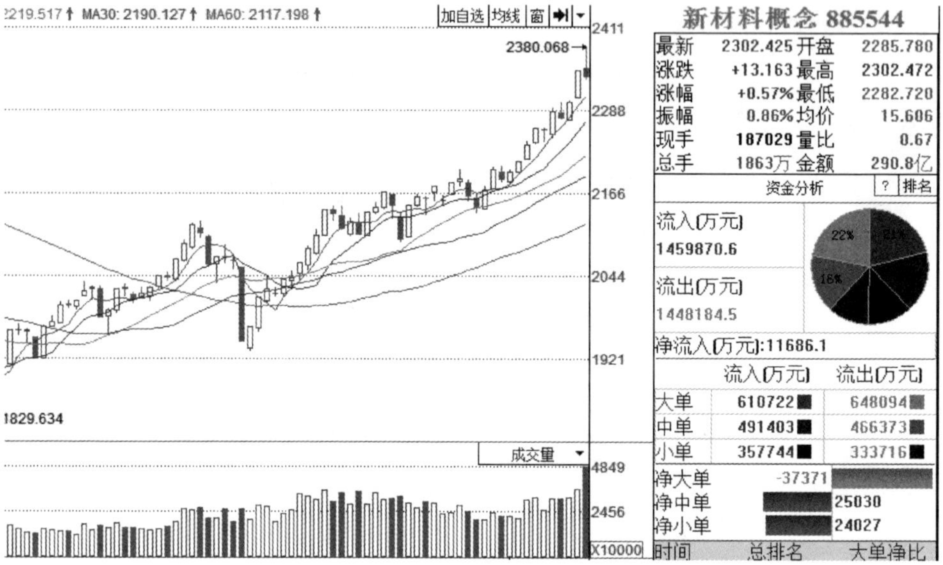

图 8-47　2017 年 9 月 12 日新材料概念股 K 线图

新材料概念板块人气龙头股华友钴业连续走强后，出现冲高回落的态势（见图 8-48），使得锂电池板块人气稍有减弱，此时更要谨防板块内个股冲高回落。

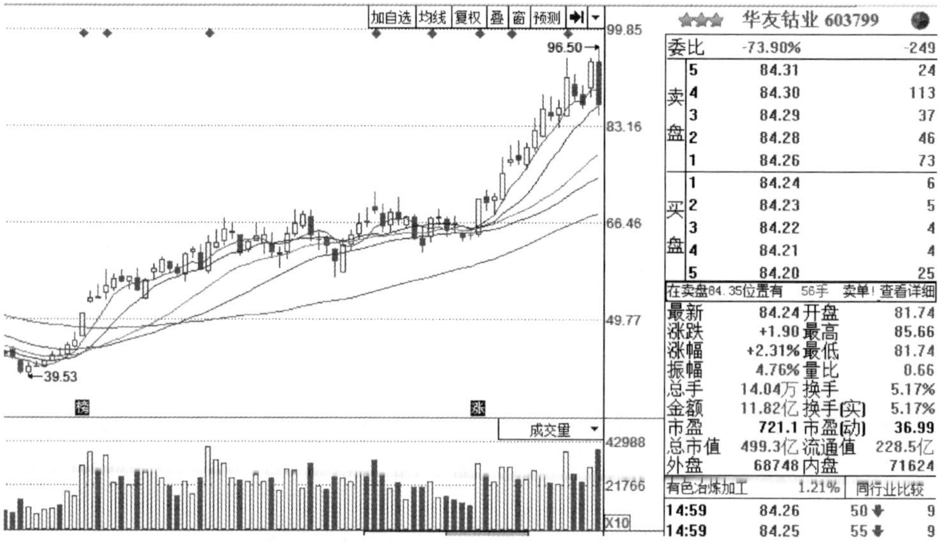

图 8-48　新材料龙头华友钴业 2017 年 9 月 12 日 K 线图

基于整个新材料概念板块出现了获利盘出逃的迹象，个股也出现宽幅震荡（见图8-49），所以要谨防冲高回落的个股获利回吐。随着当天盘中资金流出越加明显，应择机果断止盈。

图8-49　索通发展2017年9月12日分时图

总结：做波段个股需要有强逻辑的支撑，在选择这种涨价概念个股时要把握好产能、价格对业绩的影响，在交易上就根据量价齐升的技术去分析，做出相对估值，从而把握住机会。

兄弟科技

大环境分析

2017年9月11日，沪指连续走强，日K线稳步上行，沿着上升轨道健康运行（见图8-50）。融资融券业务不断增加，做多人气高涨，题材活跃，场内外资金都比较看好A股中期向好格局。

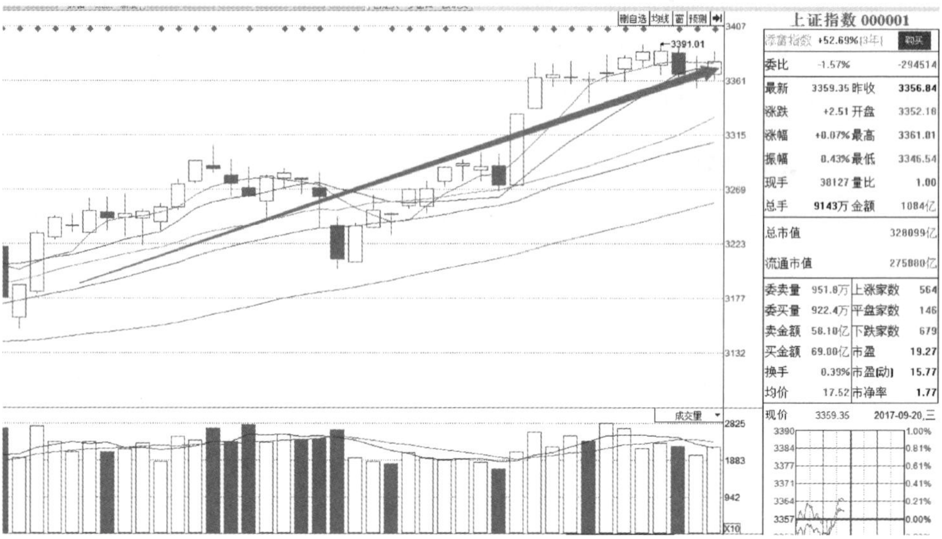

图 8-50　2017 年 9 月 11 日上证指数 K 线图

但主板沪指刚刚成功冲关突破 3300 点阶段顶部，后市形势较为看好，均线呈多头排列，有望打开新的上涨空间。沪指中期格局向好，股市交易活跃。

兄弟科技：主要从事维生素和皮革化学品的研发、生产与销售等业务。

预计三季报业绩：净利润 2.43 亿～2.72 亿元，增长幅度为 1.5～1.8 倍，基本每股收益 0.45～0.5 元。

维生素 A 从 2017 年 6 月的低点开始大幅飙升，2017 年 6 月中下旬为 123.5 元/千克，到 2017 年 9 月 22 日暴涨至 410 元/千克，涨幅达 2.3 倍。维生素 B 族中，维生素 B1 延续了 2016 年 11 月以来的升势，但 2017 年 8 月升势明显加速，单月暴涨近 70%；维生素 B2 三季度的价格突飞猛进，2017 年 6 月初为 155 元/千克，2017 年 9 月 22 日上涨到 375 元/千克，2017 年 9 月呈现涨势加速。2017 年 6 月初，维生素 D3 为 69 元/千克，9 月暴涨至 435 元/千克，三季度报价稳定在这个价格附近，而 2016 年同期基本在 105 元/千克之下。维生素 K3 从 2016 年 5 月开始震荡走高，趋势良好。2017 年 9 月 22 日报 165 元/千克，较 2017 年年初的 112.5 元/千克上涨 32%，较 2016 年 5 月的低点 47 元/千克大涨 2.5 倍。但从需求端来看，维生素增长较为稳定，价格暴涨或致相关上市公司业绩大幅增加。

由于维生素生产过程高污染、高排放，生产企业受到环保压力加大，部分厂家被迫停产、限产。目前除 VE 等小部分品种由于技术路线的突破有新竞争者加入外，其他大部分品种经过常年的磨合已经形成了相对稳定的格局，小企业逐渐退出市场，基本已经形成寡头垄断的竞争格局。从最新报价统计来看，维生素 B1、D3、K3 价格同比环比都有不错表现，相关生产龙头企业三季报或最为受益。

如图 8-51 所示，2017 年 6 月以来，维生素 D3 价格从 70 元/千克一路飙升至 7 月 3 日的 425 元/千克，涨幅已高达 456%，价格创历史新高，前期高点为 2009 年创下的 423 元/千克，欧洲市场报价上涨至 30 ~ 40 欧元/千克。目前，多家公司已经停止对维生素 D3 的报价。受环保因素影响，维生素 C、维生素 B 系列产品供货也偏紧，厂家检修停产等进一步加剧供需失衡，价格有所上涨。

兄弟科技维生素产品包括维生素 B1、B3、K3 和维生素 B5 系列。并且实现了维生素 B3 核心原料 3 – 氰基吡啶的自主生产。2017 年兄弟科技实现营业收入 6.54 亿元，同比增长 28.61%，实现净利润 1.54 亿元，同比增长 129.42%。，业绩上涨主要是因为公司部分产品提价导致产品毛利率同比上升所致。

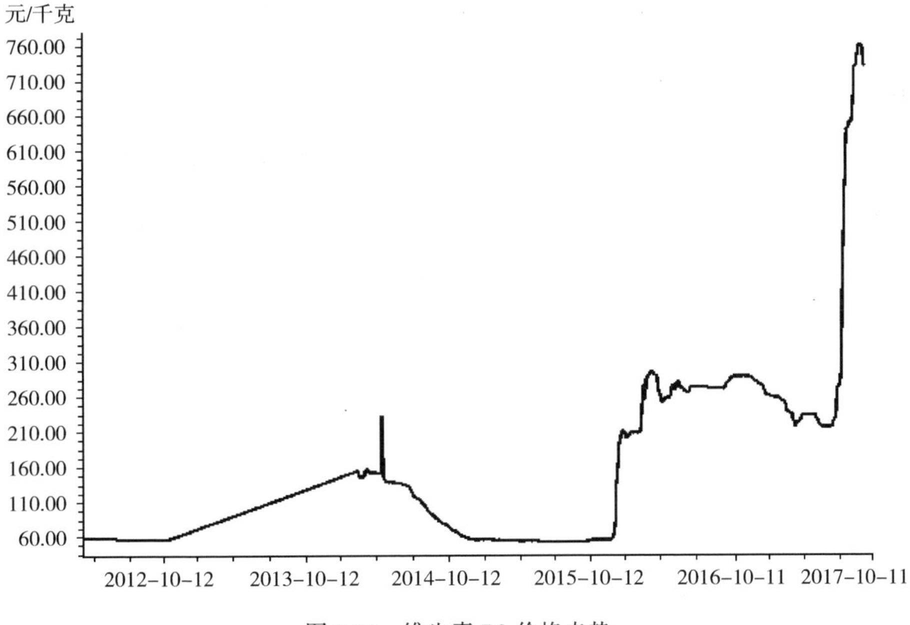

图 8-51　维生素 D3 价格走势

总结：随着2017年下半年环保核查严控将成常态趋势，并且目前市场价格支撑力度较强，还存在一定的上升空间，多数维生素品种还将延续2017年上半年态势提价或存提价预期，维生素生产企业2017年成绩值得看好。

沪指突破3300点阶段顶后，向上打开新的上涨空间，均线呈多头排列。整体量能放大，人气开始聚集，个股不断活跃，此时迸发出较高涨的赚钱效应。

2017年9月11日，坚决买入兄弟科技。

市场新一轮的上涨与做多空间即将打开，而板块内部个股浙商证券更是出现二连板，联动性比较强。这时，人气、情绪、资金成为交易的主要参考因素，也符合我们的博弈融合的交易思路。

资金多青睐于行业内业绩高、发展前景好的成长标的，作为维生素行业的佼佼者，兄弟科技成为市场关注的焦点，题材氛围高涨，人气聚焦，业绩大幅预增，成为市场抢筹的优质标的。

2017年9月11日，个股在持续的上涨过程当中出现了缩量回调的情况（见图8-52），在具有基本面的强支撑逻辑的推动下，此时是个较好的介入机会。

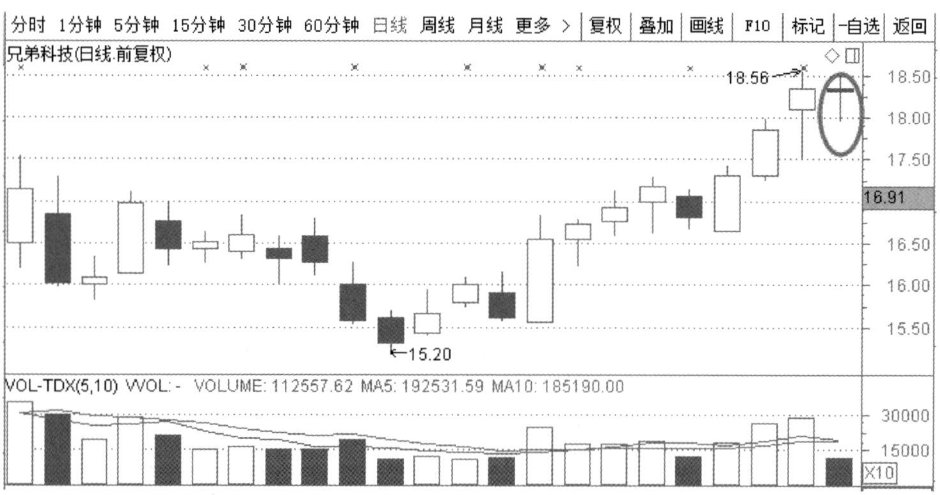

图8-52 兄弟科技2017年9月11日K线图

当天的分时上价股站在均线之上，在尾盘阶段，分时小幅度急剧放量拉升，同时缩量回踩（见图8-53），这是较好的分时买点，决定试探性建仓。

图 8-53　兄弟科技 2017 年 9 月 11 日分时图

2017 年 9 月 12 日，兄弟科技的 K 线图上仍然出现了回调现象（见图 8-54）。

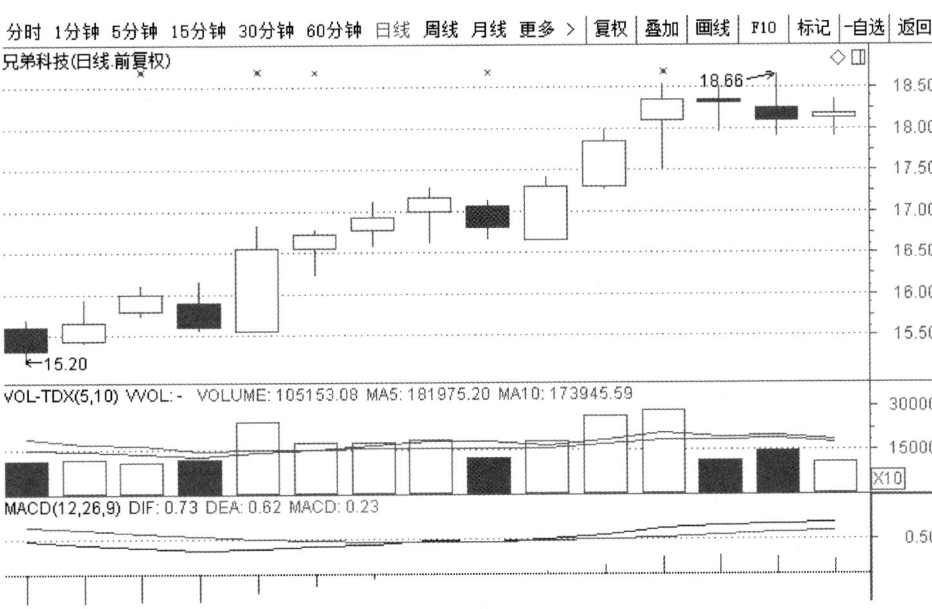

图 8-54　兄弟科技 2017 年 9 月 12 日 K 线图

分时图上（见图 8-55），早盘放量拉升之后呈窄幅震荡态势，资金承接力强，尾盘有资金抢筹，后市坚定看好。

图 8-55　兄弟科技 2017 年 9 月 12 日分时图

2017 年 9 月 13 日，从分时图上可以看出（见图 8-56），上午阶段有波拉升随后缩量盘整，临近午盘休息阶段放量急剧拉升，表明资金在运作，反复拉升回撤吸筹、洗盘。尾盘资金抢筹，股价成功收在均线之上，也是个股强势的标志之一。

从当天的复盘情况上可以看到，个股仍处于通道线当中，趋势良好，在整个 K 线上升通道上是上涨放量、回踩缩量的量价配合关系（见图 8-57），这就是强势股的标志之一。

我们也可以看出 K 线走势上呈均线多头排列，2017 年 9 月 12、13 日缩量窄幅震荡，可视为主力洗盘，后市走向持续看好。

2017 年 9 月 14 日，早盘放量拉升后，资金承接力较弱，有获利盘出逃的迹象。缩量回踩后上攻无力，卖出止盈。选择在个股回踩相对的低点再行介入，而且午后冲高回落收盘价在分时均线下方也佐证了此处交易的正确性。

基于分时盘中出现了获利盘出逃的迹象，个股也出现宽幅震荡，获得回

图 8-56　兄弟科技 2017 年 9 月 13 日分时图

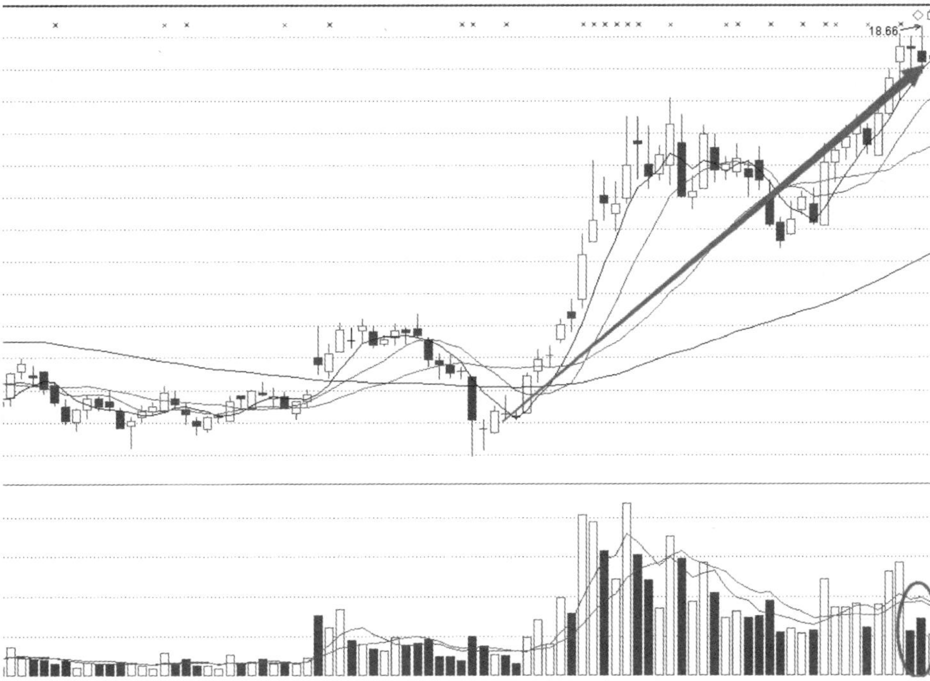

图 8-57　兄弟科技 2017 年 9 月 13 日 K 线图

吐，择机选择果断做T，4个交易日做T收益4.1%。后续还会继续进行长时间的交易。当天兄弟科技的K线图和分时图分别见图8-58和图8-59。

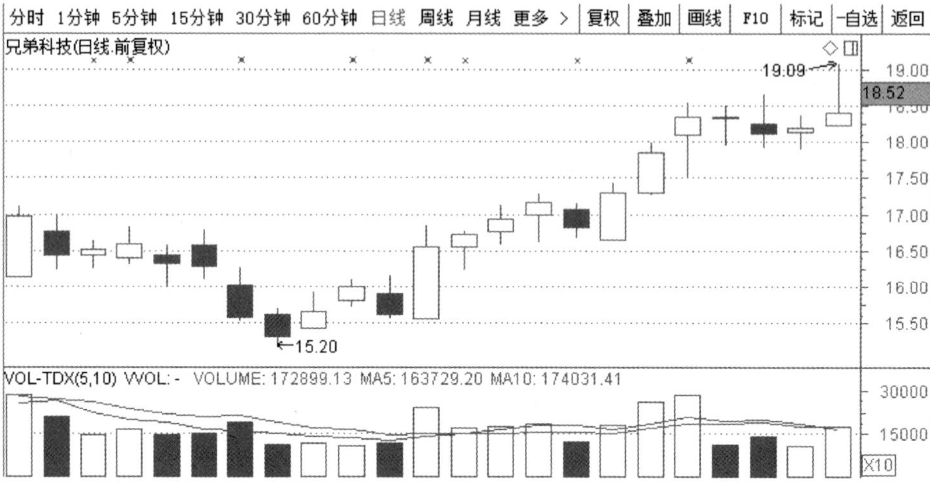

图8-58　兄弟科技2017年9月14日K线图

图8-59　兄弟科技2017年9月14日分时图

总结：做短线，要特别注重个股技术和心理层面的博弈，市场中的各路资金斗智斗勇、相互搏杀，局面瞬息万变。因此，在买卖时一旦发现苗头不对就要果断撤离，最重要的是懂得及时止盈、止损。同时，做多时需把握好整个板块的氛围，并对个股基本面进行深入理解，只有把握“成长为王”的主线，才能最大程度地避免踩雷事故的发生，只有走得远，才能吃得多。

第九章　科技个股交易逻辑

新易盛

大环境分析

5G 在目前的阶段属于题材交易的风口，2017 年 8 月科技类个股都出现了较大涨幅。随着 5G 的窗口临近，这个板块即将出现机会。4G/5G 板块的 K 线走势见图 9-1。

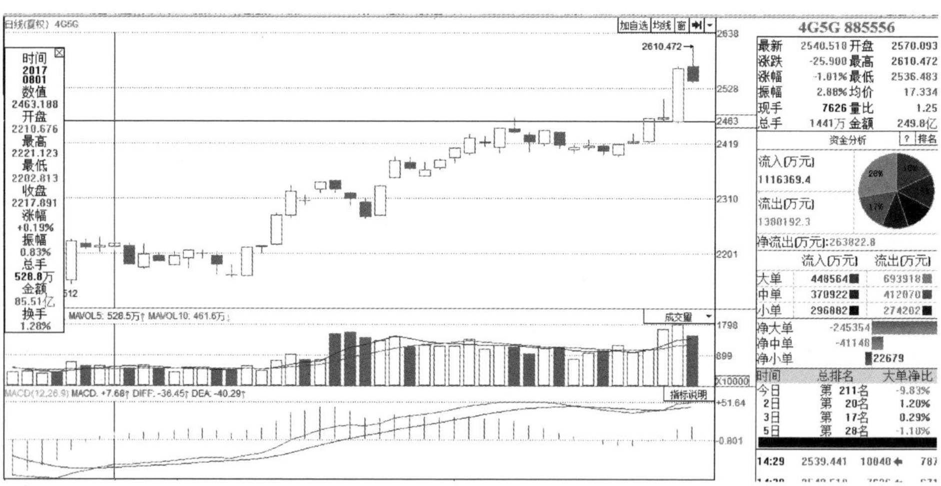

图 9-1　4G/5G 板块 K 线图

个股逻辑

成都新易盛通信技术股份有限公司是一家专注于光通信领域传输和接入

技术的高新技术企业，专业从事光模块的研发及制造。光模块是光通信设备的基础元器件，是光通信系统重要的组成部分。公司目前主要产品为点对点光模块和 PON 光模块，成功开发了不同型号光模块产品超过 2800 种，每种型号的产品又包含了多种不同的技术方案，产品涵盖了多种标准的通信网络接口、光波波长、传输速率、传输距离等技术指标。新易盛的主营业务情况见图 9-2。

【1.主营业务】
光通信领域传输和接入技术的高新技术企业，专业从事光模块的研发及制造。

【2.主营构成】
【截止日期】2017-06-30

项目名	营业收入(万元)	营业利润(万元)	毛利率(%)	占主营业务收入比例(%)
点对点光模块(产品)	33283.73	10518.63	31.60	77.28
PON光模块(产品)	6824.74	172.01	2.52	15.85
其他业务(补充)(产品)	2962.78	272.67	9.20	6.88
合计(产品)	43071.26	10963.31	25.45	100.00

【截止日期】2016-12-31

项目名	营业收入(万元)	营业利润(万元)	毛利率(%)	占主营业务收入比例(%)
光通信设备行业(行业)	67325.08	17795.16	26.43	94.30
其他业务(补充)(行业)	4068.09	1032.71	25.39	5.70
合计(行业)	71393.17	18827.86	26.37	100.00

图 9-2　新易盛的主营业务情况（截图）

成长性：如图 9-3 所示，新易盛的 2017 年半年度实现营业收入 4.3 亿元，同比增长 27.0%；实现归属上市公司股东净利润 6266 万元，同比增长 29.3%。基本面较以往出现了比较大的改变，光模块市场需求起量，推动公司营业收入上涨。新易盛光模块业务由点对点光模块及 PON 模块构成。2017 年上半年，受益于光纤入户、4G/5G、移动互联、云计算、数据中心等行业的光模块需求上行，公司点对点光模块营业收入达 3.33 亿元，同比增长 24.2%，PON 光模块营业收入 0.68 亿元，同比增长 51.3%，双轮驱动助推公司经营业绩向好发展。

引爆点：在 2017 年 8 月 17 日举行的面向 5G 的 LTE 网络创新研讨会上，

财务指标	2017-06-30	2016-12-31	2015-12-31	2014-12-31
审计意见	未经审计	标准无保留意见	标准无保留意见	标准无保留意见
净利润(万元)	6265.86	10528.68	9445.03	9239.85
净利润增长率(%)	29.2721	11.4732	2.2206	16.431[illegible]
营业总收入(万元)	43071.26	71393.17	61511.96	52263.43
营业总收入增长率(%)	27.0117	16.0639	17.6960	13.3576
加权净资产收益率(%)	6.1000	12.3600	19.7400	24.0000
资产负债比率(%)	18.8642	16.8529	23.5890	22.7606

今年的净利润率和营收增长20%，收入大幅度提高，公司未来成长性打开

图 9-3　2014 年至 2017 年上半年新易盛主要财务数据（截图）

工信部信息通信发展司副司长陈家春表示，4G 的发展将促进整体互联网的发展，而 5G 作为新一代信息通讯发展的主要方向。2017 年 6 月，国际电信联盟启动 5G 技术评估，已完成了一系列的相关文件。为了推进 5G 发展，工信部于 2016 年 1 月率先启动了 5G 技术的研发实验，2016 年 9 月，第一阶段关键测试已顺利完成。但是在支持 5G 研发的同时，工信部还将继续大力支持 LTE 的发展，继续支持 LTE 增强性芯片仪表等薄弱环节的研发。

该事件推测会给股价的驱动带来比较大的驱动，结合基本面的改善，果断提前布局，等待爆发。

买卖逻辑

2017 年 8 月 8 日：建仓买入。当天 4G 概念股的 K 线图见图 9-4，新易盛的 K 线图和分时图分别见图 9-5 和图 9-6。

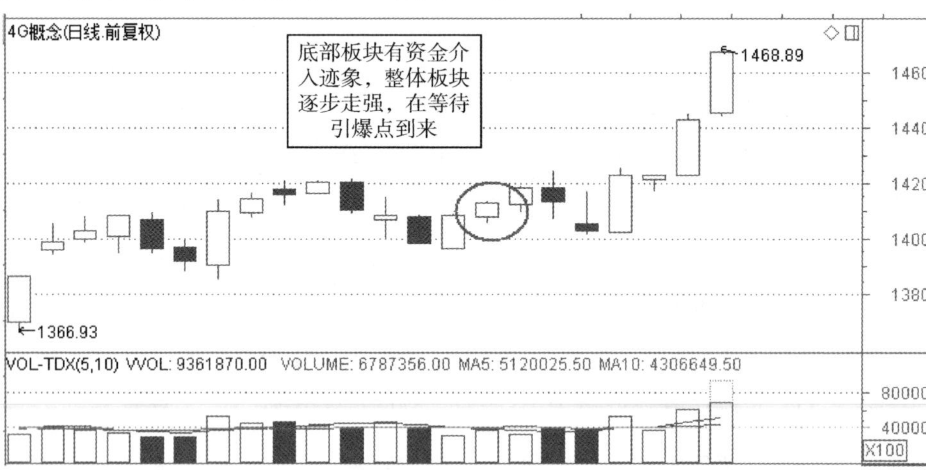

图 9-4　4G 概念板块 2017 年 8 月 8 日 K 线图

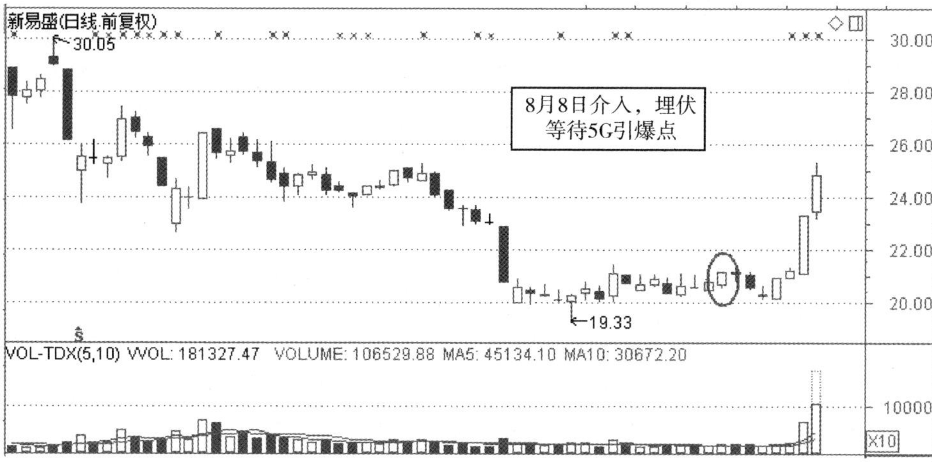

图 9-5　新易盛 2017 年 8 月 8 日 K 线图

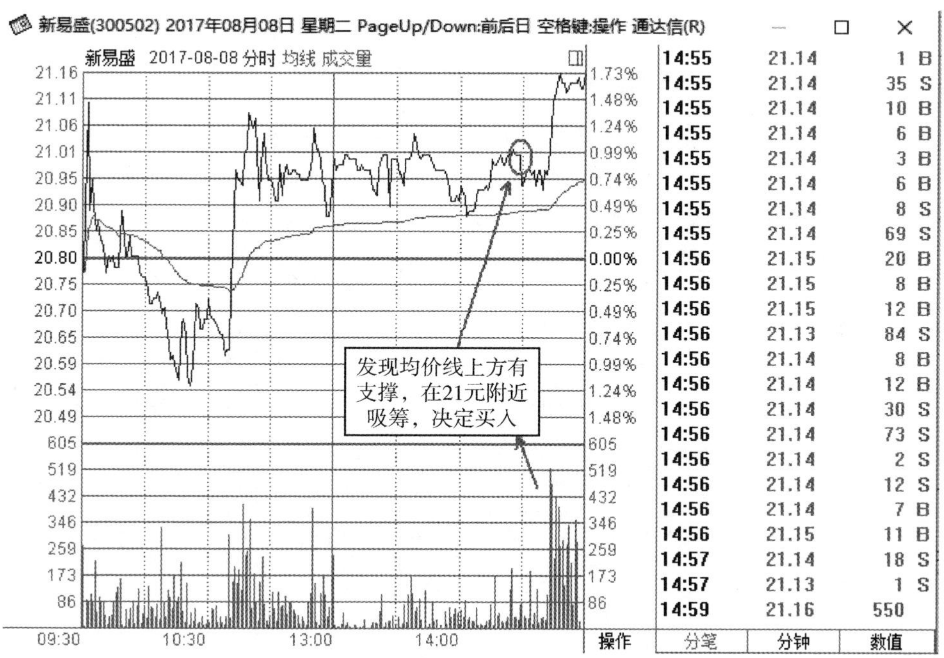

图 9-6　新易盛 2017 年 8 月 8 日分时图

结合板块盘面情况，选择提前一周布局个股，在均价线附近介入，等待个股开始进行拉升的动作，预计在不久将会有不错的表现。

2017 年 8 月 9—15 日：继续持股不动。该股期间的 K 线图见图 9-7，

2017 年 8 月 10 日和 8 月 14 日的分时图分别见图 9-8 和图 9-9。

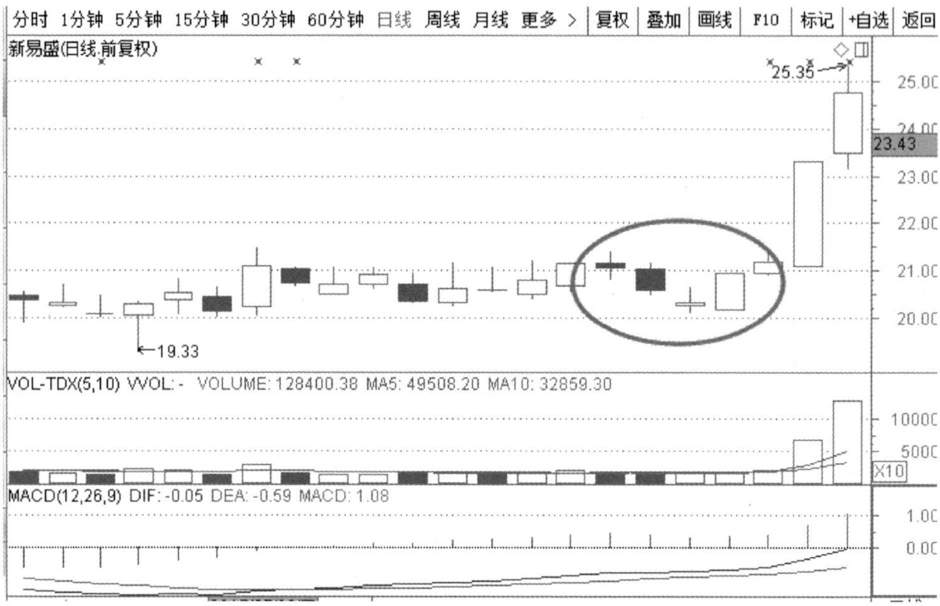

图 9-7　新易盛 2017 年 8 月 9—15 日 K 线图

图 9-8　新易盛 2017 年 8 月 10 日分时图

图 9-9　新易盛 2017 年 8 月 14 日分时图

在这期间，个股出现了回调震荡局面，分时的表现有洗盘迹象，个股在持续的运行当中给我们的感觉就是吸筹，现在等待的就是洗盘结束后的拉升，希望一触即发。

2017 年 8 月 16 日：加仓。当天新易盛的 K 线图和分时图分别见图 9-10 和图 9-11。

新易盛在 5G 大会即将召开的时候，开始强力拉升，个股半年报业绩的公布直接引爆股价迅速抬高，这时要果断加仓。个股在等待了近一周后，拉升来临，这就是我们所讲的引爆点后的博弈，是选择加仓的最好时机。

2017 年 8 月 17 日：卖出。随着联通混改方案即将落地，以及 5G 大会召开在即，利好出尽很可能会影响股价，同时股价也是运行到了高位，阶段涨幅的获利盘和套牢盘同时聚集，所以选择止盈，短线交易获利 18.51%。当天该股的 K 线图和分时图分别见图 9-12 和图 9-13。

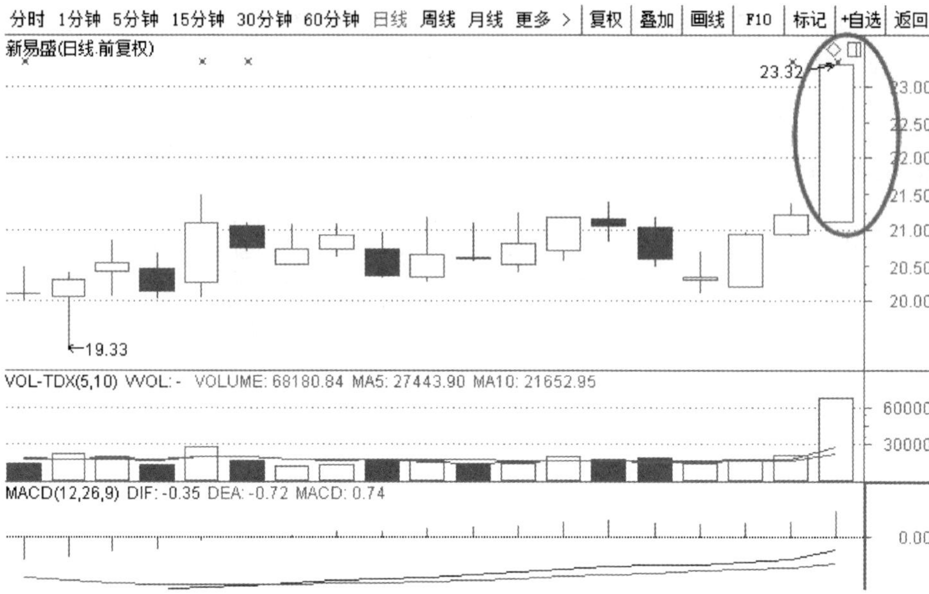

图 9-10　新易盛 2017 年 8 月 16 日 K 线图

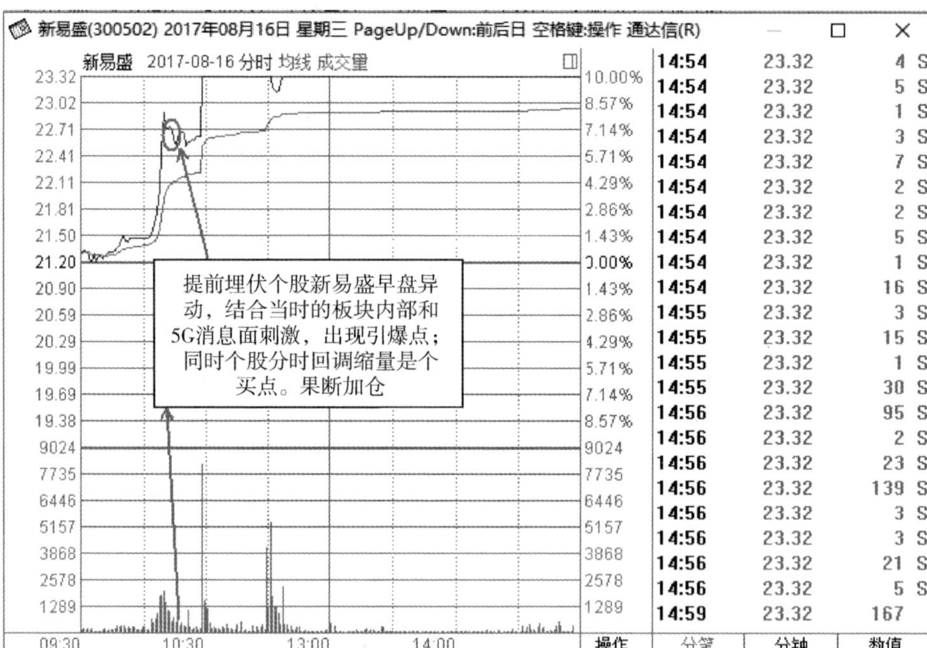

图 9-11　新易盛 2017 年 8 月 16 日分时图

图 9-12　新易盛 2017 年 8 月 17 日 K 线图

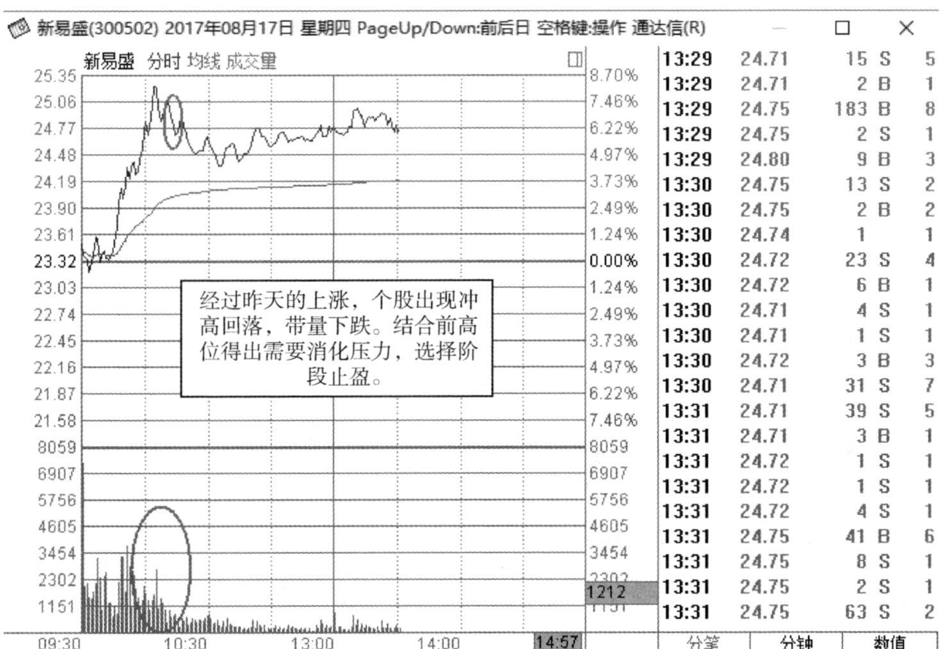

图 9-13　新易盛 2017 年 8 月 17 日分时图

总结：回顾这短短的 8 个交易日（见图 9-14），从新易盛的基本面改善获得成长性，联通的混改和 5G 大会的未来事件作为股价上涨的引爆点，结合盘面异动，量能和均价进行了博弈，最终成功完成了新易盛的交易。这个典型的短线交易思路完全融入了“成长为王，引爆为辅，博弈融合”交易思路。

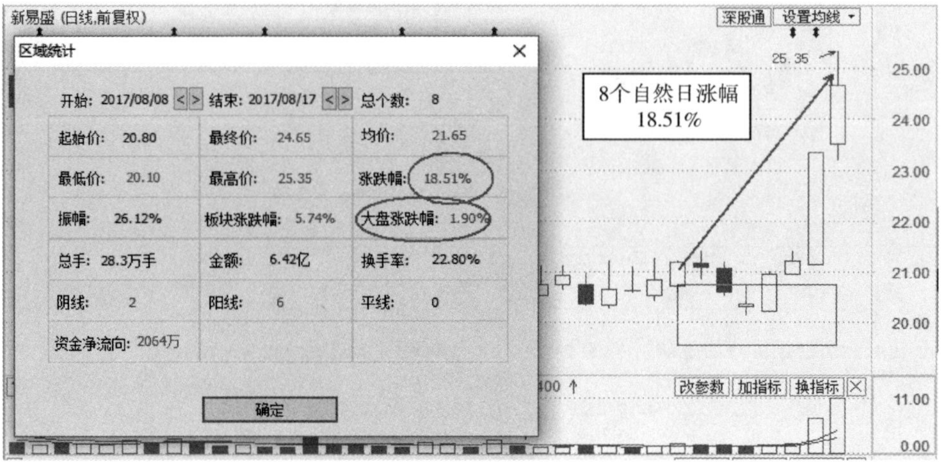

图 9-14　新易盛交易回顾

新经典

个股逻辑

1. 超跌绩优次新股，博值率高。

从新经典近期公布的半年报来看（见图 9-15），净利润 1.08 亿元，同比增长 61.62%，主要得益于整合优质资源，使得毛利率较高自有版权图书策划与发行业务规模增加。而公司内生性增长优势突出，主业高毛利率的自有版权图书策划与发行业务营业收入占比不断提升、低毛利率的图书分销营业收入不断缩减，叠加数字内容的长尾市场和影视剧的延伸带来“图影互动”的增量业绩，所以新经典具有不错的成长性，业绩增长稳定，股价有保障。

★最新主要指标★	17-08-11	17-06-30	17-03-31	16-12-31	16-06-30
每股收益(元)	-	0.9700	0.4600	1.5200	0.6700
每股净资产(元)	-	10.4109	7.1000	6.6483	-
净资产收益率(%)	-	11.5200	6.6500	25.1700	11.6400
总股本(亿股)	1.3466	1.3336	1.0000	1.0000	1.0000
流通A股(亿股)	0.3336	0.3336	-	-	-
限售条件股份(亿股)	1.0130	1.0000	1.0000	1.0000	1.0000
最新指标变动原因	股权激励实施	-	-	-	-

2017-06-30 每股资本公积:6.664 营业收入(万元):45916.28 同比增15.14%
2017-06-30 每股未分利润:2.472 净利润(万元):10832.64 同比增61.62%

图 9-15 新经典半年报数据（截图）

2. 股东人数减少，筹码趋于集中，信托、资管计划成为前十大流通股东，对股价看好。

根据近期公布的数据来看，2017 年6 月30 日时股东户数是1.5 万户，而 2017 年 8 月 18 日新经典的股东户数为 9666 户，同比减少了 58%（见图 9-16），在这期间股价并没有明显的反应，说明主力吸筹，筹码现在已经很集中了，一旦有风吹草动，股价便会暴涨。从图 9-17 中还可以看出，当前股东多为机构。

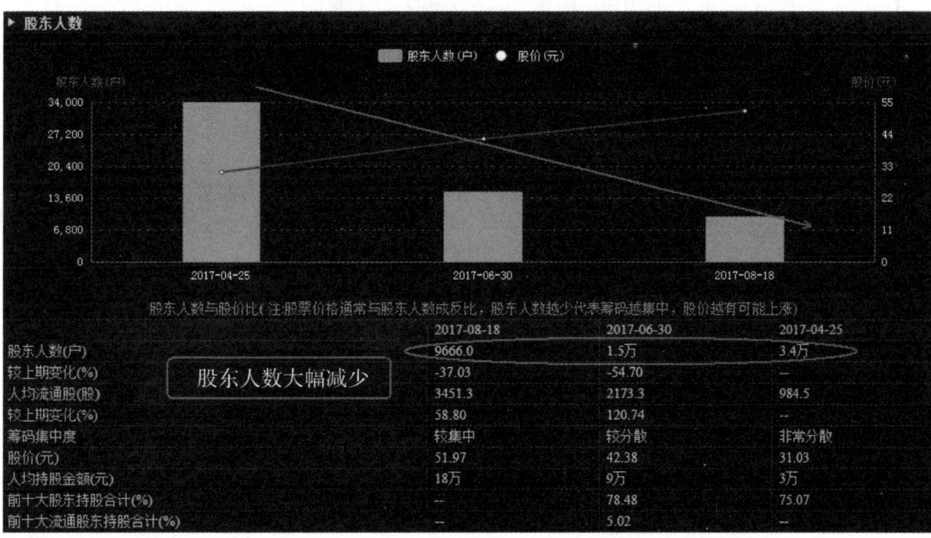

	2017-08-18	2017-06-30	2017-04-25
股东人数(户)	9666.0	1.5万	3.4万
较上期变化(%)	-37.03	-54.70	--
人均流通股(股)	3451.3	2173.3	984.5
较上期变化(%)	58.80	120.74	--
筹码集中度	较集中	较分散	非常分散
股价(元)	51.97	42.38	31.03
人均持股金额(元)	18万	9万	3万
前十大股东持股合计(%)	--	78.48	75.07
前十大流通股东持股合计(%)	--	5.02	--

股东人数大幅减少

图 9-16 新经典股东人数（截图）

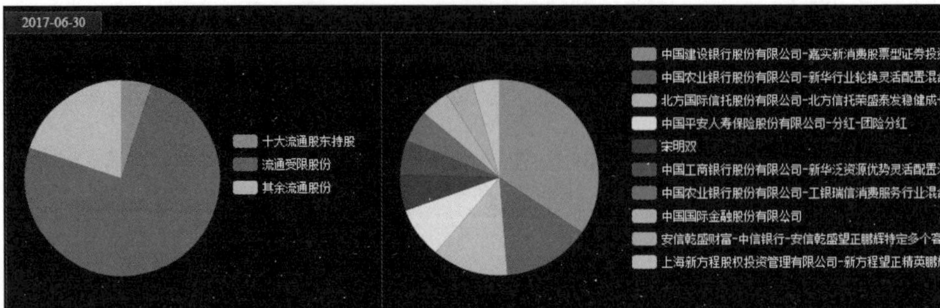

名次	股东名称	股东性质	股份类型	持股数(股)	占总流通股本持股比例	增减(股)	变动比例
1	中国建设银行股份有限公司-嘉实新消费股票型证券投资基金	证券投资基金	A股	2,305,028	6.91%	新进	--
2	中国农业银行股份有限公司-新华行业轮换灵活配置混合型证券投资基金	证券投资基金	A股	959,291	2.88%	新进	--
3	北方国际信托股份有限公司-北方信托荣盛泰发稳健成长7号证券投资集合资金信托计划	信托计划	A股	828,603	2.48%	新进	--
4	中国平安人寿保险股份有限公司-分红-团险分红	保险产品	A股	565,347	1.69%	新进	--
5	宋明双	个人	A股	395,172	1.18%	新进	--
6	中国工商银行股份有限公司-新华泛资源优势灵活配置混合型证券投资基金	证券投资基金	A股	377,000	1.13%	新进	--
7	中国农业银行股份有限公司-工银瑞信消费服务行业混合型证券投资基金	证券投资基金	A股	354,100	1.06%	新进	--
8	中国国际金融股份有限公司	证券公司	A股	313,368	0.94%	新进	--
9	安信乾盛财富-中信银行-安信乾盛望正鹏辉特定多个客户资产管理计划	基金资产管理计划	A股	305,212	0.91%	新进	--
10	上海新方程股权投资管理有限公司-新方程望正精英鹏辉证券投资基金	投资公司	A股	292,100	0.88%	新进	--
	合计	--	--	6,695,221	20.06%	--	--

图 9-17　新经典股东类型（截图）

3. 近期盘面异动，连续在高位缩量调整，股价控盘很明显，不难看出是在洗盘，相信很多拿不住的散户会在这个阶段被洗出局。

2017 年 8 月 18 日，在连续拉升后，股价继续上涨的可能性很小，所以短期是把散户洗出局，主力才能更好地拉升。当天该股的分时图和 K 线图分别见图 9-18 和图 9-19。

2017 年 8 月 21 日，在上一交易日出现的高位长上影线，技术派可能会有一定担忧，这时也是主力借机洗盘的时刻，高开后快速下跌，量能放大，午后逐渐拉升。当天该股的分时图和 K 线图分别见图 9-20 和图 9-21。

2017 年 8 月 22 日，在高位时出现一阴一阳的震荡走势是最折磨人的，新经典在当天强势反弹，呈现单边上涨趋势，13 点 30 分出现转折点，股价突然下跌，这时候也很考验人。下跌后，股价尾盘回拉。当大该股的分时图和 K 线图分别见图 9-22 和图 9-23。

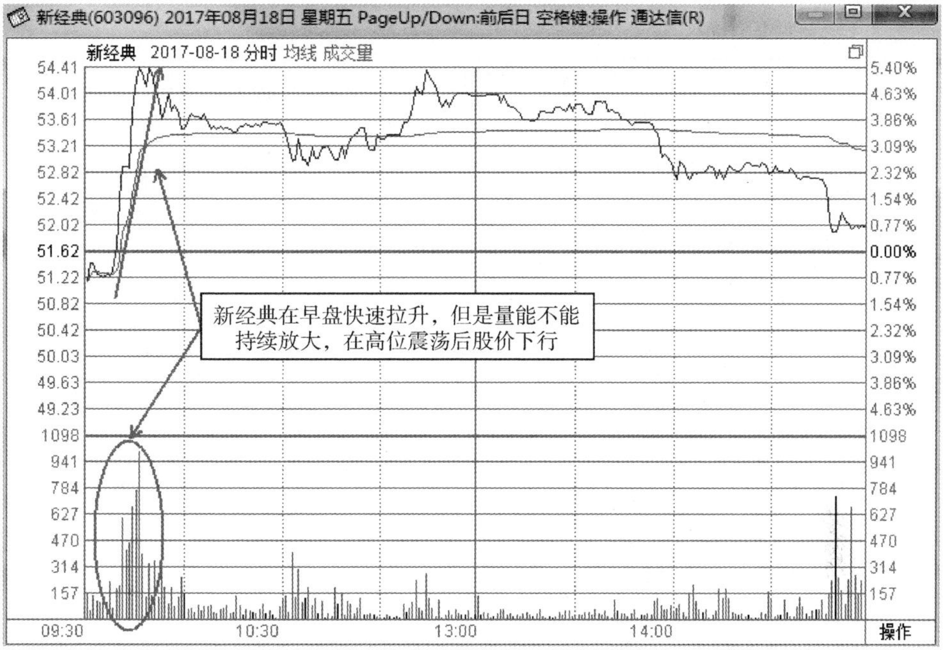

图 9-18 新经典 2017 年 8 月 18 日分时图

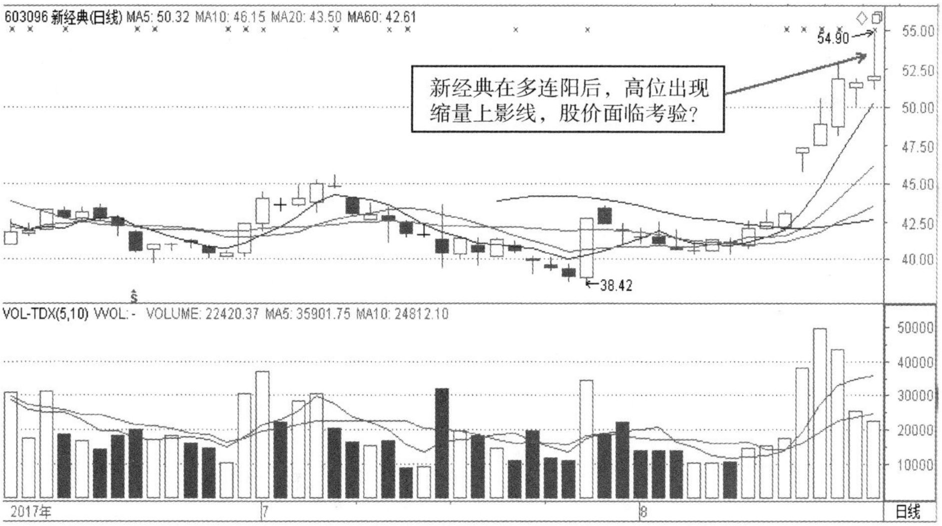

图 9-19 新经典 2017 年 8 月 18 日 K 线图

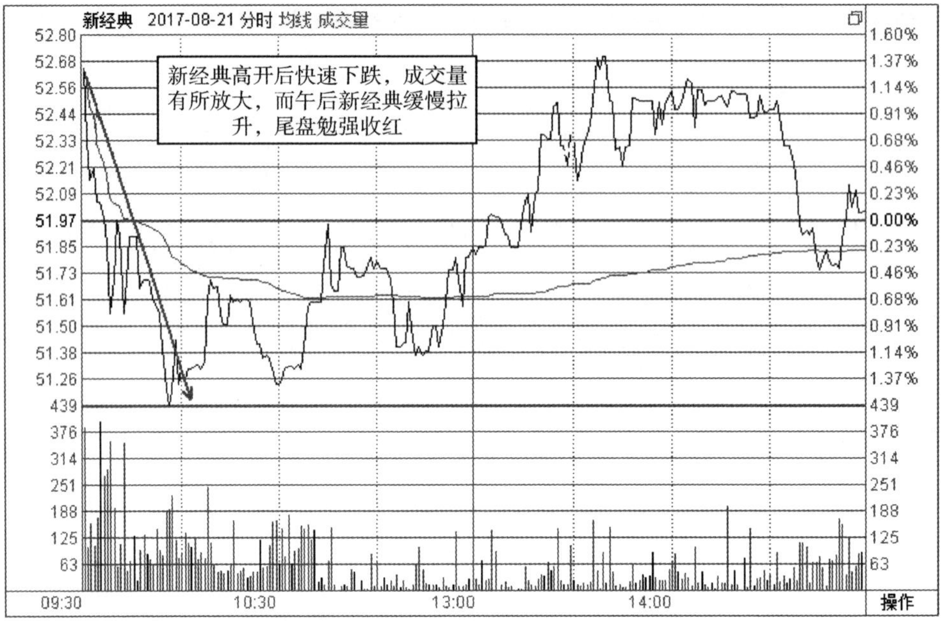

图 9-20　新经典 2017 年 8 月 21 日分时图

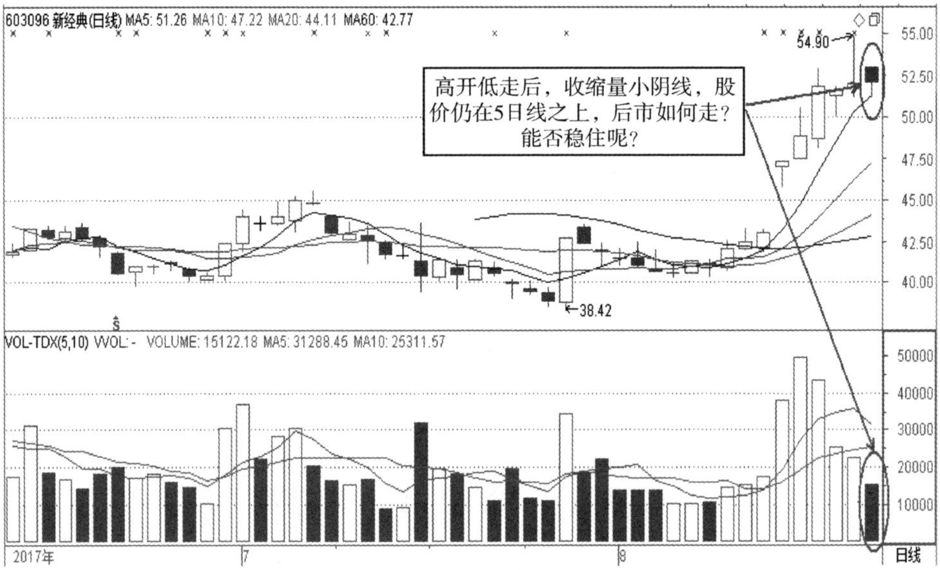

图 9-21　新经典 2017 年 8 月 21 日 K 线图

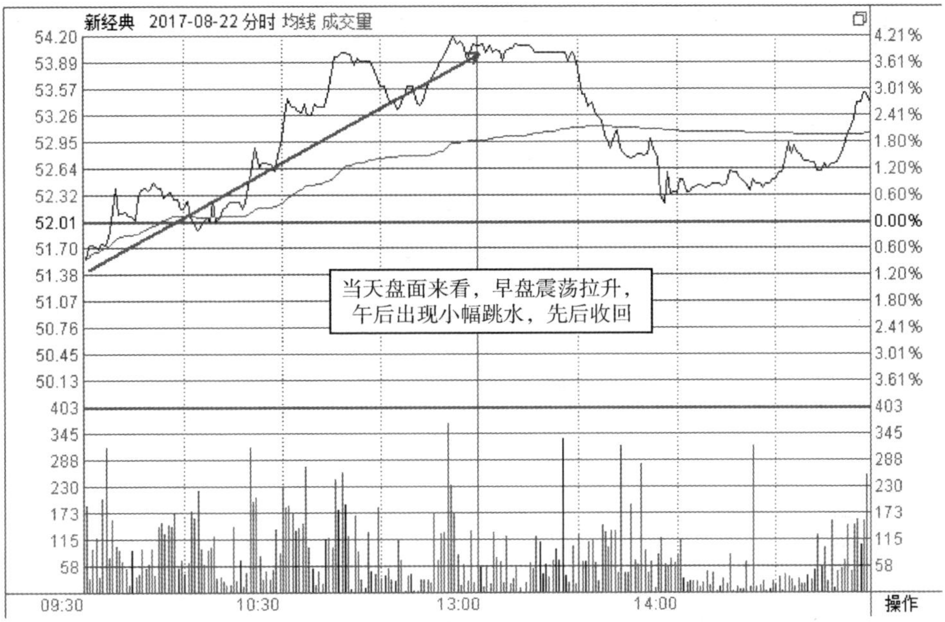

图 9-22　新经典 2017 年 8 月 22 日分时图

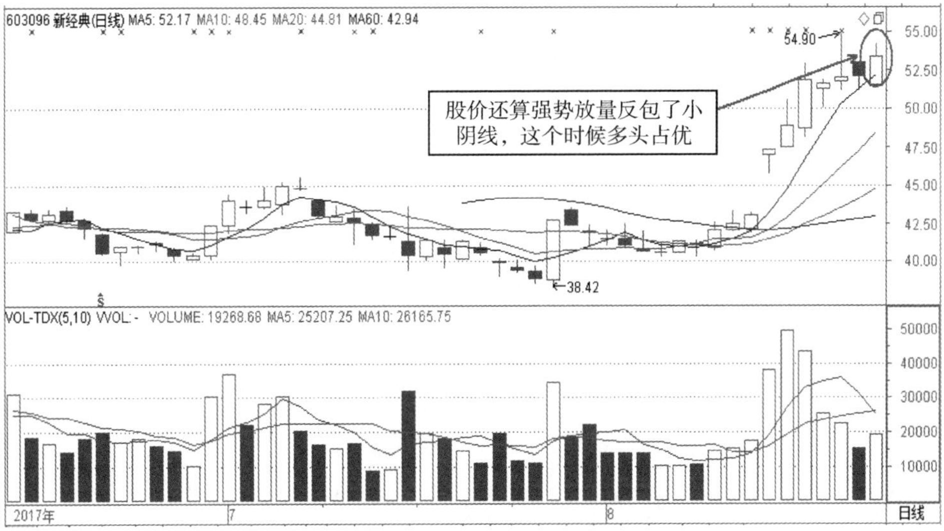

图 9-23　新经典 2017 年 8 月 22 日 K 线图

2017 年 8 月 23 日，虽然股价出现跳水，但是成交量很小，尾盘无量跳水可以理解为主力的计谋，为第二天杀跌做铺垫，意在让恐慌者出局。当天该股的分时图和 K 线图分别见图 9-24 和图 9-25。

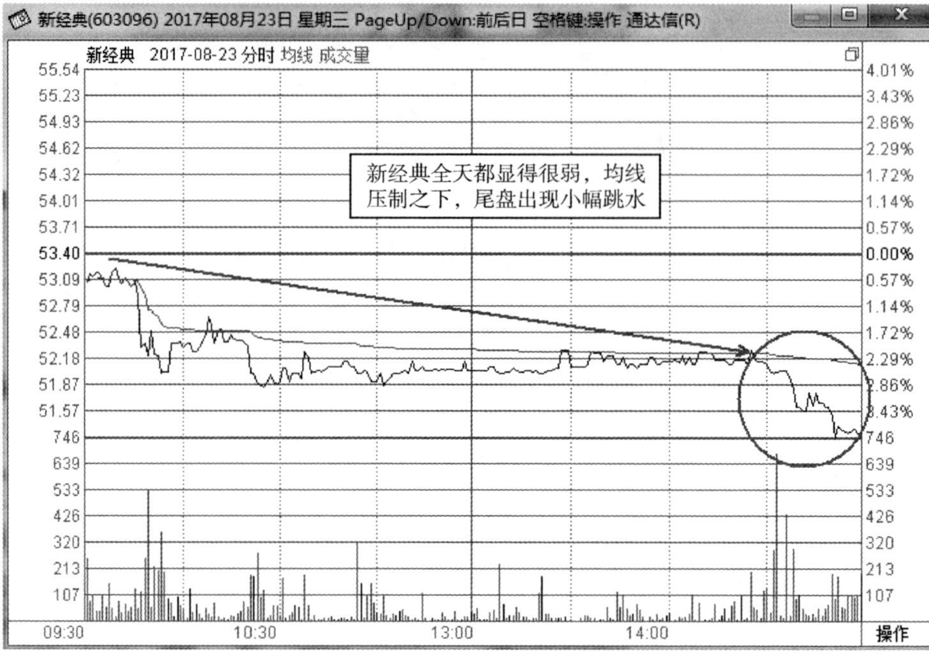

图 9-24 新经典 2017 年 8 月 23 日分时图

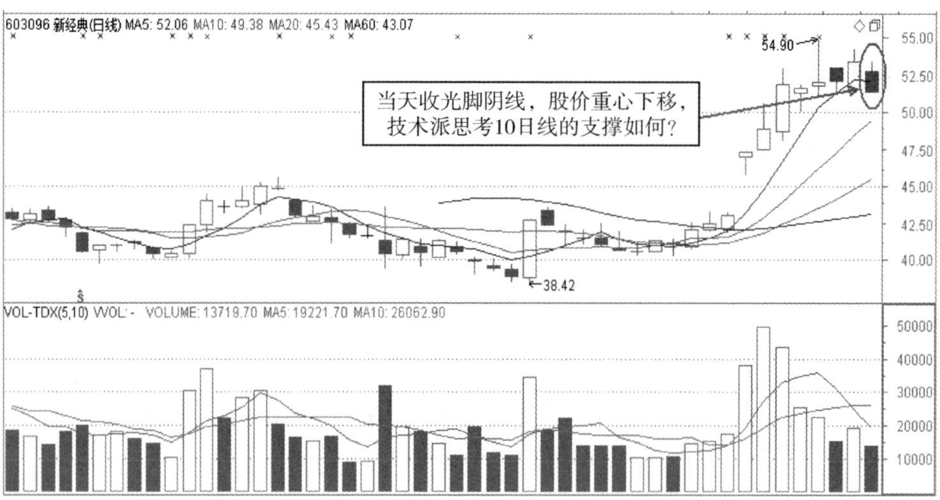

图 9-25 新经典 2017 年 8 月 23 日 K 线图

2017 年 8 月 24 日，上一交易日尾盘的急跌，从情绪面来看，散户很担忧。股价刚好在 5 日均线附近，后来脱离了 5 日均线，下一步的支撑是 10 日均线，主力资金出现交易日尾盘杀跌，第二天更是把股价按在地上吸筹。由此可见，资金控盘很强，筹码很集中，后市拉升也很容易。当天该股的分时图和 K 线图分别见图 9-26 和图 9-27。

图 9-26 新经典 2017 年 8 月 24 日分时图

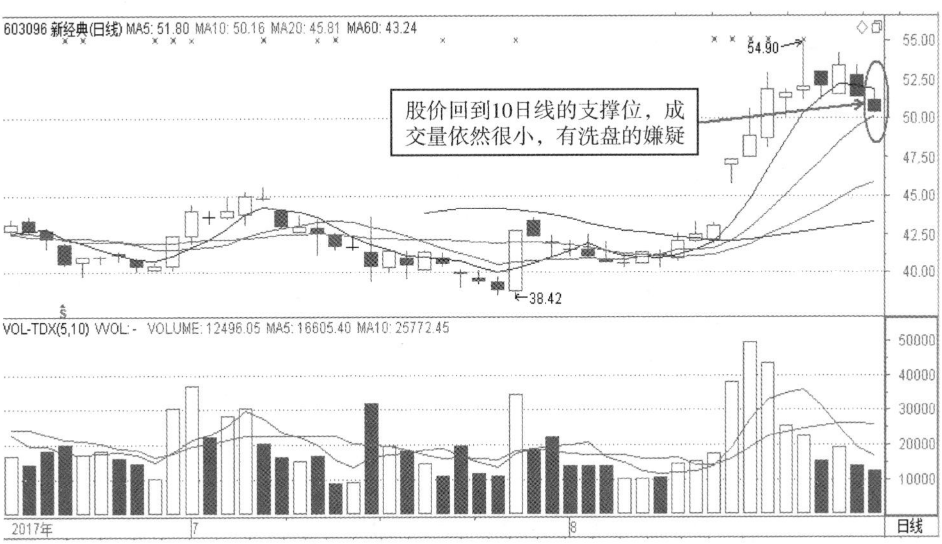

图 9-27 新经典 2017 年 8 月 24 日 K 线图

2017 年 8 月 25 日，在连续几日出现一阴一阳的洗盘后，正是考验 10 日均线支撑之时，也是一个方向的选择。高位横盘了 6 天，这时资金博弈很谨慎。当天，新经典股价走势得较为平稳健康，没有出现巨幅震荡，后市需重点关注。当天该股的分时图和 K 线图分别见图 9-28 和图 9-29。

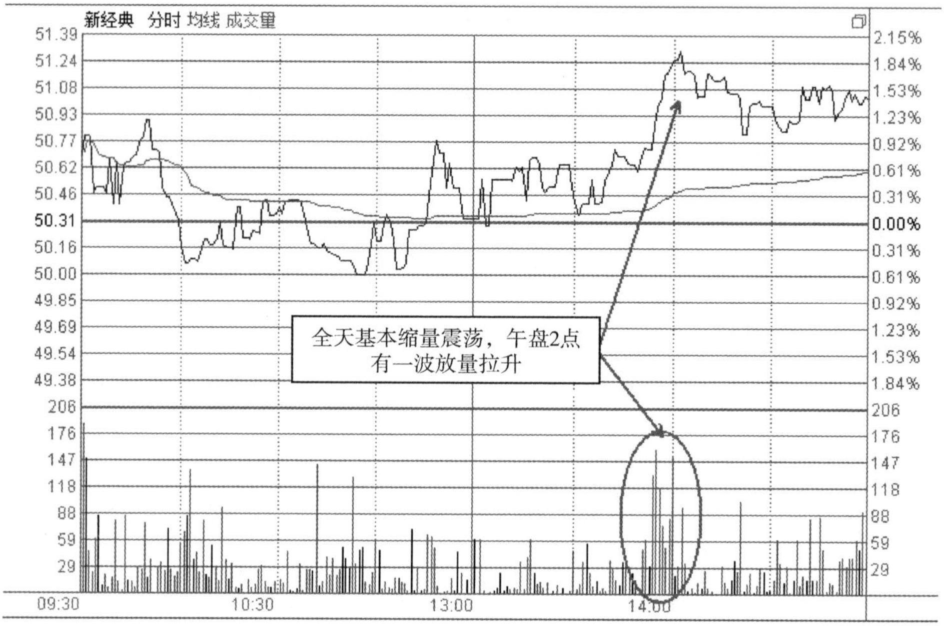

图 9-28　新经典 2017 年 8 月 25 日分时图

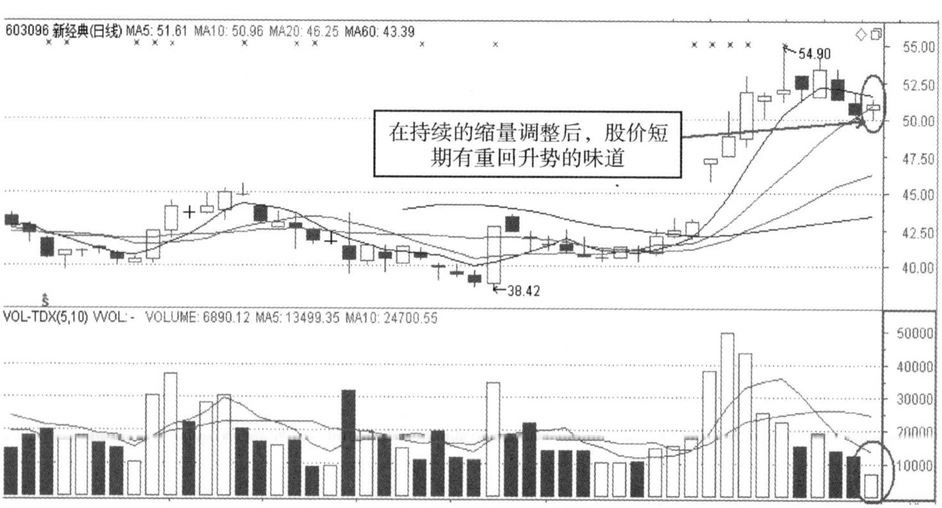

图 9-29　新经典 2017 年 8 月 25 日 K 线图

新经典在极度缩量之后，迎来了方向性选择，近期走出了放量反攻的趋势，股价重新迎来上涨，量价配合得很完美（见图 9-30）。

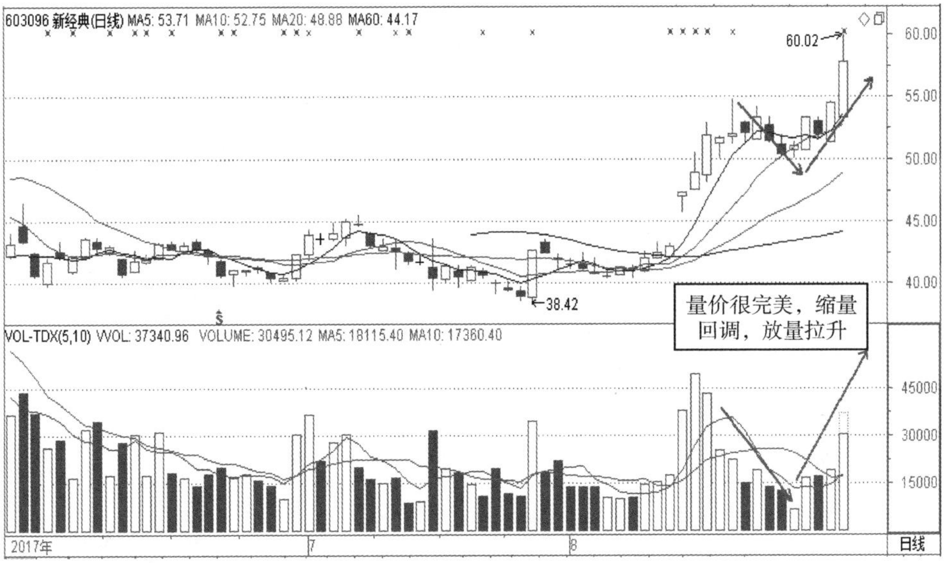

图 9-30 新经典走势回顾

买卖逻辑

2017 年 7 月 20 日，买入底仓。

新经典在低位时建仓，淡定持股。早期，在经过深入研究后，觉得超跌绩优的新经典值得重点布局，果断买入。

2017 年 8 月 2 日、8 月 16 日、8 月 28 日、8 月 29 日，逐步加仓。

2017 年 8 月 2 日，第一次加仓。在 2017 年 7 月 27 日新经典强势放量涨停后，股性得到激活，而股价有望在回踩之后更上一个阶梯，在连续缩量回踩调整的第 4 天，我们在已有的仓位上对新经典进行加仓，等待股价拉升（见图 9-31）。

2017 年 8 月 16 日，新经典在底部涨停后，股价重心不断上移，技术走势也到了加仓点位（见图 9-32），在这种绩优次新股交易上要果断，在既有仓位的同时，果断加仓。

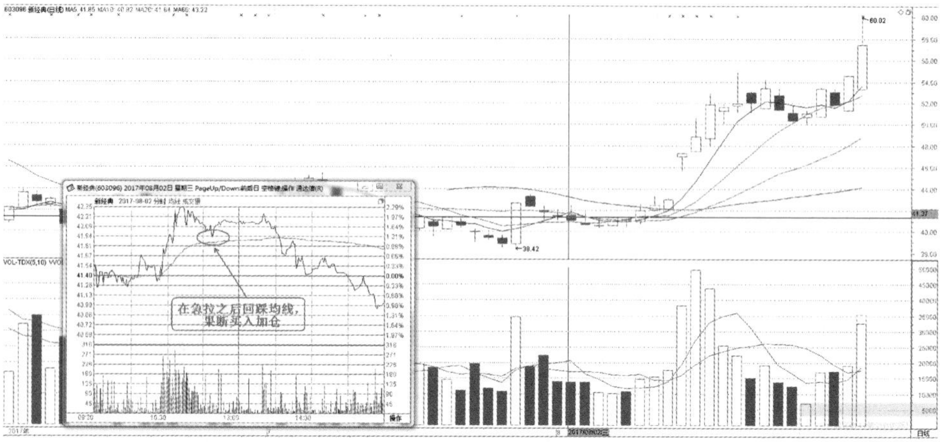

图 9-31　新经典第一次加仓

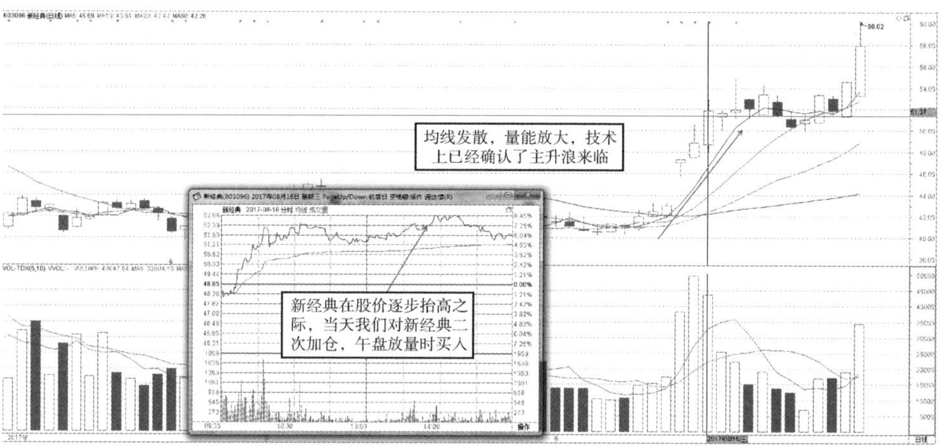

图 9-32　新经典第二次加仓

2017 年 8 月 28 日，早盘新经典放量拉升，但是量能不能持续，在量能缩小之际，果断卖出部分仓位。而通过观察发现，新经典当天的支撑位很强，所以，午后在回探支撑位之际买回了早上 T 出的仓位（见图 9-33），完成当日 T+0 交易。

2017 年 8 月 29 日，次新股出现跳水，新经典也受牵连，尾盘放量杀跌，恐慌盘也出来了，在此时要胆大心细地买入加仓（见如 9-34），获得廉价筹码。

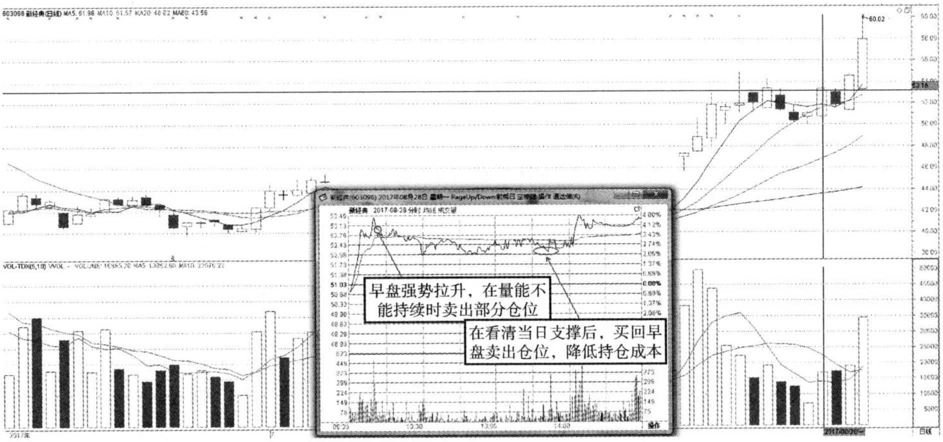

图 9-33　新经典“T + 0”交易

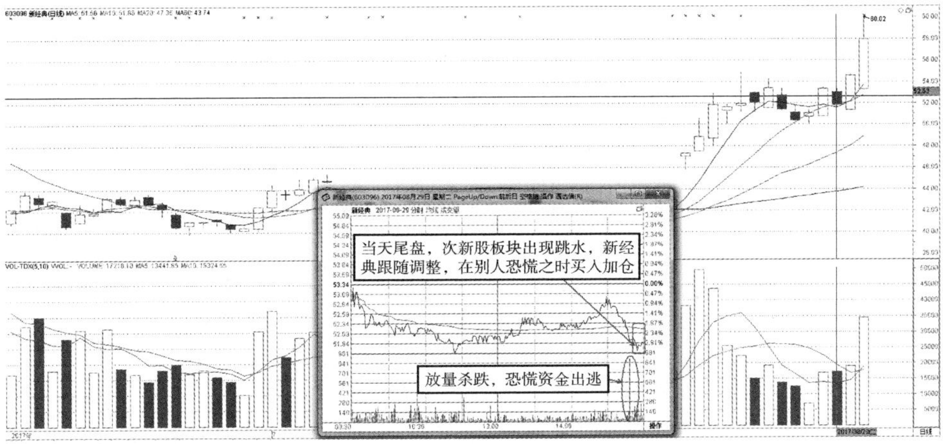

图 9-34　新经典第三次加仓

总结：遇到好的股票，要坚定持股，更需要深度研究。新经典作为绩优次新白马股，在低位就被我们挖掘，后续一路择机加仓，在高位动荡之际坚定持股，从而收获颇丰。

对于该标的，牛散大学堂坚定持股，盈利超过 80%。但对于普通投资者来说，即使挖掘了该类标的，也可能途中三振出局，只赚取 15% 左右的利润。原因是什么？一方面，由于对该类标的估值不清晰，可能无法准确把握其未来估值和发展潜力，所以当主力借助高位和技术点动荡洗盘，可能就纷纷下车；另一方面，该标的成长性较好，在不具备其他类似 5G 芯片的爆点烘托，有些白马股的味道，利润持续释放，股价慢慢爬升，其缓步上升，很多散户没有看到其未来成长价值，错过了其“慢就是快的”精彩之路。

中通国脉

大环境分析

2017 年 9 月 21 日，沪指日 K 线稳步上行连续走强，突破 3300 点前期阶段顶部，沿着上升轨道健康运行（见图 9-35）。融资融券业务不断增加，做多人气高涨，题材活跃，场内外资金都比较看好 A 股中期向好格局。

主板沪指成功冲关突破 3300 点阶段顶部，后市形势较为看好，均线呈多头排列。2017 年 9 月 21 日，沪指均线系统成功突破 5 日均线。沪指的不断走好给个股走强提供了良好的大环境，个股也相应迸发出了绝佳的赚钱效应，而且沪指有望打开新的上涨空间。

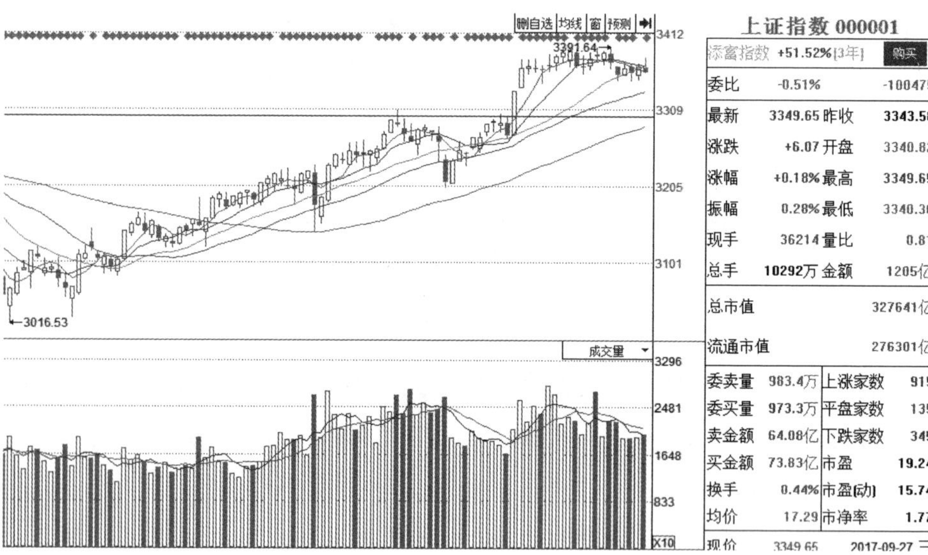

图 9-35　2017 年 8 月 25 日上证指数 K 线图

基本面分析

中通国脉（4G/5G 概念）：公司主营业务是为基础电信运营商和通信设

备商提供涵盖核心网、传输网和接入网等全网络层次的通信网络工程建设和维护综合技术服务。主要的产品和服务包括：通信网路工程服务、通信网路维护服务（见图9-36）。

【2.主营构成分析】
【截止日期】2016-12-31

项目名	营业收入（万元）	营业利润（万元）	毛利率(%)	占主营业务收入比例(%)
通信技术服务业(行业)	48723.27	9141.36	18.76	98.59
其他业务(补充)(行业)	695.65	328.64	47.24	1.41
合计(行业)	49418.92	9470.00	19.16	100.00
通信管线工程(产品)	28643.16	6397.54	22.34	57.96
通信设备安装工程(产品)	10752.85	2297.01	21.36	21.76
通信网络维护服务(产品)	9327.26	446.81	4.79	18.87
其他业务(补充)(产品)	695.65	328.64	47.24	1.41
合计(产品)	49418.92	9470.00	19.16	100.00

图9-36 中通国脉主营构成情况（截图）

业绩披露：2017年中报每股收益0.08元，净利润1065.94万元（见图9-37）。

夯实优秀的基本面，对公司未来股东人数的增多及后市股价提振有一定作用。

【主要财务指标】

财务指标	2017-06-30	2016-12-31	2015-12-31	2014-12-31
审计意见	未经审计	标准无保留意见	标准无保留意见	标准无保留意见
净利润(万元)	1065.94	4253.55	4059.51	3700.61
净利润增长率(%)	-2.7228	4.7799	9.6984	0.4855
营业总收入(万元)	21695.42	49418.92	40900.22	37147.50
营业总收入增长率(%)	22.4970	20.8280	10.1022	4.6875
加权净资产收益率(%)	2.0500	13.1100	14.6000	14.6700
资产负债比率(%)	34.1797	34.5308	44.8856	48.0604
净利润现金含量(%)	-728.4140	107.9157	82.5486	69.4901
基本每股收益(元)	0.0800	0.6300	0.6200	0.5600
每股收益-扣除(元)	0.0900	0.6200	0.6000	0.5600
每股收益-摊薄(元)	0.0808	0.4834	0.6151	0.5607

图9-37 中通国脉中报业务披露（截图）

4G/5G 概念板块指数进入了上升的通道后，均线呈多头排列（见图 9-38）。整体量能放大，整个板块赚钱效应不断涌现，个股财富效应绝佳，人气开始聚集，个股不断活跃。此时，板块迸发出非常高涨的赚钱氛围。

图 9-38 4G/5G 概念板块指数 2017 年 9 月 21 日 K 线图

作为中国 IMT-2020（5G）推进组创始成员和核心成员，中国电信正在推动 5G 新型网络架构、关键技术研发、验证 5G 技术方案，同时推动 5G 技术标准化和技术方案试验落地，制订企业技术规范，为中国引入 5G 移动组网提供技术指导，全面支撑中国 5G 发展。中国电信已经建立了 5G 联合开放实验室，通过开放实验室联合合作伙伴，从业务、技术和网络部署等多个层面研究和推进，共同打造 5G 生态链。随着中国电信推动 5G 落地，有望对涉及通信 5G 个股形成共振。这时，人气、情绪、资金成为交易的主要参考因素，也符合我们的博弈融合的交易思路。

随着 4G/5G 通信行业的利好不断释放，4G/5G 通信概念板块个股悉数上涨，股价造好，后市有望进一步走强。

2017 年 9 月 21 日，坚决买入中通国脉。当天该股的 K 线图和分时图分别见图 9-39 和图 9-40。

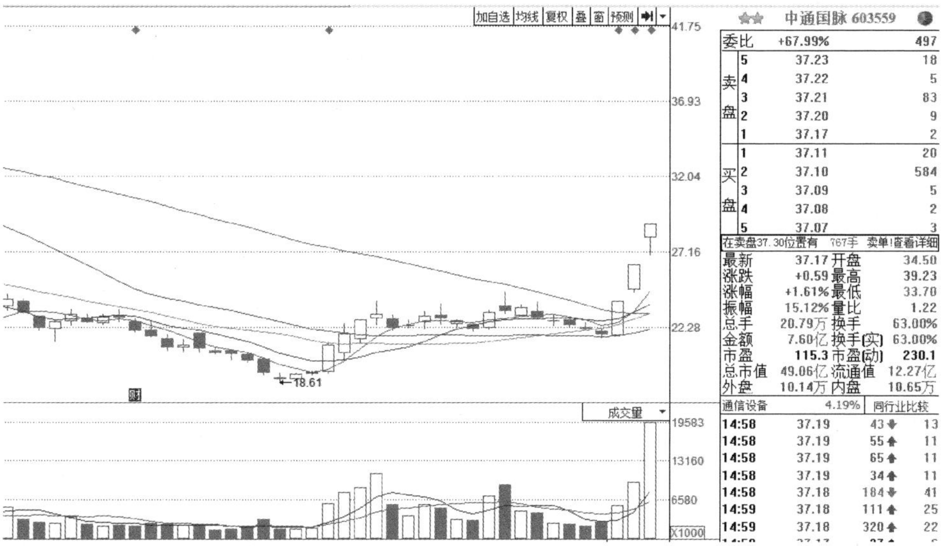

图 9-39　中通国脉 2017 年 9 月 21 日 K 线图

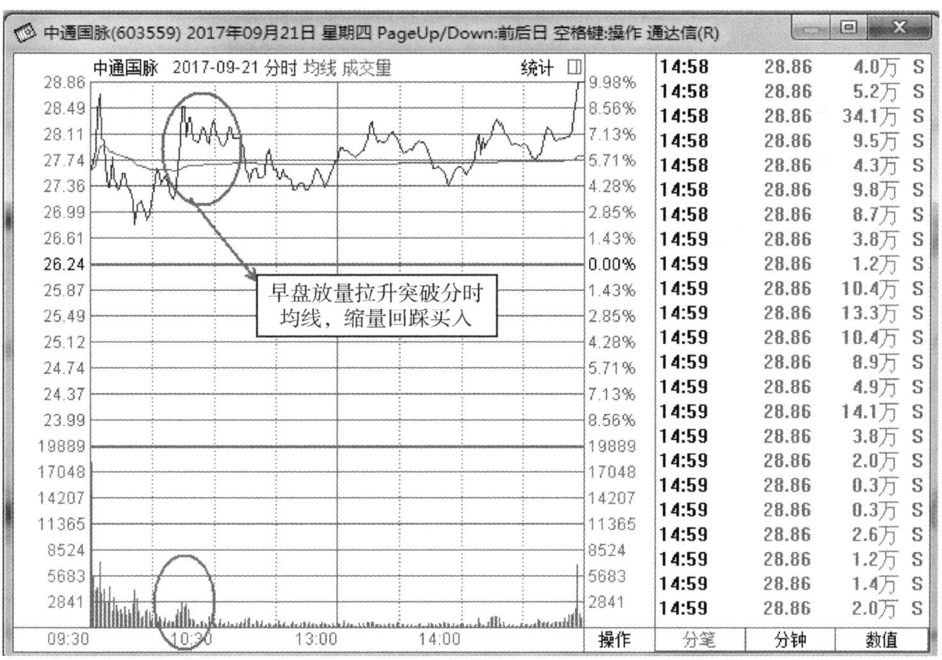

图 9-40　中通国脉 2017 年 9 月 21 日分时图

2017 年 9 月 21 日，早盘放量拉升突破分时均线，缩量回踩后买入，午后股价也强势运行在分时均线上方，资金承接力强，并且尾盘明显有资金抢筹封住涨停，后市有望进一步走强。

2017 年 9 月 22 日，继续持有中通国脉。随着 4G/5G 通信行业政策的利好不断释放，4G/5G 概念板块量能不断放大，股价维持在上行通道健康运行（见图 9-41）。板块持续走强，个股悉数走强，备受资金青睐关注，成为市场关注的焦点。

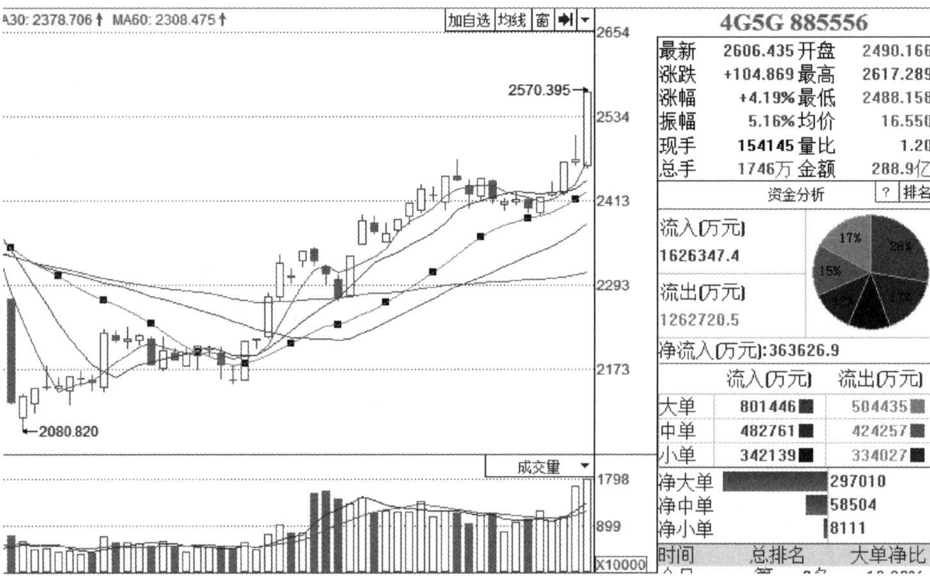

图 9-41　4G/5G 概念板块 2017 年 9 月 22 日 K 线图

4G/5G 通信行业政策利好不断释放，龙头中通国脉 4 天斩获 4 连板，4G/5G 通信概念板块成为市场追逐的主战场，氛围高涨，个股纷纷大涨，中通国脉成为市场抢筹的优质标的（见图 9-42）。

2017 年 9 月 22 日，中通国脉分时上早盘放量急速拉升，并在早盘强势封住涨停，且场内资金并未有出逃迹象（见图 9-43），我们选择继续持股。

2017 年 9 月 25 日，随着指数冲关 3300 点整数关口成功，形势虽一片大好，但资金托而不举，并未进一步上攻（见图 9-44）。此时要谨防冲高回落，个股获利回吐。

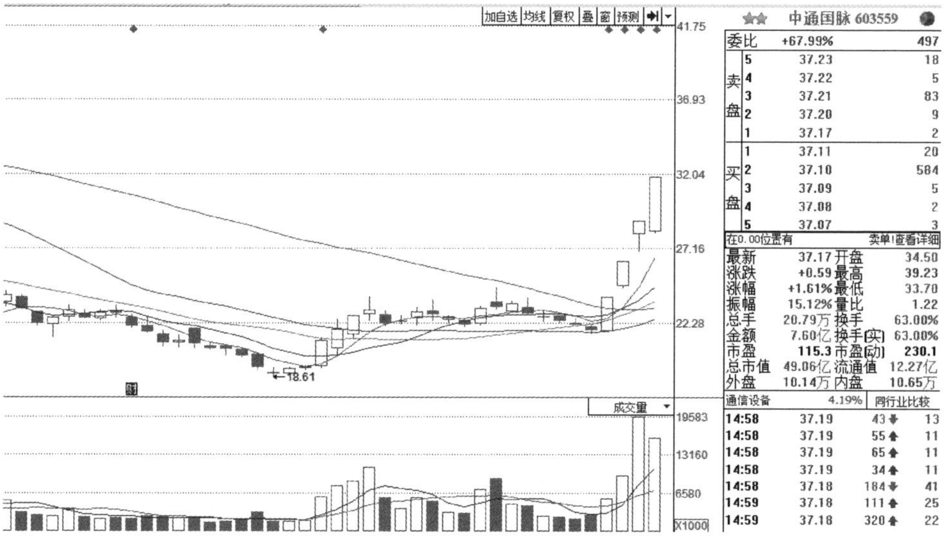

图 9-42　4G/5G 龙头中通国脉 2017 年 9 月 22 日 K 线图

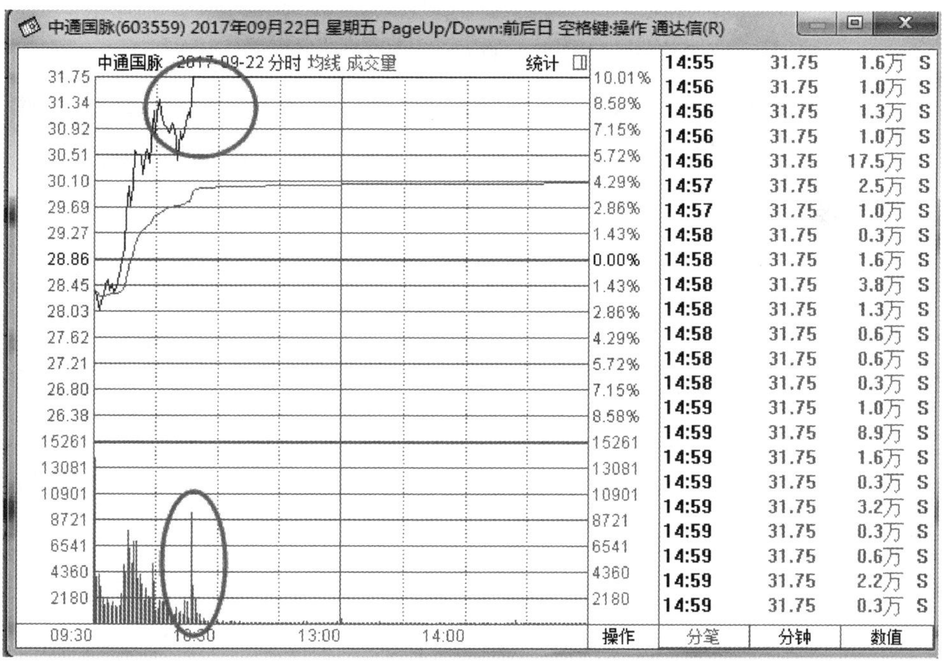

图 9-43　4G/5G 龙头中通国脉 2017 年 9 月 22 日分时图

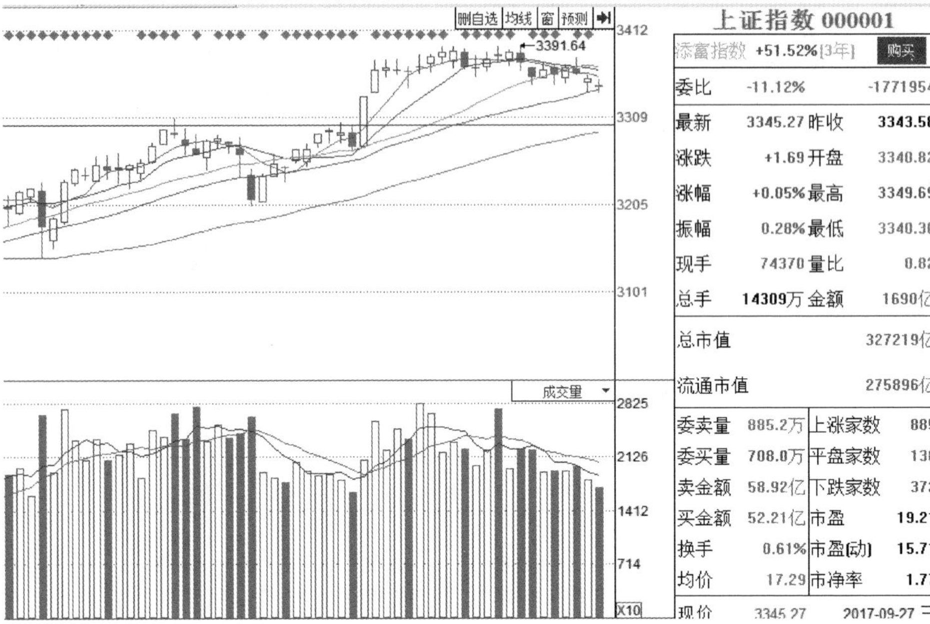

图 9-44　上证指数 2017 年 9 月 12 日 K 线图

2017 年 9 月 25 日，上证分时上做多力量较为疲软，全天受分时均线压制，成交量持续低迷（见图 9-45），谨防个股冲高回落。

图 9-45　上证指数 2017 年 9 月 25 日分时图

4G/5G 通信整个板块连续走强，板块内股价节节攀升，但上涨的过程中也不断积累着风险（见图 9-46）。冲高乏力后，出现冲高回落、筹码松动的迹象。此时，我们应及时止盈，获利出局。

图 9-46　4G/5G 概念板块 2017 年 9 月 25 日 K 线图

4G/5G 概念龙头中通国脉在连续走强后，出现涨停砸板情况（见图 9-47），致使整个板块人气有所减弱，此时更要谨防板块内个股冲高回落。

总结：做 4G/5G 题材的热点个股，重点要抓住个股引爆点。频频传来政策的好消息以及在个股上面的其他公司攻关难题，都会对相关个股带来冲击（见图 9-48）。出现这样的情况，需要迅速出击，稳、准、狠，才能获利甚多。

中通国脉初步了结之后，我们对该标的进行了持续的跟踪和分析，通过盘口的特征，量能和分时，我们又进行了操作，通过回顾可以发现该标的在此之后几天量能的状态。

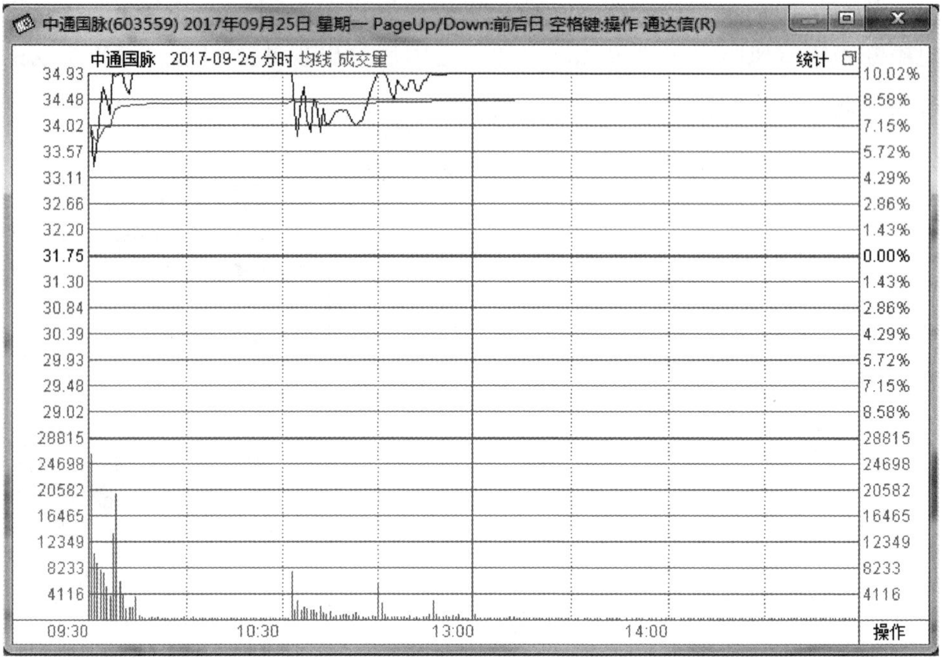

图 9-47　4G/5G 概念龙头中通国脉 2017 年 9 月 25 日分时图

图 9-48　4G/5G 概念龙头中通国脉交易回顾

第十章　次新个股交易逻辑

次新股板块交易逻辑

一、技术面多周期共振，超跌反弹可能性较大

日线上，深次新指数从 2016 年 11 月最高点 2046.8 开始一路杀跌，于 2017 年 7 月达到最低点为 998.5 点，跌幅达 51.2%，已为腰斩，加上 MACD 二次底背离，我们认为这里产生超跌反弹的需要（见图 10-1）。

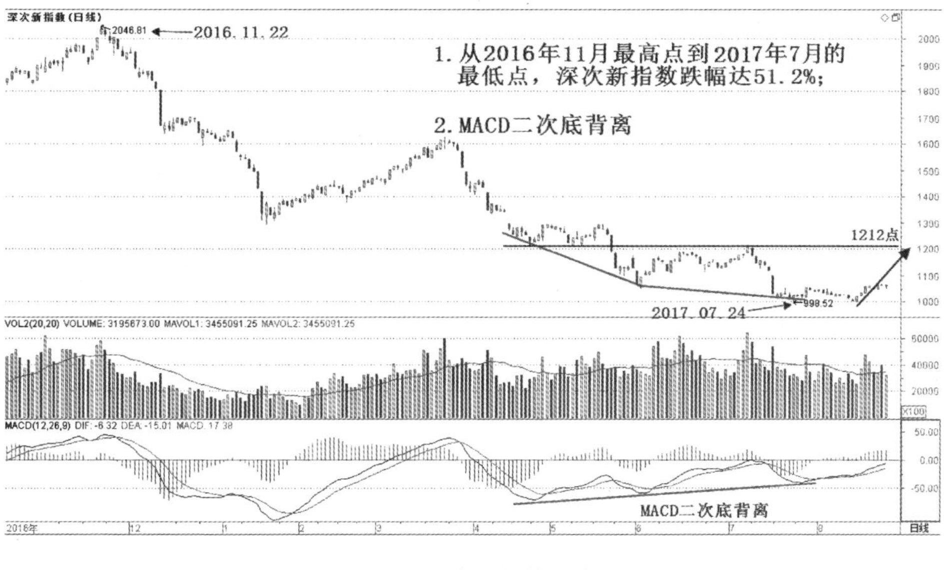

图 10-1　深次新指数日线图

周线上，MACD 也发生了底背离现象，多周期共振，加强了超跌反弹的可能性（见图 10-2）。

图 10-2　深次新指数周线图

二、持续杀跌挤压泡沫，越来越多次新股回归合理估值

持续杀跌也极大地挤压了次新股的泡沫，截至 2017 年 8 月 23 日，已上市的次新股共有 437 只，动态市盈率在 60 倍以下的有 233 只，占据一半。虽然，相对于成熟的资本市场这个 PE 值还有些高，但具体问题具体分析：其一，对于发展中国家，PE 偏高一些是合理的，就算要回归合理估值也并不是一蹴而就的；其二，有相当大部分的次新股属于新兴产业，未来成长性空间大，高一点的估值也是合理的。暂且不说 50 ~ 60 倍，事实上回归到 30 倍以下的公司也有很多，所以在当前这个位置，按照长线资金分批建仓的手法，很可能提前布局，有望推动反弹行情。

开立医疗

买入逻辑

成长性：开立医疗半年报显示，其营业收入 4.24 亿元，净利润 0.74 亿元，净利润同比增长 127.68%，涨幅居前，净利实现翻倍增长，高毛利产品放量拉升整体毛利率水平。

引爆点

1. 股性活，资金具有记忆性。

开立医疗作为前期的中报行情阶段性龙头股之一，是 2017 年 7 月初的大牛股，公布半年报业绩预告后，走出了 4 连板的势头，其中，后面的 3 个换手板都是由一线游资接力上去的（见图 10-3），是中报次新股炒作的龙头之一，3 个换手板，激活了股性。后期次新股反弹，开立医疗也会是反弹先锋。

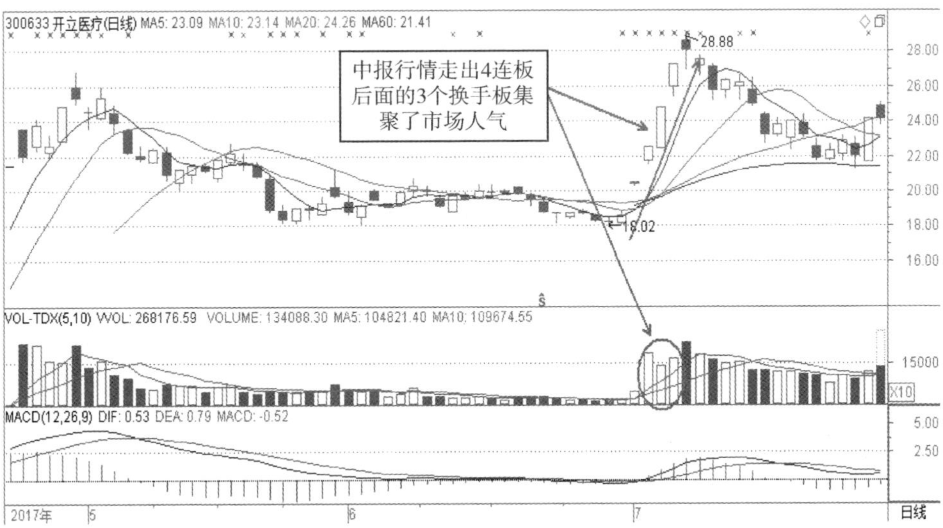

图 10-3　开立医疗中报行情

2. 调整基本到位，超跌反弹可待。

开立医疗跟随次新股板块调整，成交量逐步缩小，在 60 日均线获得较强的支撑，在这个位置分批介入，股票博值率较高。

在 2017 年 7 月 25 日、27 日分批介入，在 2017 年 7 月 27 日当天收获涨停板，并于 2017 年 7 月 28 日大幅高开时卖出（见图 10-4），3 天累计收益达 13%。

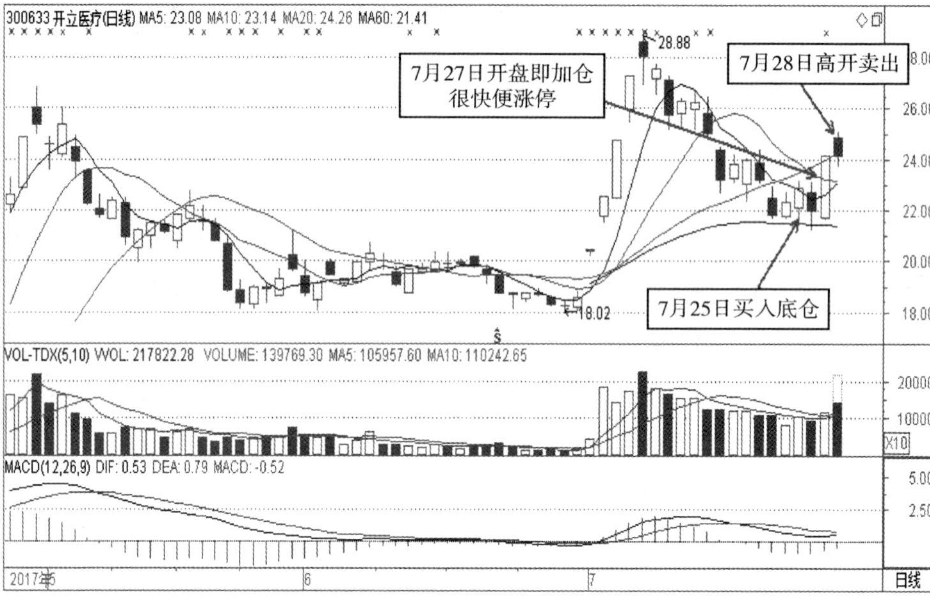

图 10-4　开立医疗的 3 个买入点

2017 年 7 月 25 日，初次买入开立医疗。当天该股的分时图和 K 线图分别见图 10-5 和图 10-6。

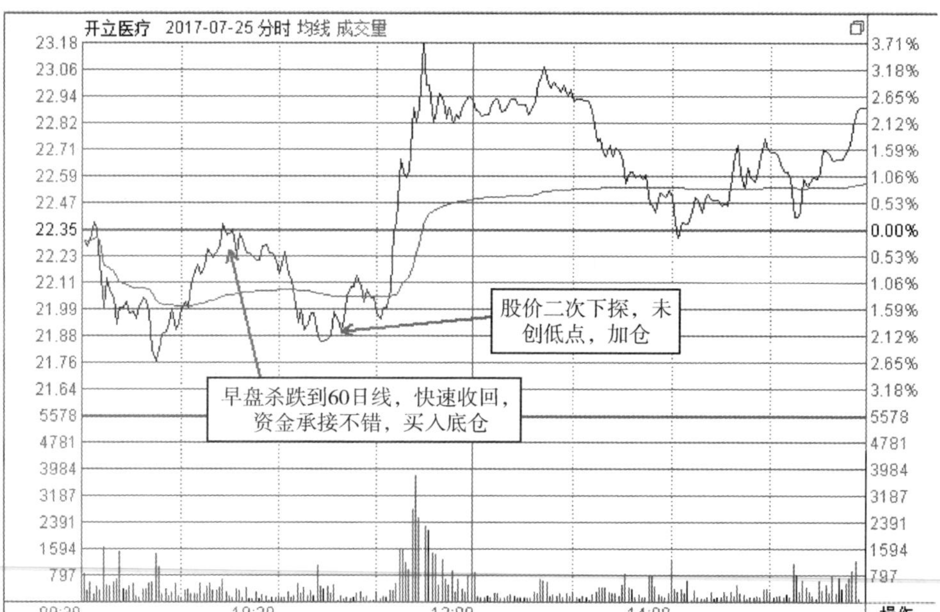

图 10-5　开立医疗 2017 年 7 月 25 日分时图

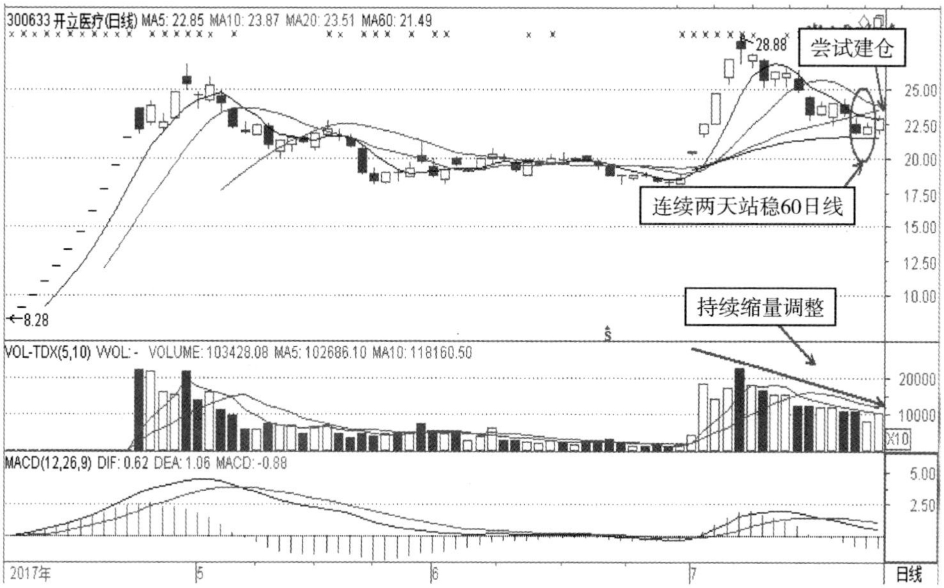

图 10-6　开立医疗 2017 年 7 月 25 日 K 线图

开立医疗在连续的调整后，在 60 日均线附近有企稳迹象，成交量也萎缩下来，早盘先建好底仓，待股价有支撑时再考虑加仓。

2017 年 7 月 27 日，开立医疗表现得很强势，早盘低开翻红后便进行了加仓，当天次新股也有资金在吸筹（见图 10-7），所以判定这种阶段性龙头股容易爆发。很快该股便出现了封死涨停板，这种涨停通常在第二天会冲高回落，可以等第二天冲高后做短线了结。当天该股的分时图和 K 线图分别见图 10-8 和图 10-9。

2017 年 7 月 28 日，卖出开立医疗。上个交易日创业板和次新股大反弹，开立医疗早上涨停，第二天冲高便是短线卖点。2017 年 7 月 28 日早盘开立医疗高开后便出现大卖单，短线分歧较大，在几次试探上冲均线都未能站稳，反弹时无量，分时图出现多重顶，于是在拉升时卖出，3 天盈利 13%，这次短线交易很成功。当天该股的分时图和 K 线图分别见图 10-10和图 10-11。

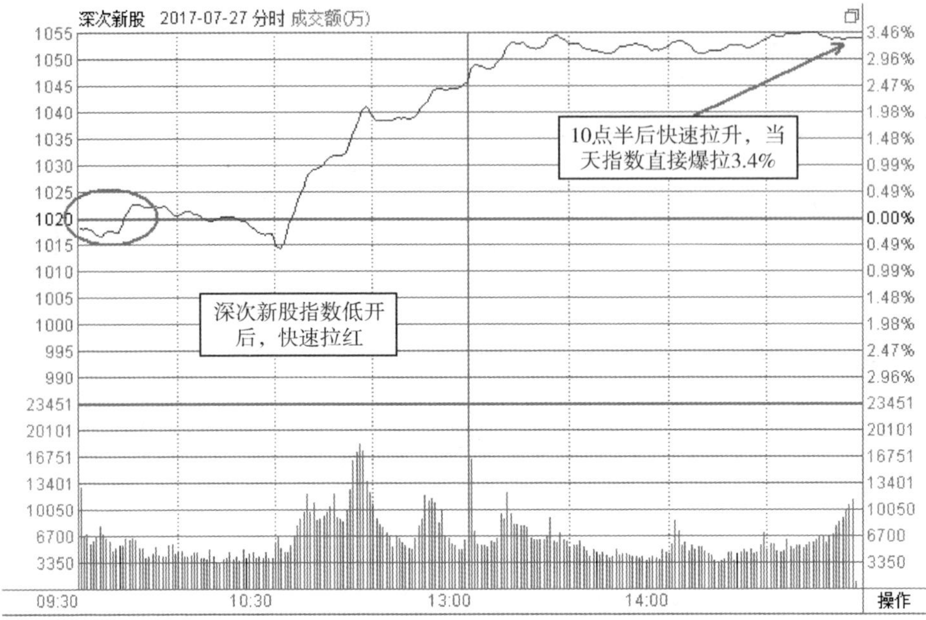

图 10-7 深次新股 2017 年 7 月 27 日分时图

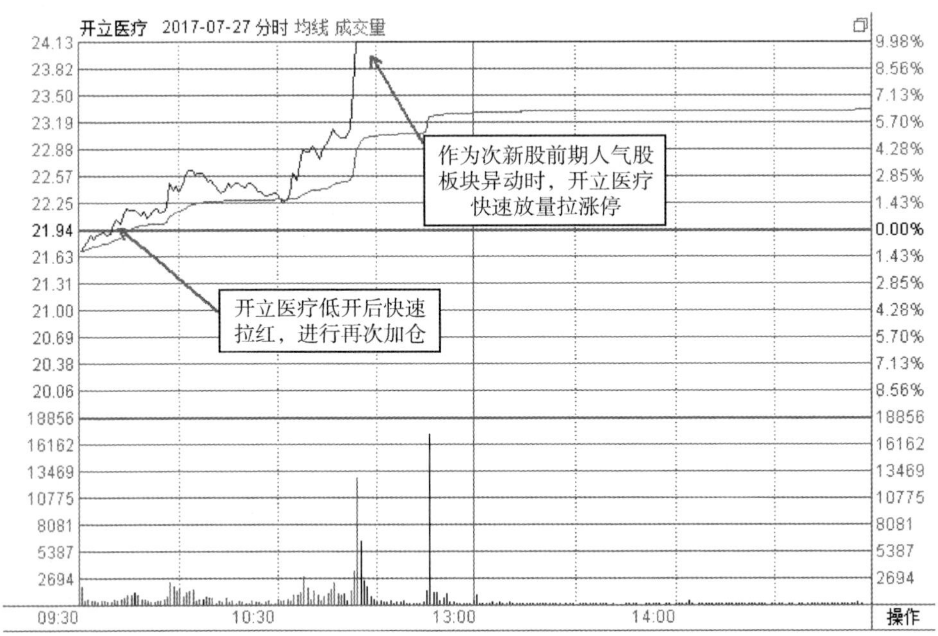

图 10-8 开立医疗 2017 年 7 月 27 日分时图

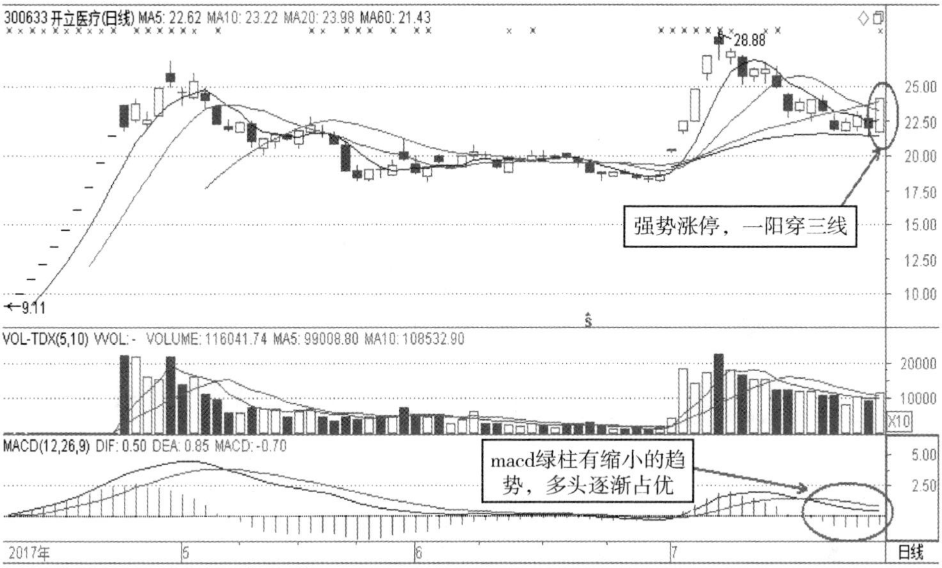

图 10-9　开立医疗 2017 年 7 月 27 日 K 线图

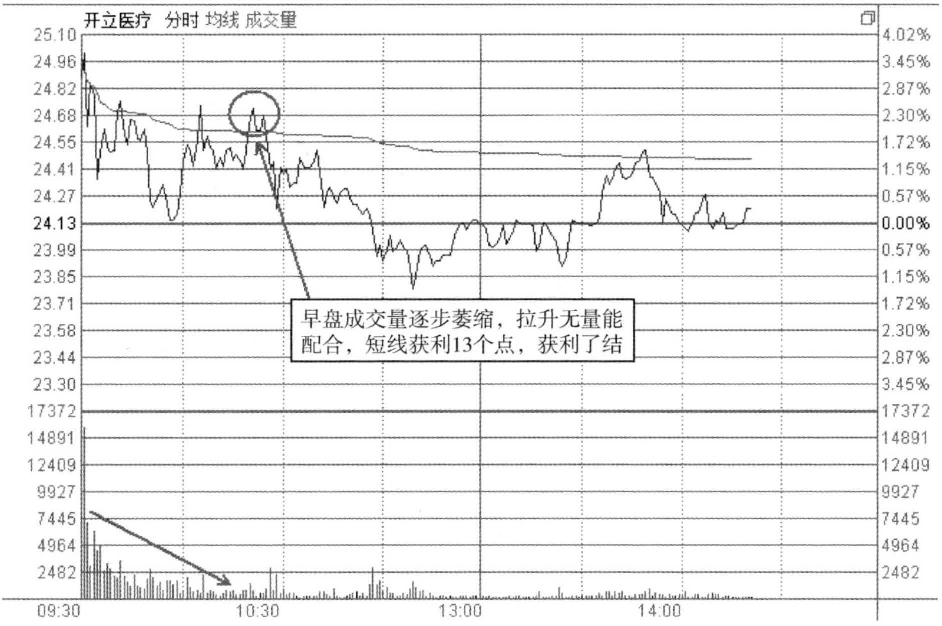

图 10-10　开立医疗 2017 年 7 月 28 日分时图

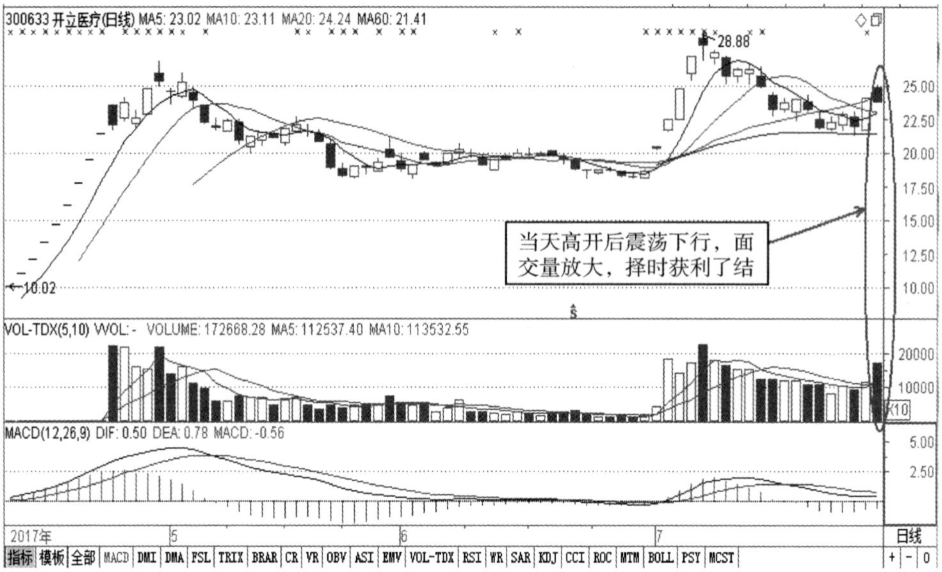

图 10-11　开立医疗 2017 年 7 月 28 日 K 线图

交易总结

（1）对于次新股的反弹，要抓住市场资金认可的、有特色的个股。例如笔者关注的江丰电子、杭州园林，都是市场人气股，而这次短线交易的开立医疗，也是前期的阶段龙头股，这种龙头个股是容易产生市场合力的。

（2）在短线交易策略中，要在未交易前就做好仓位预算，这笔短线在完整的交易中所占仓位的比例是多少，如何分批建仓都是至关重要的。在短线交易上，第一笔建仓都是以小仓位试探为稳，在确认好股票的博值率程度后再酌情加仓。

维宏股份

个股逻辑

1. 具有牛股基因，资金具有记忆性。维宏股份在前期的次新股炒作中，作为阶段性人气龙头股之一，在短短 32 个交易日暴涨 186%（见图 10-12），从 K

线上来看，沿着10日均线上涨，资金接力十分强势。在次新股板块有所抬头的背景下，资金会选择人气股及有特色的股票，而维宏股份具备这个要素。

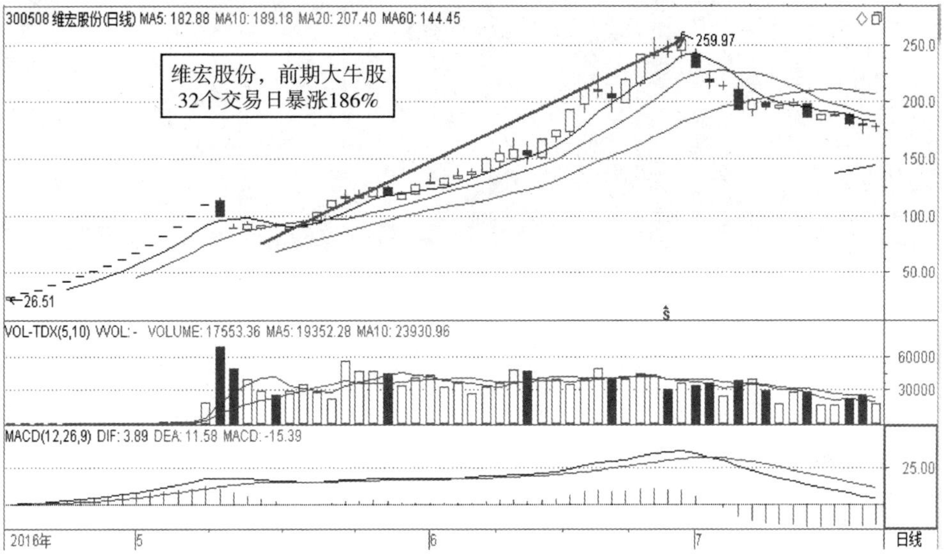

图 10-12　维宏股份 32 个交易日暴涨 186%

2. 在漫长的阴跌后，底部结构较为牢固，安全性较高，在底部横盘后出现涨停，成交量慢慢放大（见图10-13），人气有所恢复，超跌反弹可期。

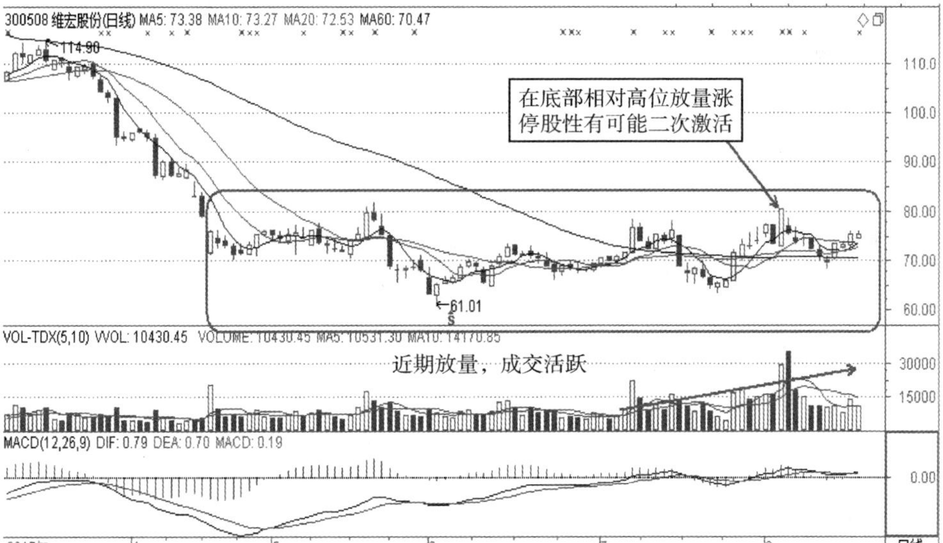

图 10-13　维宏股份近期放量，交易活跃

3. 叠加了工业4.0、人工智能概念（见图10-14），具有题材引爆点，盘子小，容易拉升。

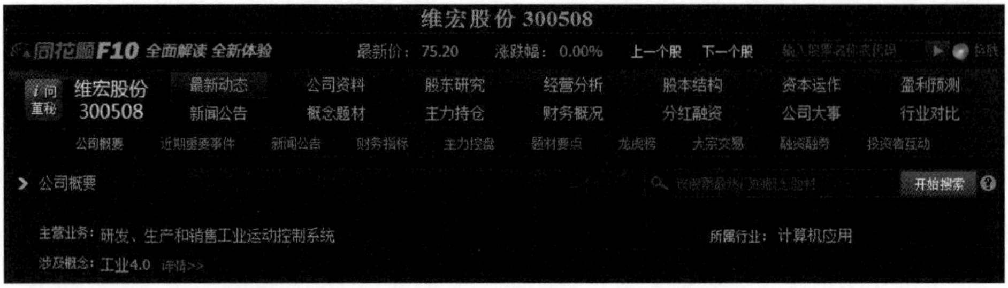

图10-14 维宏股份叠加工业4.0、人工智能概念

4. 该公司是为数控设备整机制造商提供运动控制系统解决方案的高科技企业，主营业务为研发、生产和销售工业运动控制系统，半年报显示，公司业绩增长稳定，具有较好的安全垫（见图10-15）。

【1.财务指标】
【主要财务指标】

财务指标	2017-06-30	2016-12-31	2015-12-31	2014-12-31
审计意见	未经审计	标准无保留意见	标准无保留意见	标准无保留意见
净利润(万元)	2306.68	9306.21	6327.66	10201.92
净利润增长率(%)	68.8479	47.0718	-37.9768	5.8427
营业总收入(万元)	97512.77	219261.52	189686.63	183272.45
营业总收入增长率(%)	14.9369	15.5914	3.4998	13.0937
加权净资产收益率(%)	0.7000	5.7600	4.0300	7.1100
资产负债比率(%)	46.9537	69.4355	63.0997	52.7783
净利润现金含量(%)	-775.5309	36.9814	151.0282	-14.1035
基本每股收益(元)	0.0246	0.1300	0.0900	0.1400
每股收益-扣除(元)	0.0156	0.1100	-	-
每股收益-摊薄(元)	0.0221	0.1278	0.0869	0.2802
每股资本公积金(元)	2.4507	0.5764	0.5761	2.1522
每股未分配利润(元)	0.3563	0.5497	0.4863	0.9163
每股净资产(元)	3.9058	2.2701	2.1767	4.2750
每股经营现金流量(元)	-0.1717	0.0473	0.1313	-0.0395
经营活动现金净流量增长率(%)	24.0(L)	-63.9874	764.2(P)	-122.6772

营收增长稳定，业绩良好

图10-15 维宏股份半年报主要财务数据（截图）

买卖逻辑

2017年8月14日，整体次新股板块炒作气氛良好，深次新股指数涨幅

2.17%，超跌反弹一触即发。当天深次新股的 K 线图和分时图分别见图10-16和图 10-17。

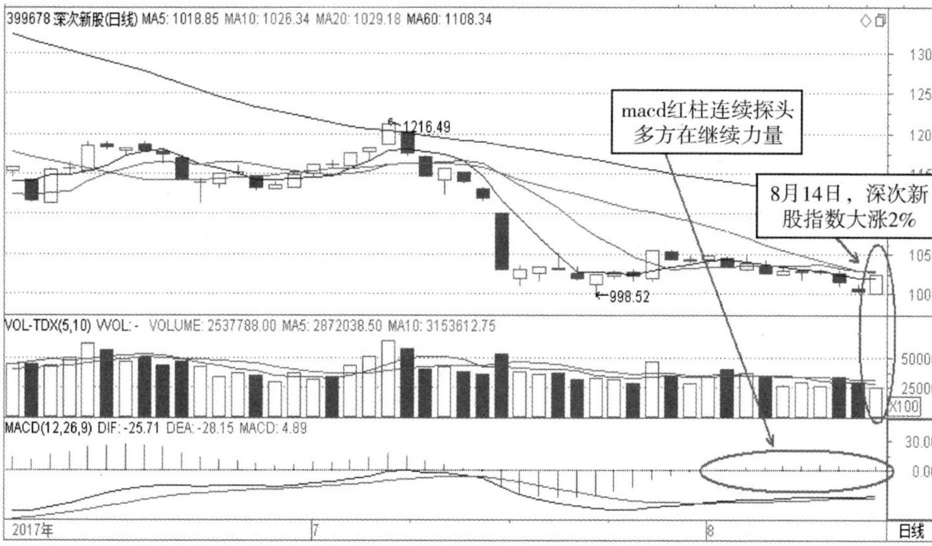

图 10-16　深次新股 2017 年 8 月 14 日 K 线图

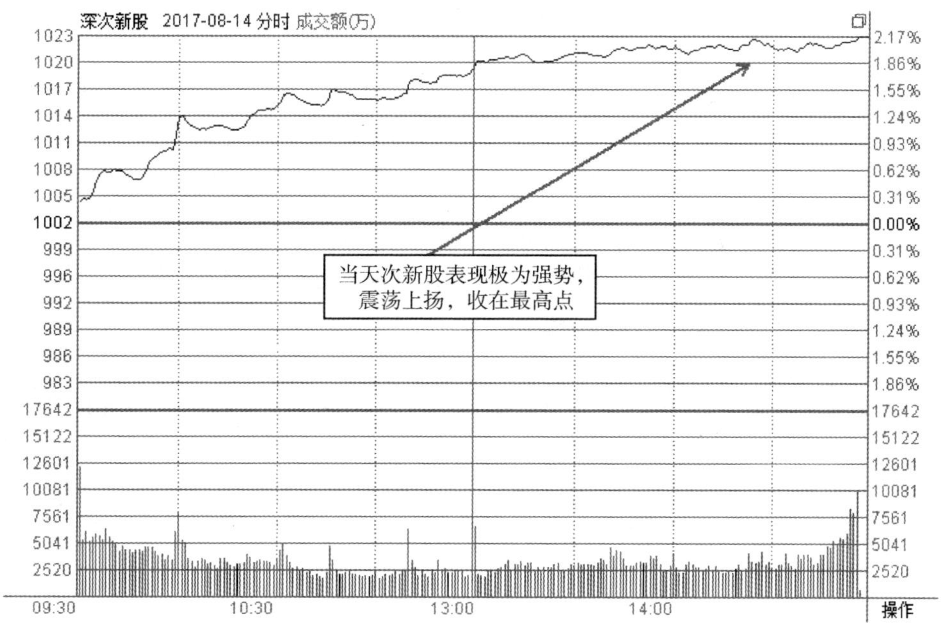

图 10-17　深次新股 2017 年 8 月 14 日分时图

维宏股份作为前期阶段性龙头股，底部横盘之后，在自选池里关注，有异动便果断买入。当天该股的分时图和K线图分别见图10-18和图10-19。

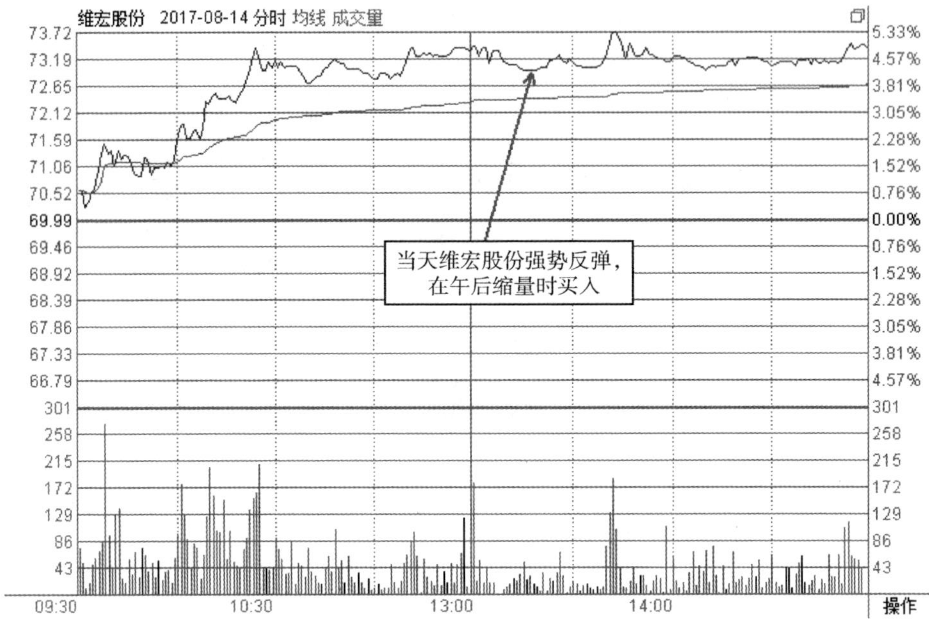

图10-18　维宏股份2017年8月14日分时图

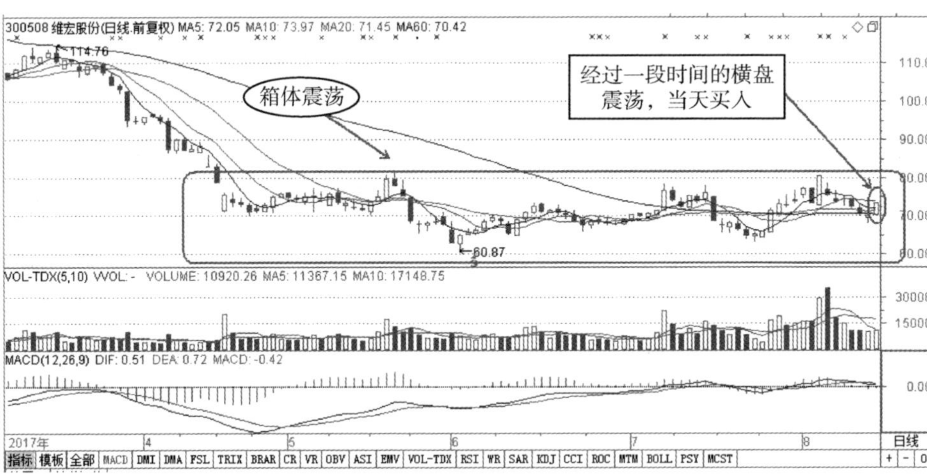

图10-19　维宏股份2017年8月14日K线图

在买入维宏股份后需要观察后续的走势，2017年8月15日，维宏股份缩量回调，平台的支撑力度凸显，尾盘拉升吸引跟风盘。当天该股的分时图和 K 线图分别见图 10-20 和图 10-21。

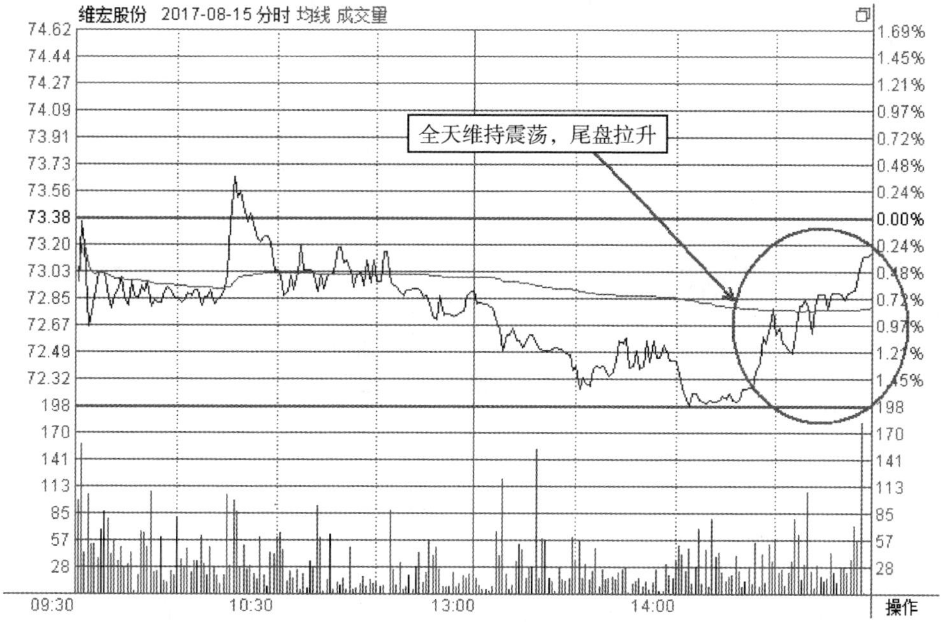

图 10-20　维宏股份 2017 年 8 月 15 日分时图

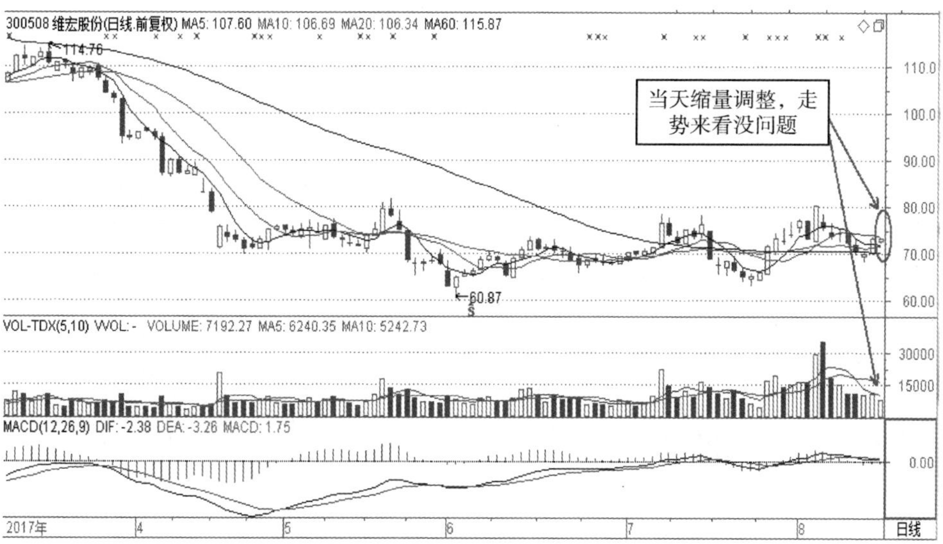

图 10-21　维宏股份 2017 年 8 月 15 日 K 线图

2017 年 8 月 16 日，维宏股份早盘资金承接不错，果断买入加仓，看好短线继续上攻。当天该股的分时图和 K 线图分别见图 10-22 和图 10-23。

在个股安全系数较高时，可以果断加仓，做到利润最大化。维宏股份便是如此，箱体震荡，平台的支撑力度较强，从个股来看，它的博值率较高。

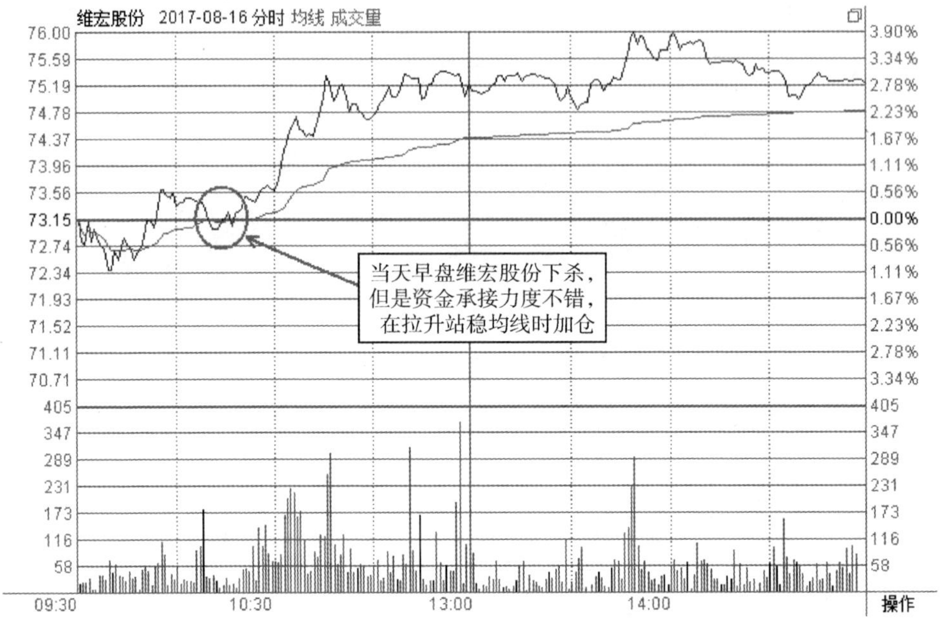

图 10-22　维宏股份 2017 年 8 月 16 日分时图

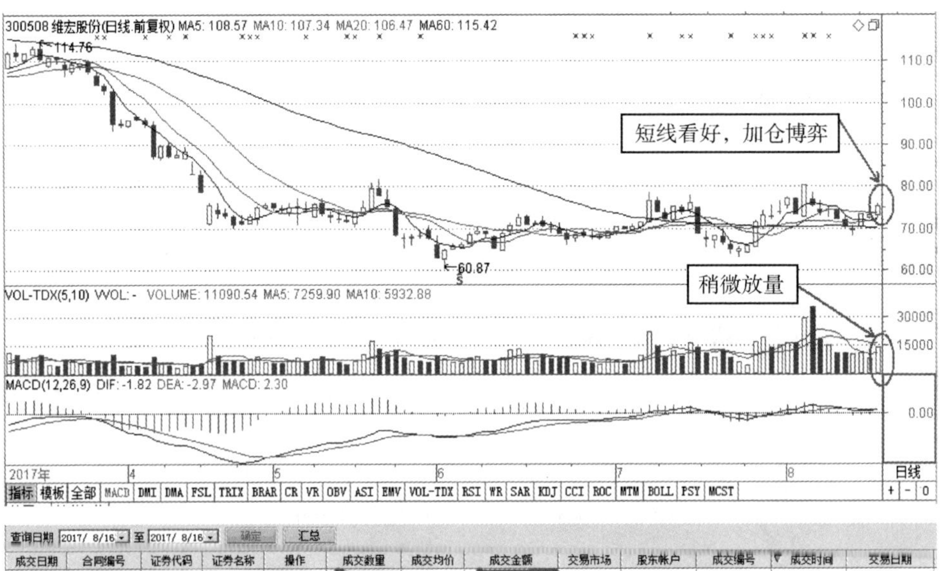

成交日期	合同编号	证券代码	证券名称	操作	成交数量	成交均价	成交金额	交易市场	股东帐户	成交编号	成交时间	交易日期
20170816	910	300508	维宏股份	证券买入	[illegible]	72.990	[illegible]	深圳A股	[illegible]	10400000...	10:14:20	20170816

图 10-23　维宏股份 2017 年 8 月 16 日 K 线图

2017 年 8 月 17 日，考虑到维宏股份缩量连续上涨 4 天，量能未释放出来，反弹到相对高位，上涨压力凸显，所以获利了结。当天该股的分时图和 K 线图分别见图 10-24 和图 10-25。

图 10-24　维宏股份 2017 年 8 月 17 日分时图

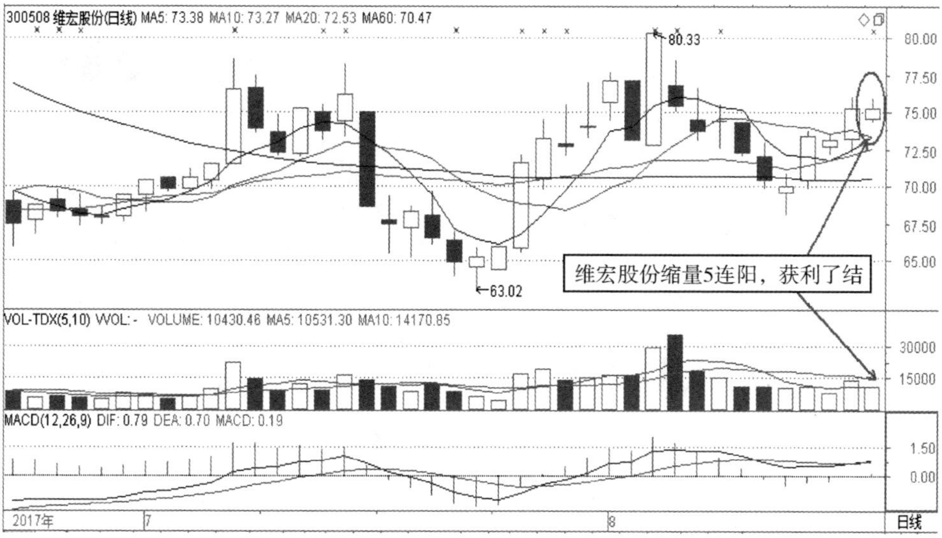

图 10-25　维宏股份 2017 年 8 月 17 日 K 线图

交易总结

这次交易维宏股份是基于短线策略套利为主，在缩量阴跌了几天之后，随着次新股板块有所反弹，短线介入获利 3%，要在考虑到的压力位面前降低预期，短线见好就收。

金龙羽

1. 大盘背景：沪指成功放量突破 3300 点阶段顶部，券商股、银行股、保险股“三驾马车”全线发力，冲关成功。两市个股全线走强造好。

2. 次新板块成为热点板块：新股与次新股指数重新进入了上升的通道，整体量能放大，人气开始聚集，板块内个股活跃，股价走强造好，板块内赚钱效应持续扩大（见图 10-26）。

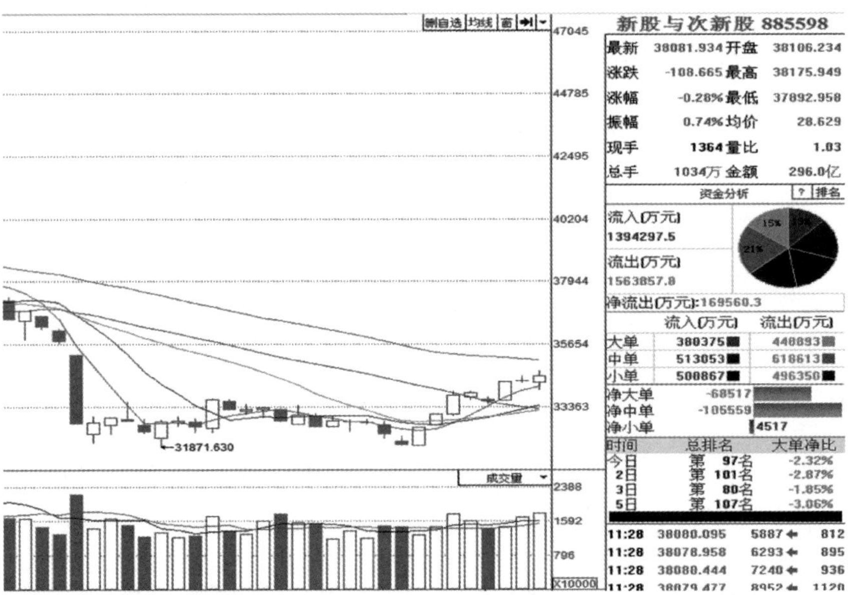

图 10-26　新股与次新股指数 K 线图

2017 年 8 月 25 日，坚决买入金龙羽。K 线走势上，量能不断温和放大，做多动能不断释放（见图 10-27、图 10-28），后市有望进一步走强。

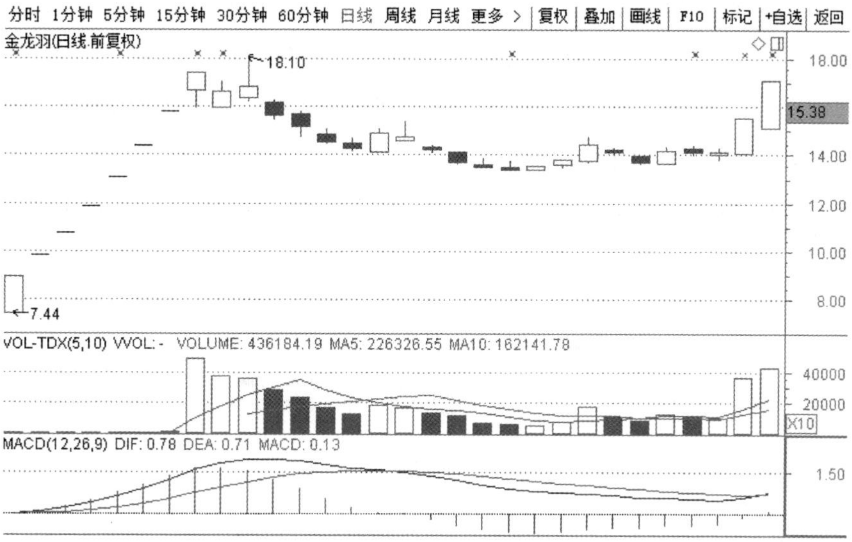

图 10-27 金龙羽 2017 年 8 月 25 日 K 线图

图 10-28 金龙羽 2017 年 8 月 25 日分时图

鉴于大盘放量突破阶段顶 3300 点，后市有望打开新一轮的上涨空间，加之次新股做多氛围的不断走强，综上，可以推断出个股在短线上有可以交易的空间，结合次新股的特性，做短线的快进快出，最终运用打板的手法买入金龙羽。

2017 年 8 月 28 日，卖出金龙羽止盈。基于整个次新股出现了获利盘出逃的迹象，筹码松动，个股也出现宽幅震荡。谨防沪指冲关成功后的冲高回落，所以果断选择止盈，短短 2 个交易日收益 8.7%。当天该股的 K 线图和分时图分别见图 10-29 和图 10-30。

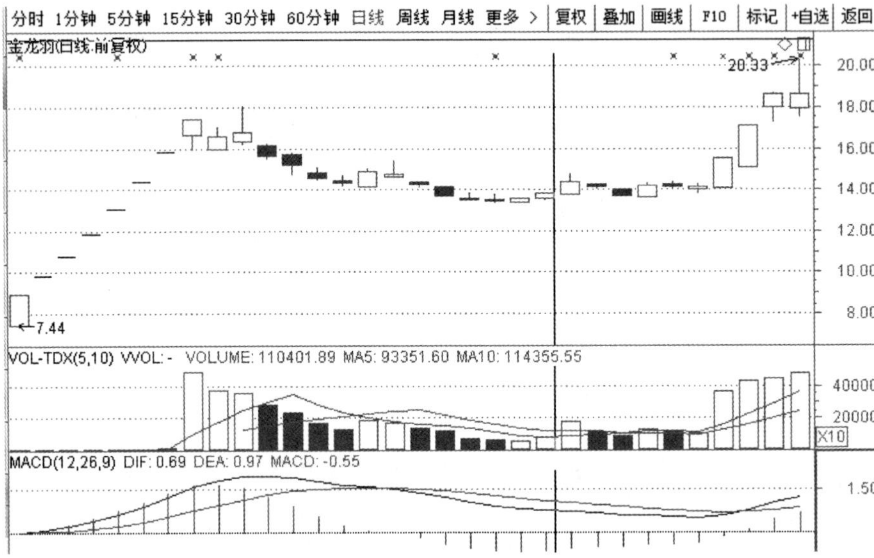

图 10-29　金龙羽 2017 年 8 月 25 日 K 线图

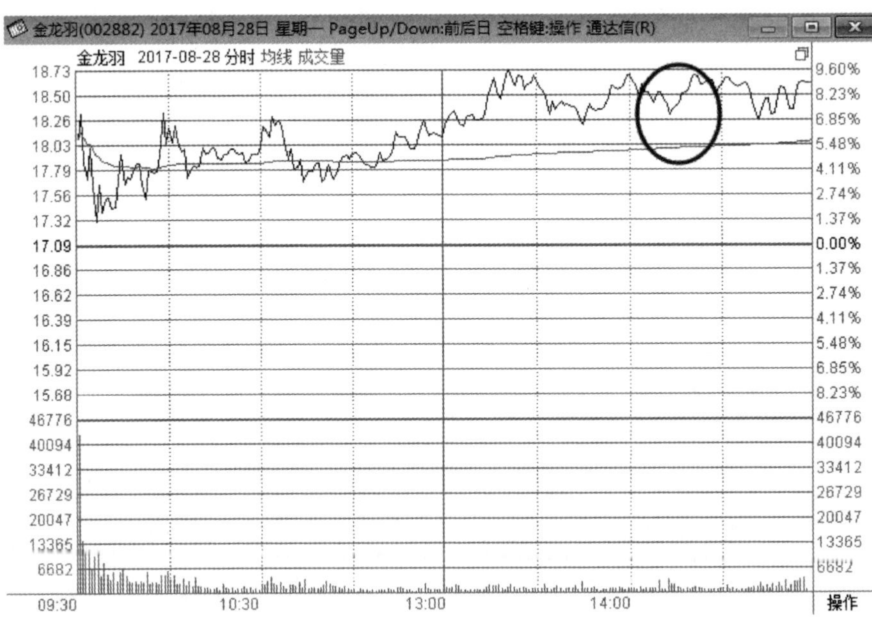

图 10-30　金龙羽 2017 年 8 月 28 日分时图

隆盛科技

大环境分析

深新股指数重新进入了上涨的通道，整体量能放大，人气开始聚集（见图 10-31），次新股机会开始展现，出击的时刻来临。

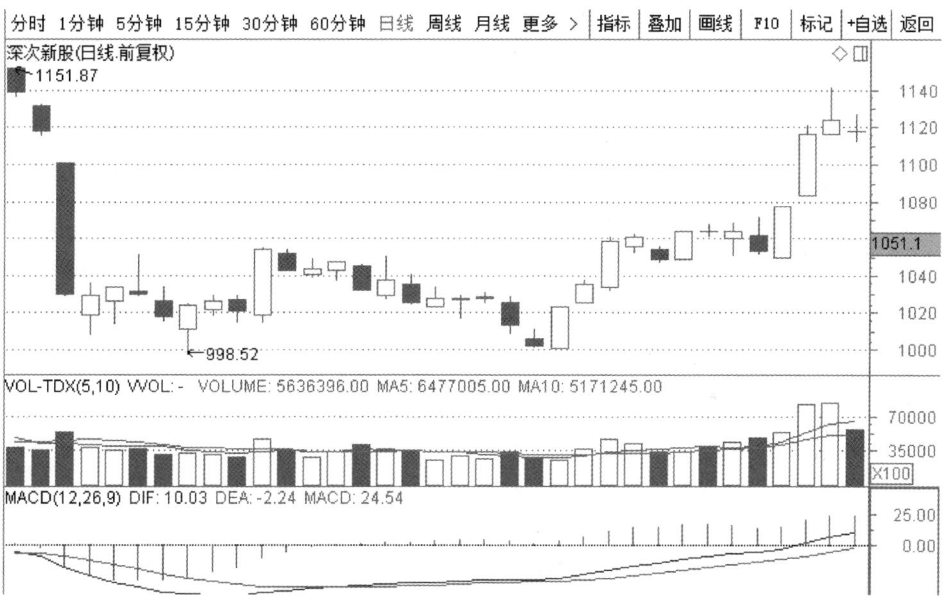

图 10-31 深次新股 K 线图

在过去的创业板持续反弹的时间里，次新股作为先头部队实现了较大的涨幅，尤其是新开板不久的次新个股更是如此；前期有龙头建科院（见图 10-32）、中科信息（见图 10-33）作为引领，成功地打开了市场做多空间，次新股在经过几轮下跌以后重新回到了上涨的轨道，而板块内部新开板的个股联动性比较强。

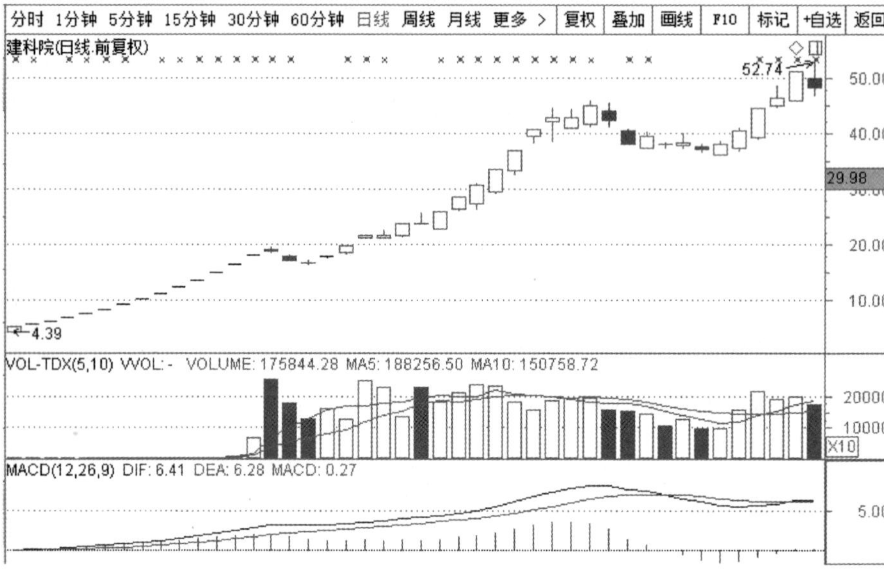

图 10-32　次新股龙头建科院 K 线图

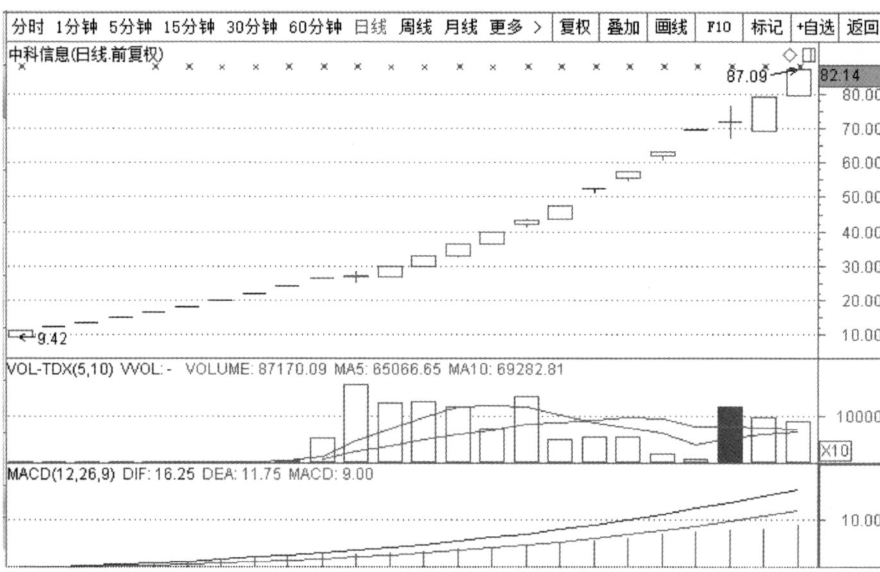

图 10-33　次新股龙头中科信息 K 线图

交易逻辑

经过新开板个股的筛选，刚开板次新股强势爆发，同时个股形态良好，底部逐步抬高，有加速迹象，2017 年 8 月 21 日和 8 月 25 日的两个涨停呈现涨停双头炮走势，是个明确的启动标志，个股在 2017 年 8 月 28 日开盘高开，做多氛围浓烈，开盘买入。当天该股的 K 线图和分时图分别见图 10-34 和图 10-35。

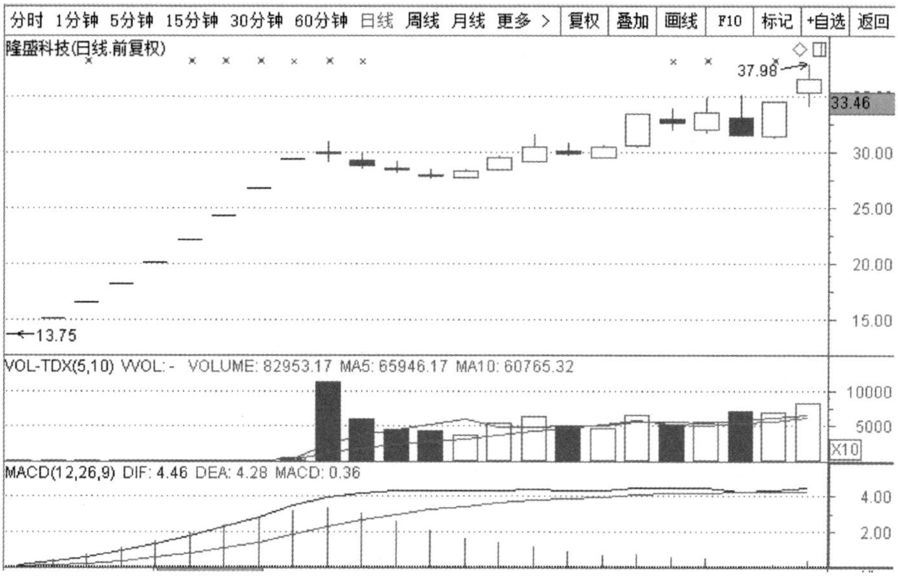

图 10-34 隆盛科技 2017 年 10 月 28 日 K 线图

图 10-35 隆盛科技 2017 年 10 月 28 日分时图

在 2017 年 8 月 29 日的尾盘，次新股出现了尾盘大幅度跳水的状况（见图 10-36 和图 10-37），整个盘面从技术上看不够良好。

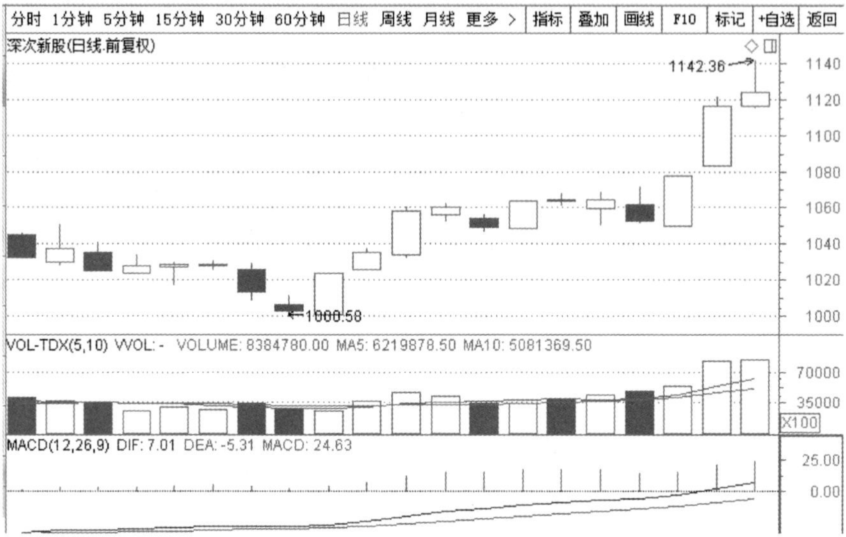

图 10-36　深次新股 2017 年 10 月 29 日 K 线图

图 10-37　深次新股 2017 年 10 月 29 日分时图

2017 年 8 月 29 日，隆盛科技早盘持续拉高，午后封板，这是个强势的标志。当多个个股集体大涨时，也是风险即将到来的时候，在尾盘整个次新股出现了获利盘出逃的迹象，个股也出现集体跳水，这时发现隆盛科技迅速下杀，所以选择果断卖出止盈，两天获利 11.2%。当天该股的 K 线图和分时图分别见图 10-38 和图 10-39。

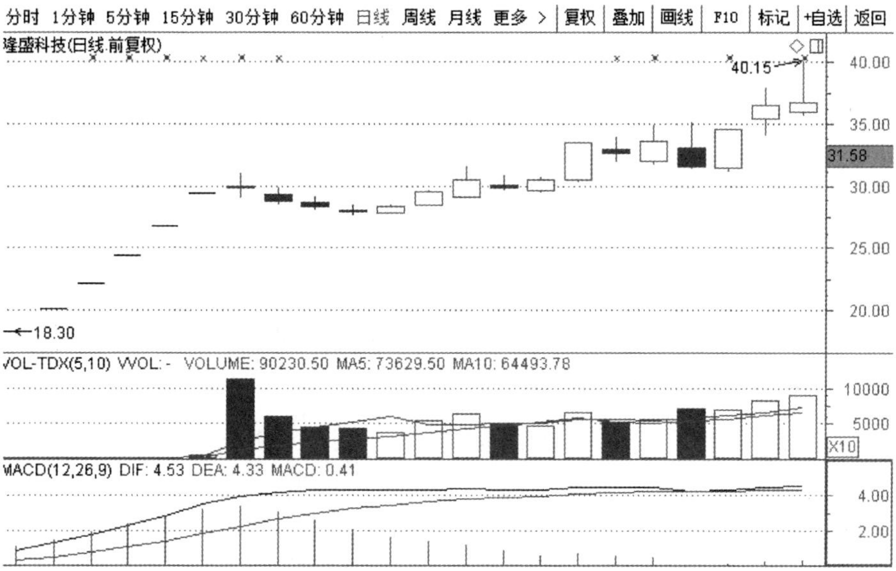

图 10-38　隆盛科技 2017 年 10 月 29 日 K 线图

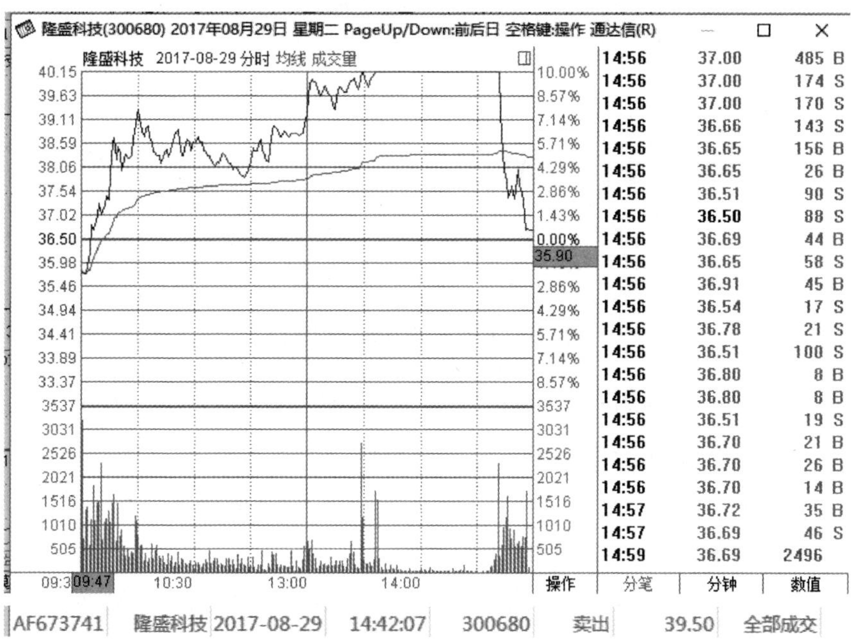

图 10-39　隆盛科技 2017 年 10 月 29 日分时图

总结：新上市的次新股没有经过市场长时间的交易和价值评估，其内在估值受市场炒作氛围、资金炒作情绪的影响非常大，具有涨得快、跌得更快的特点，所以超短线炒作必须紧跟市场热点顺势而为，一旦板块内出现集体疯狂，往往就是情绪逆转之时，需第一时间获利了结。

睿能科技

个股逻辑

1. 当时正处于次新股筑底阶段，次新股指数弱势震荡（见图 10-40），睿能科技作为业绩稳定增长的次新股，开板后股价维持在横盘震荡（见图 10-41），表现强于其他同期开板次新股，所以我们给予密切关注。

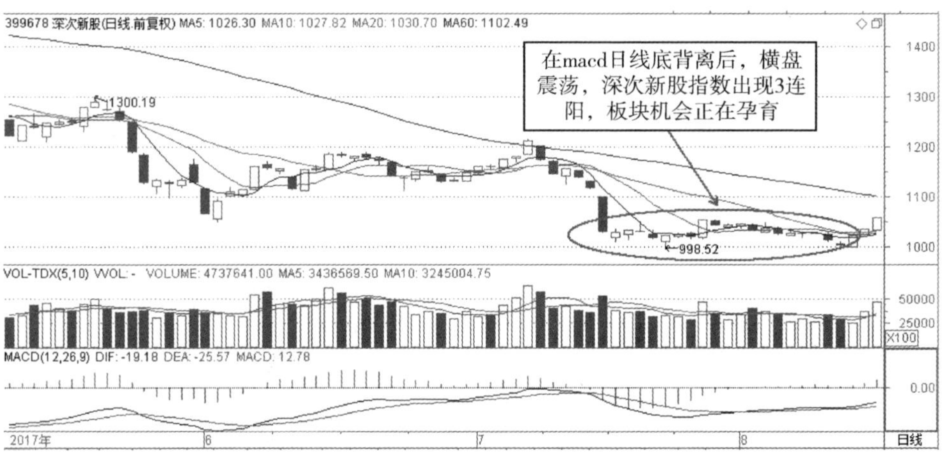

图 10-40　深次新股指数出现 3 连阳

2. 公司具有市场热度较深的科技题材，在集成电路方面，公司继续坚持以技术支持服务带动 IC 产品销售的发展策略，积极拓展 IC 产品在电机控制、智能家居、工业互联 3 个细分市场领域的应用，不断提高公司在工业控制、消费电子、汽车电子三大领域的市场份额。

3. 公司业绩稳定增长，不存在业绩下降的陷阱。公司中报公布的主要财务数据见图 10-42。

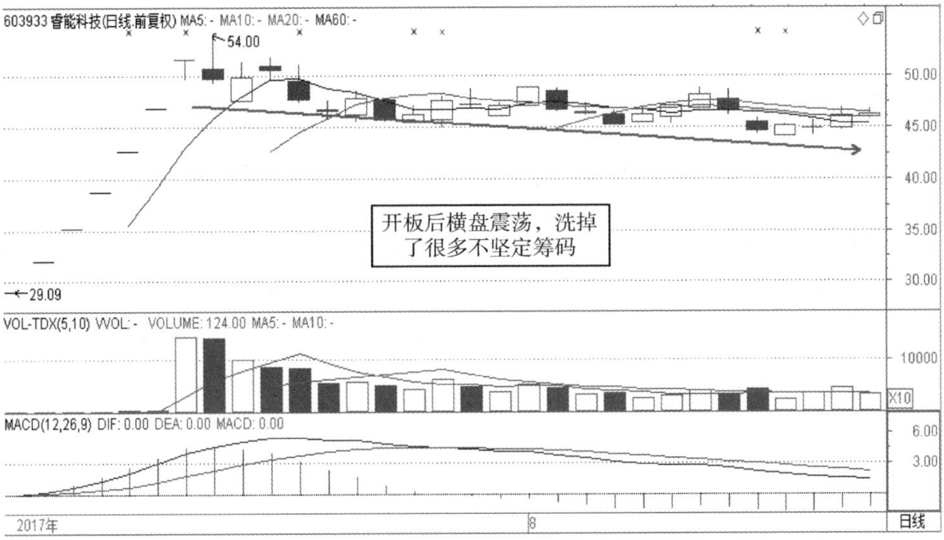

图 10-41　睿能科技开板后横盘震荡

【1.财务指标】
【主要财务指标】

财务指标	2017-06-30	2016-12-31	2015-12-31	2014-12-31
审计意见	未经审计	标准无保留意见	标准无保留意见	标准无保留意见
净利润(万元)	8370.36	9342.05	4843.71	4565.24
净利润增长率(%)	98.7171	92.8699	6.0997	-
营业总收入(万元)	97843.42	155873.02	126553.96	110691.17
营业总收入增长率(%)	35.1433	23.1672	14.3307	-
加权净资产收益率(%)	19.9200	27.2400	17.7400	20.7800
资产负债比率(%)	33.6613	51.6198	49.3391	48.9182
净利润现金含量(%)	63.5466	57.7575	54.9975	97.5329
基本每股收益(元)	1.0871	1.2100	0.6300	0.6100
每股收益-扣除(元)	1.0699	1.1700	0.5800	0.5700
每股收益-摊薄(元)	0.8153	1.2133	0.6291	0.5929
每股资本公积金(元)	4.8514	0.6825	0.6879	0.6879
每股未分配利润(元)	2.9951	3.1066	2.1767	1.6443
每股净资产(元)	8.9640	5.0100	3.8800	3.2300
每股经营现金流量(元)	0.5181	0.7000	0.3500	0.5800
经营活动现金净流量增长率(%)	346.2(P)	102.5488	-40.1718	-

图 10-42　睿能科技 2017 年中报主要财务数据（截图）

交易逻辑

在找到公司的引爆点后，找准买入点，持仓成本决定了我们的持股信心。经过一个多月的筑底，睿能科技当下时点处于方向性选择。我们倾向于股价选择向上，所以短期是不错的买入点。

2017 年 8 月 17 日，早盘睿能科技便出现多次拉升回落，股价都显得很轻盈，不难判断主力资金已经很好地控盘，对股价的波动掌握得很好。所以选择午后买入，做一个小波段。当天该股的分时图和 K 线图分别见图 10-43 和图 10-44。

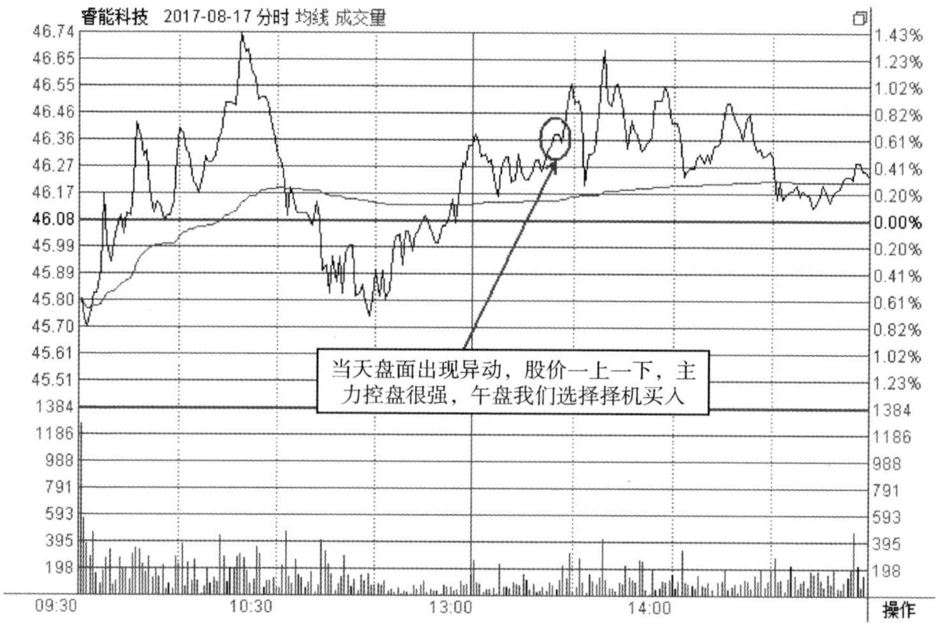

图 10-43　智能科技 2017 年 8 月 17 日分时图

2017 年 8 月 18 日，在建仓之后，观察睿能科技近几个交易日的动向，因为买入时这个位置是一个敏感点，不上即下，所以需要谨慎。从当天交易情况来看，睿能科技小幅震荡，股价小调整，成交量缩小，从整体来看还是处于正常趋势范围。当天该股的分时图和 K 线图分别见图 10-45 和图 10-46。

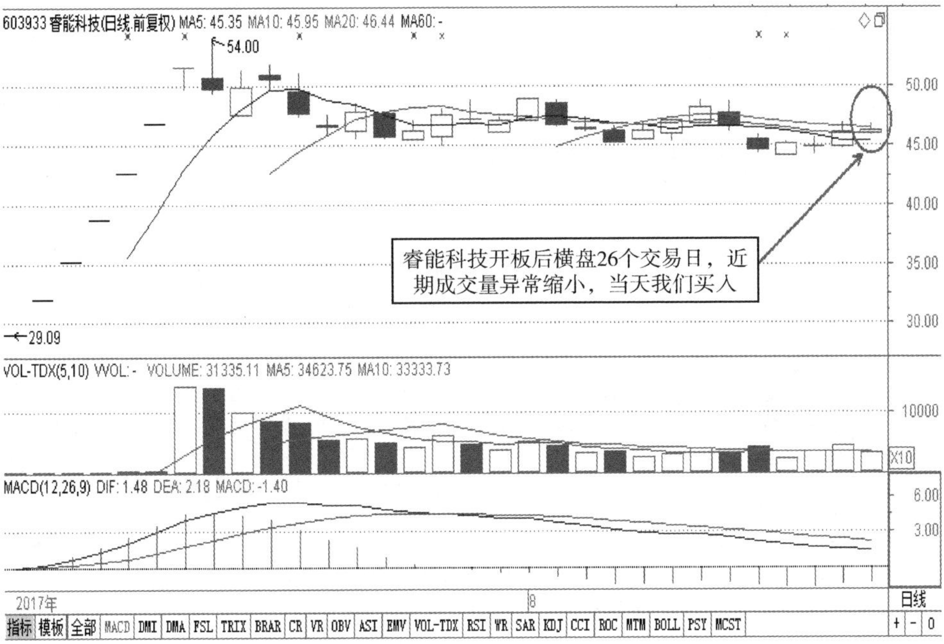

图 10-44　智能科技 2017 年 8 月 17 日 K 线图

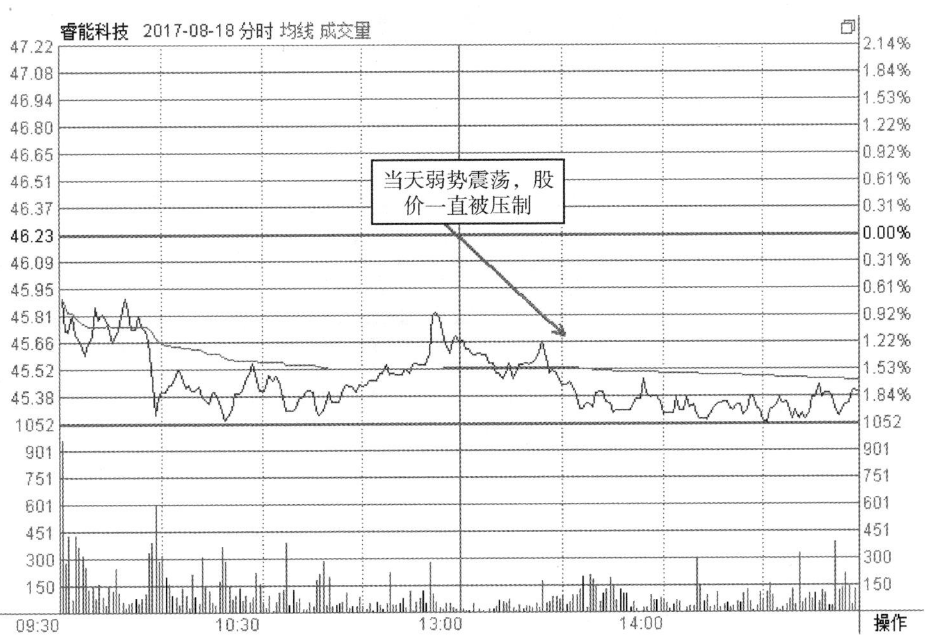

图 10-45　智能科技 2017 年 8 月 18 日分时图

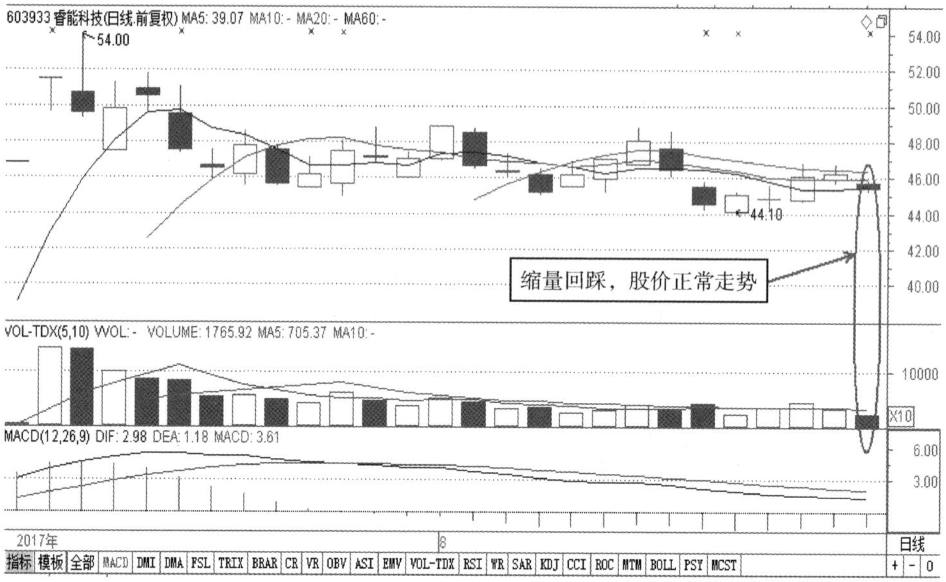

图 10-46　智能科技 2017 年 8 月 18 日 K 线图

2017 年 8 月 21 日，睿能科技收了标志性大阳线，股价震荡上行，站上所有均线，短期来看股价有继续上涨的势头。股价是继续向上，短期以持股待涨为主。当天该股的分时图和 K 线图分别见图 10-47 和图 10-48。

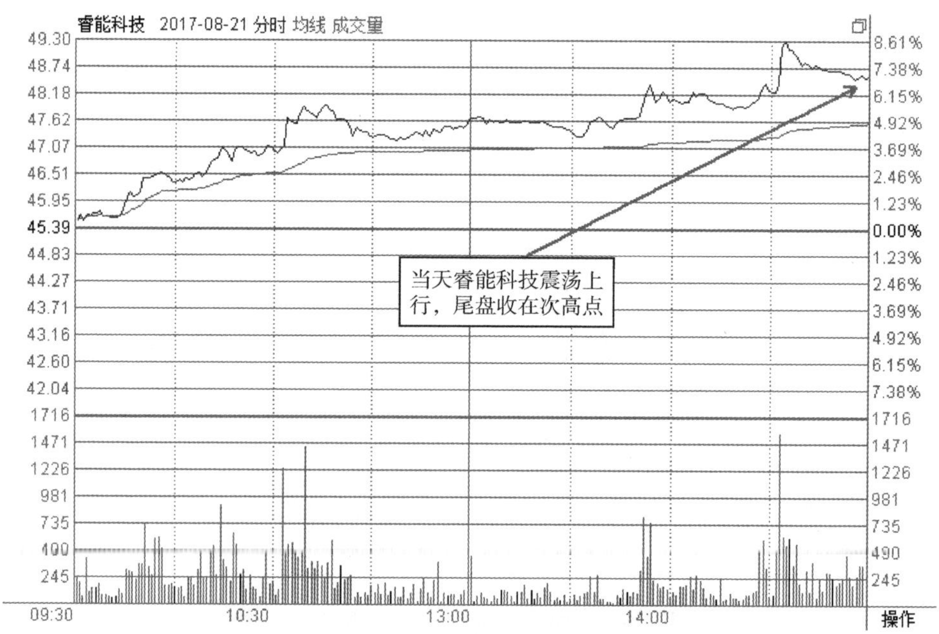

图 10-47　智能科技 2017 年 8 月 21 日分时图

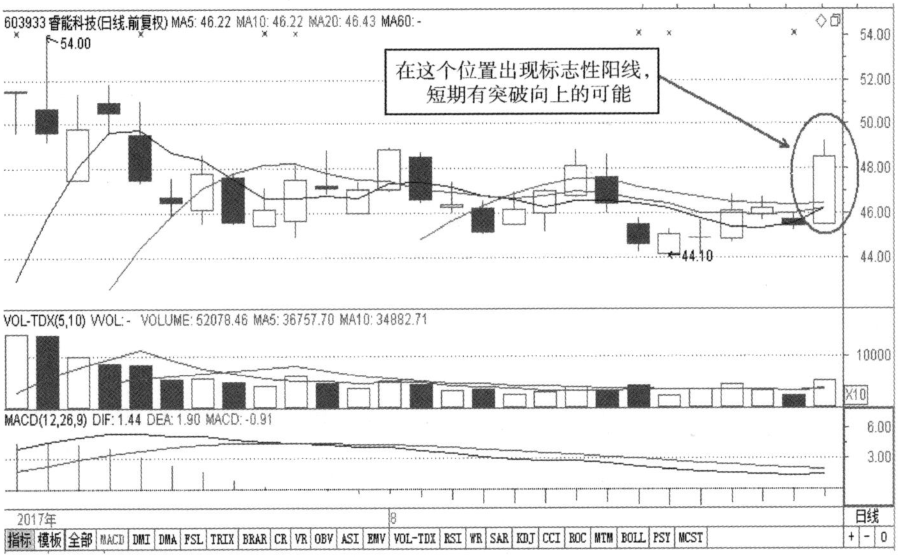

图 10-48　智能科技 2017 年 8 月 21 日 K 线图

2017 年 8 月 22 日，在趋势面前，应顺应趋势，顺应股价运行的方向，睿能科技短期向上，那么就坚定持股不动摇。当天睿能科技反复震荡，但是整体振幅很小，分时来看比较正常，所以短期继续持股。当天该股的分时图和 K 线图分别见图 10-49 和图 10-50。

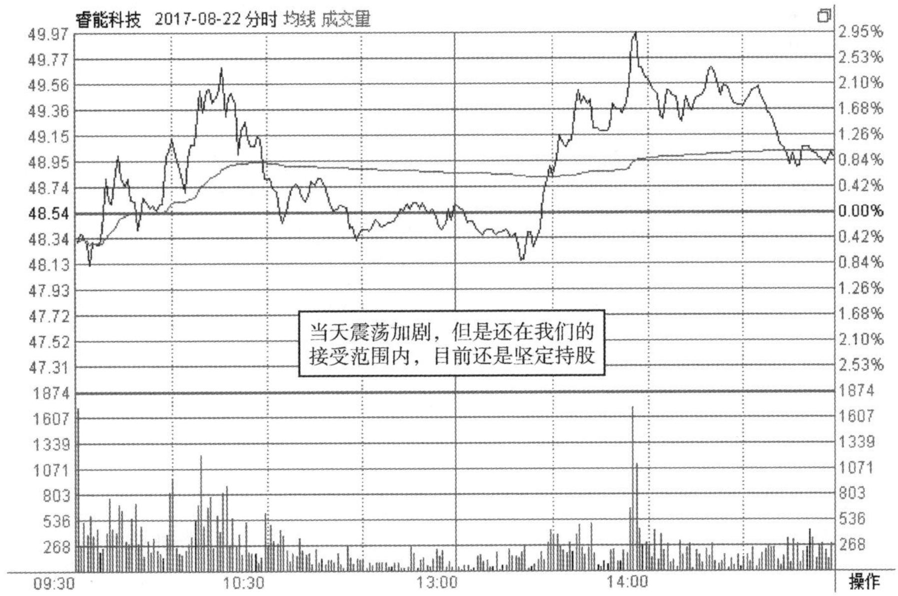

图 10-49　智能科技 2017 年 8 月 22 日分时图

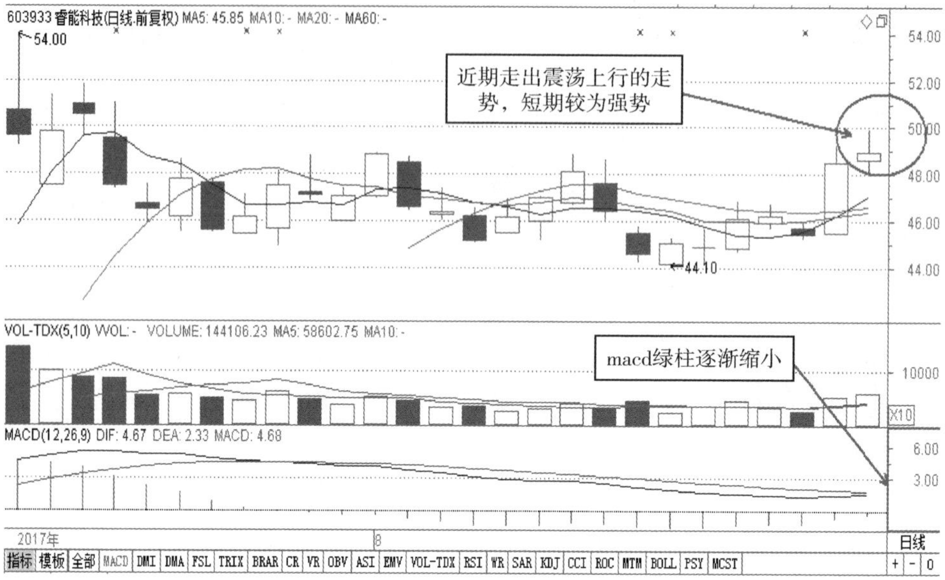

图 10-50　智能科技 2017 年 8 月 22 日 K 线图

2017 年 8 月 23 日，当天继续大涨，打开了短期上涨空间，均线系统已经开始发散向上，所以短期来看，股价依然看涨，在技术上已经确定了这一趋势。短期继续坚定持股。当天该股的分时图和 K 线图分别见图 10-51 和图 10-52。

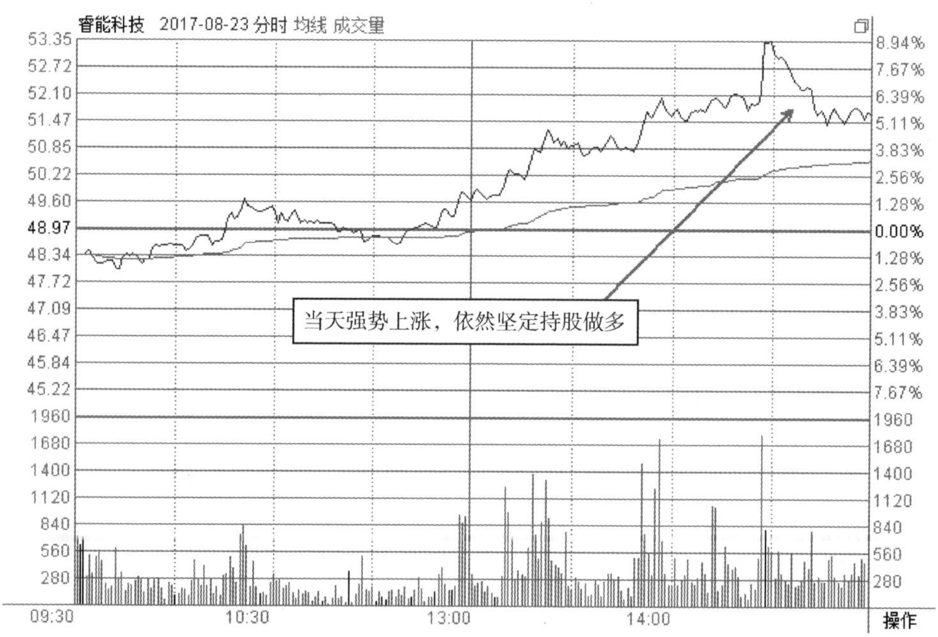

图 10-51　智能科技 2017 年 8 月 23 日分时图

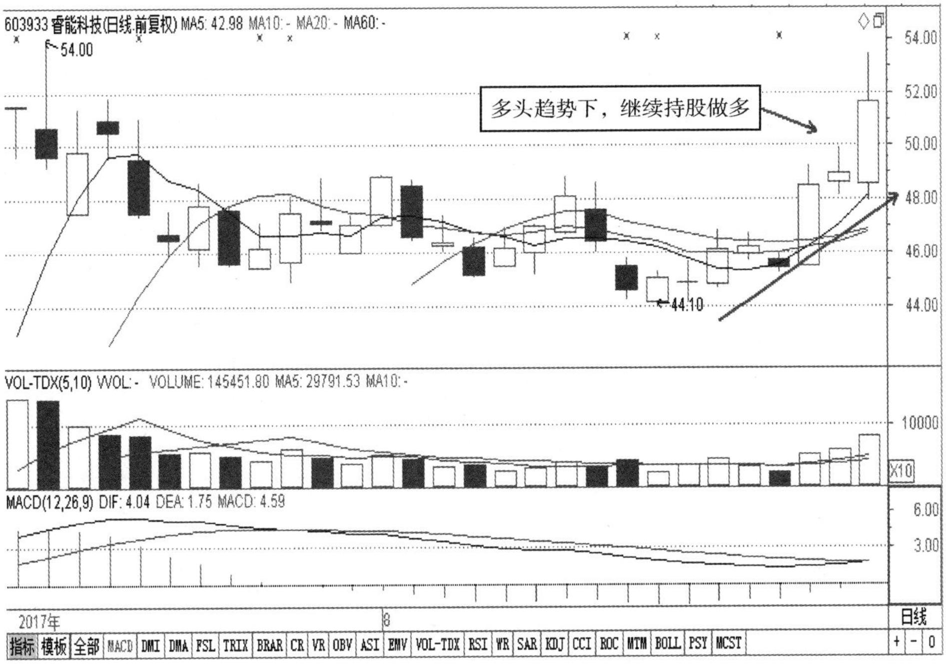

图 10-52　智能科技 2017 年 8 月 23 日 K 线图

在趋势形成时，要坚定信心，持股待涨，不为一时的差价而动摇，频繁换股终究是很难盈利的。

2017 年 8 月 29 日，次新股经过一个多月的反弹，达到重要压力位（见图 10-53)，在这个位置通常会出现较大的动荡，短期来看需回避高位个股，增强风险意识。

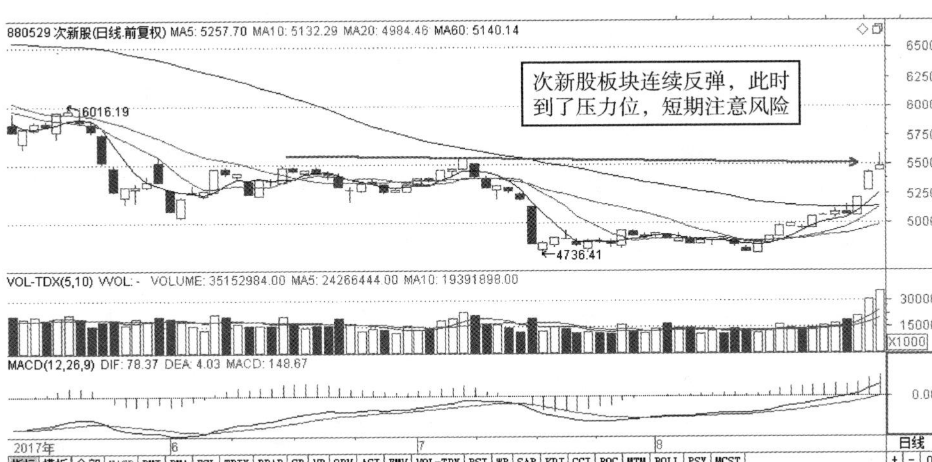

图 10-53　次新股指 2017 年 8 月 29 日 K 线图

当天睿能科技第二波拉升后出现量价背离，股价也偏离均线较远，于是止盈卖出，小波段交易很顺利，在卖出之后，临近尾盘大幅跳水，股价筹码出现了松动，后期震荡也会更为明显，止盈卖出，确保资金落袋为安。该股的分时图和 K 线图分别见图 10-54 和图 10-55。

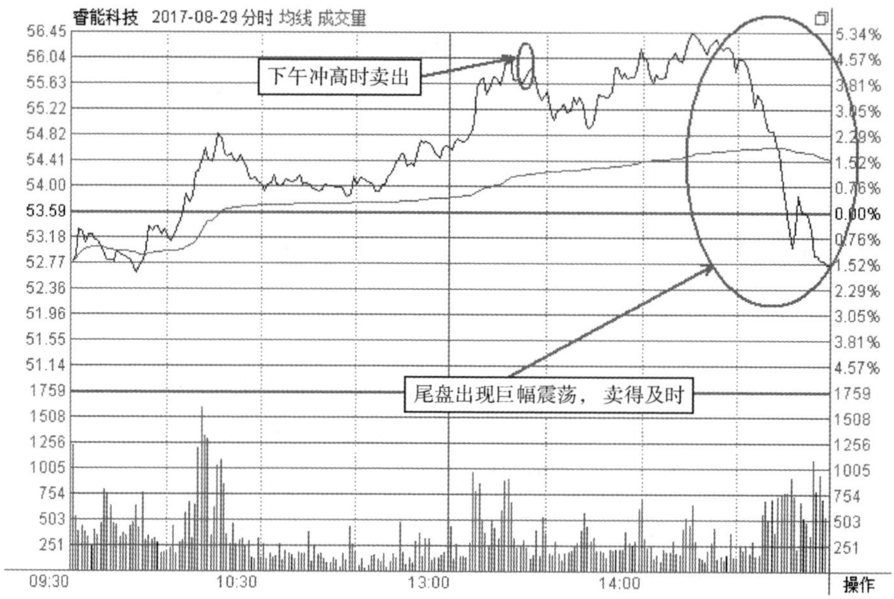

图 10-54　智能科技 2017 年 8 月 29 日分时图

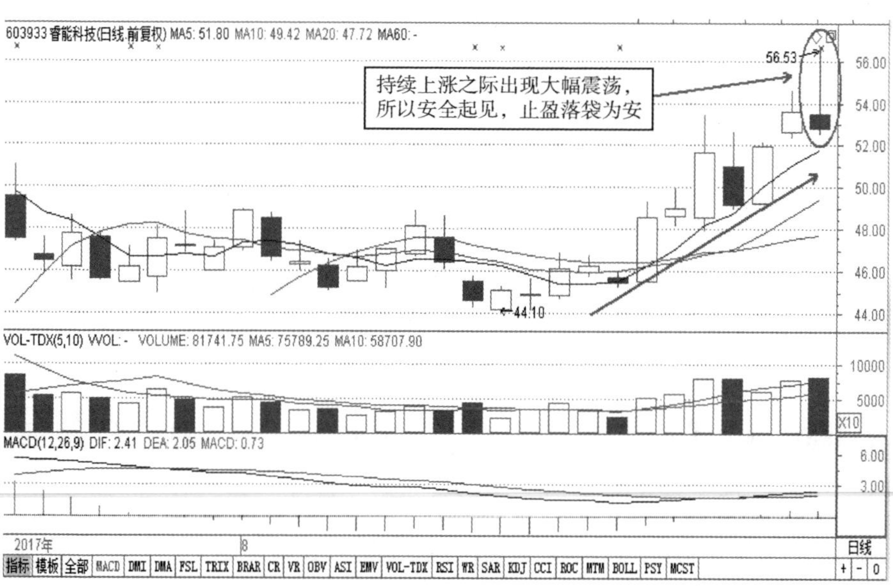

图 10-55　智能科技 2017 年 8 月 29 日 K 线图

交易总结

睿能科技之所以买卖精准，在于平时的盘感积累，以及对整个次新股板块行情的精准预判。在板块行情来临时，个股机会相对较多，这时选择相对强势的个股交易是比较有爆发力。那么，如何判断个股是相对强势的呢？睿能科技开板之后横盘震荡，没有随次新指数下探是一个强势体现。而对于股票的止盈，需要注意板块的整体走势同时结合个股盘面特征，在压力位面前，落袋为安是比较好的选择。

晶瑞股份

大环境分析

2017 年 9 月 21 日，整个创业板运行处于良好的态势，虽然有所动荡，但还是处于可交易的空间（见图 10-56），大环境允许我们进行交易，我们对个股进行了买入操作。

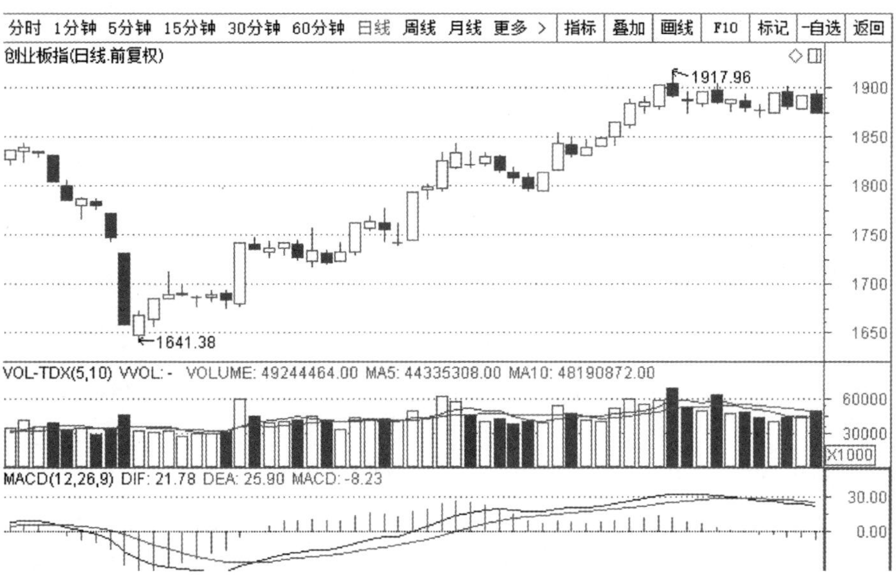

图 10-56　创业板指 2017 年 9 月 21 日 K 线图

2017 年 9 月 22 日，创业板出现了破位，次新股板块出现动荡，而且盘面不稳，具有调整风险（见图 10-57），所以决定进行短线交易卖出。

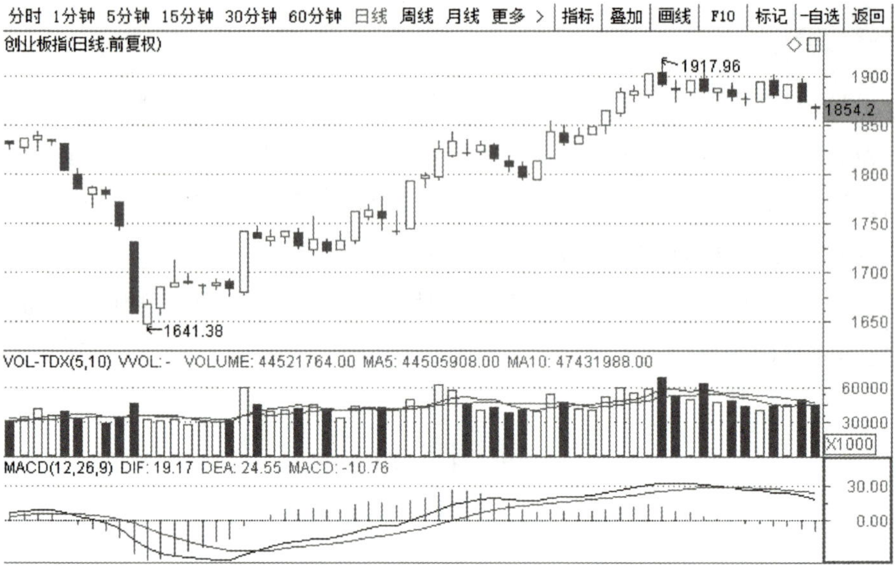

图 10-57　创业板指 2017 年 9 月 22 日 K 线图

买卖逻辑

2017 年 9 月 21 日，次新股早盘处于强势的状态（见图 10-58 和图 10-59），一路走高，反映出短线的次新股具有机会。结合当下盘面可以发现，近期强势个股都能在第二天高开带来短线交易机会，所以进行选股，挖掘到晶瑞股份。

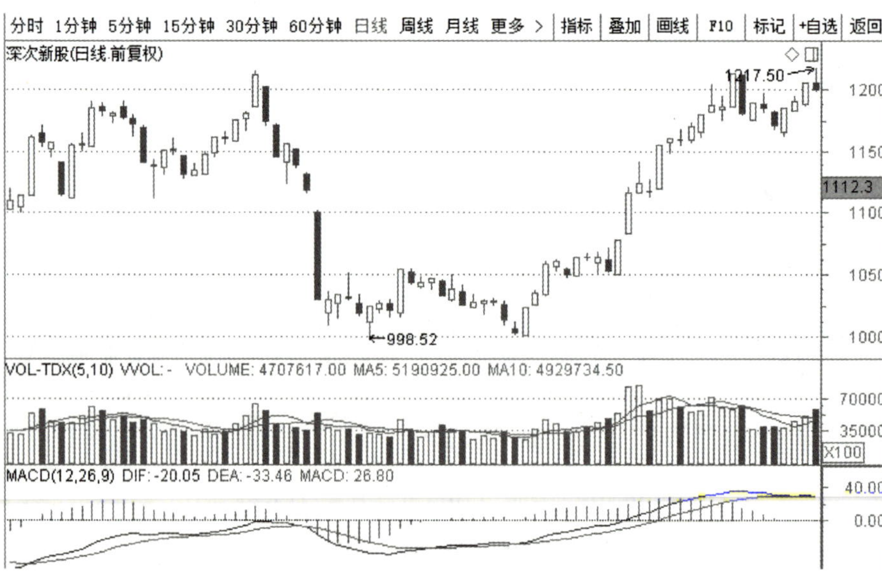

图 10-58　深次新股指 2017 年 9 月 21 日 K 线图

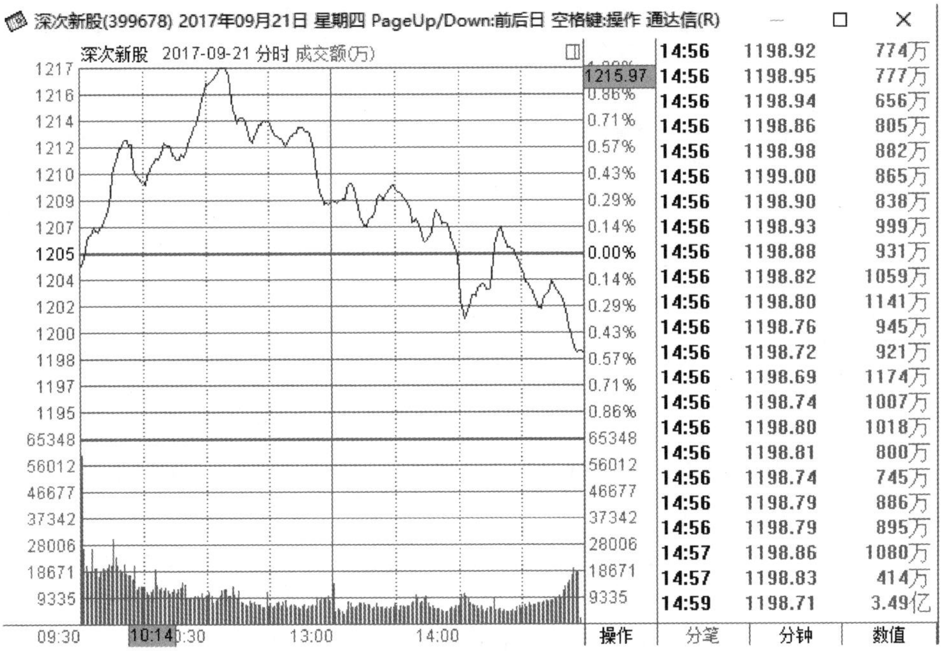

图 10-59　深次新股指 2017 年 9 月 21 日分时图

2017 年 9 月 21 日，晶瑞科技跟随次新股指数强势拉升，同时量能放大，这一阶段个股表现强势，同时个股回踩站稳均价线上方，可交易的空间加大，而且发现个股在回踩后量价齐升，所以选择在 10 时 28 分左右进行买入，随后涨停。该股的 K 线图和分时图分别见图 10-60 和图 10-61。

2017 年 9 月 22 日，早盘次新股指数出现迅速下杀的走势，一度跌幅超过 1 个百分点，整个次新氛围出现较大恐慌，随后次新股指数后期急速拉升，消除了恐慌，但大部分投资者都割肉出局，同时连续几天这样的走势很有可能使整个板块出现风险，以诱多为主。当天深次新股的 K 线图和分时图分别见图 10-62 和图 10-63。

这时，晶瑞股份较为强势，在早盘的次新股指数出现下滑以后，个股没有大幅度下跌，稍作调整后强势反拉，有冲击涨停的意味，但是最终在上午冲击失败，结合当下的盘面判断，个股已经达到前高压力位附近，同时只要板块动荡很可能波及晶瑞股份，所以在上午涨停未果时选择止盈，获利 8.4%。当天该股的 K 线图和分时图分别见图 10-64 和图 10-65。

图 10-60 晶瑞股份 2017 年 9 月 21 日 K 线图

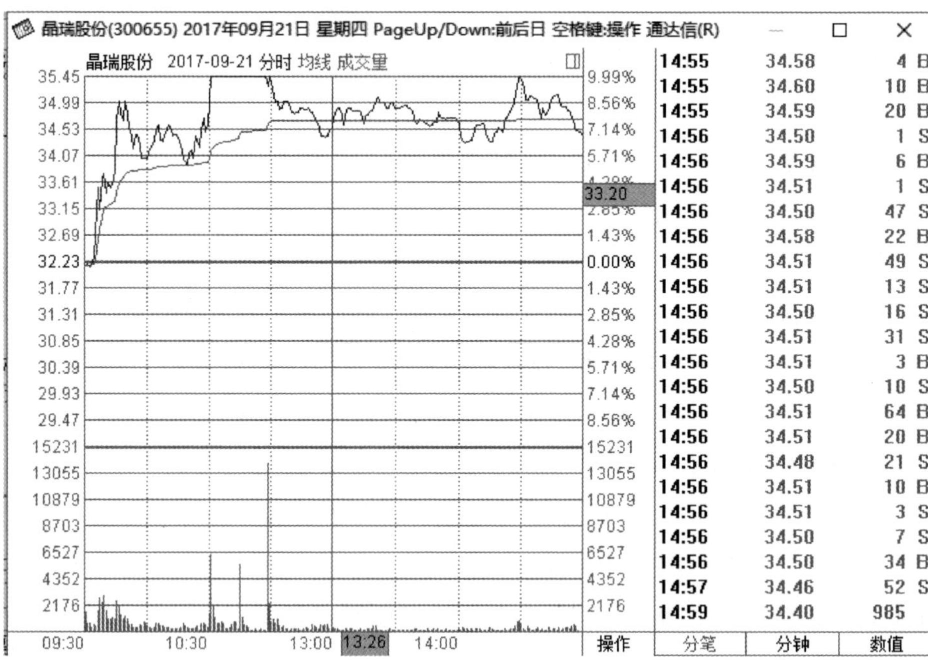

图 10-61 晶瑞股份 2017 年 9 月 21 日分时图

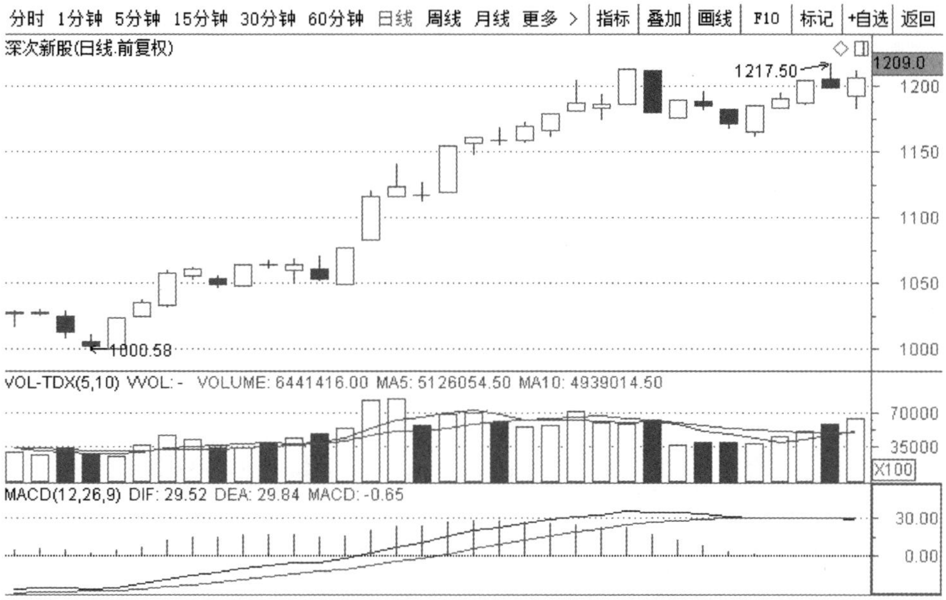

图 10-62　深次新股指 2017 年 9 月 22 日 K 线图

图 10-63　深次新股指 2017 年 9 月 22 日分时图

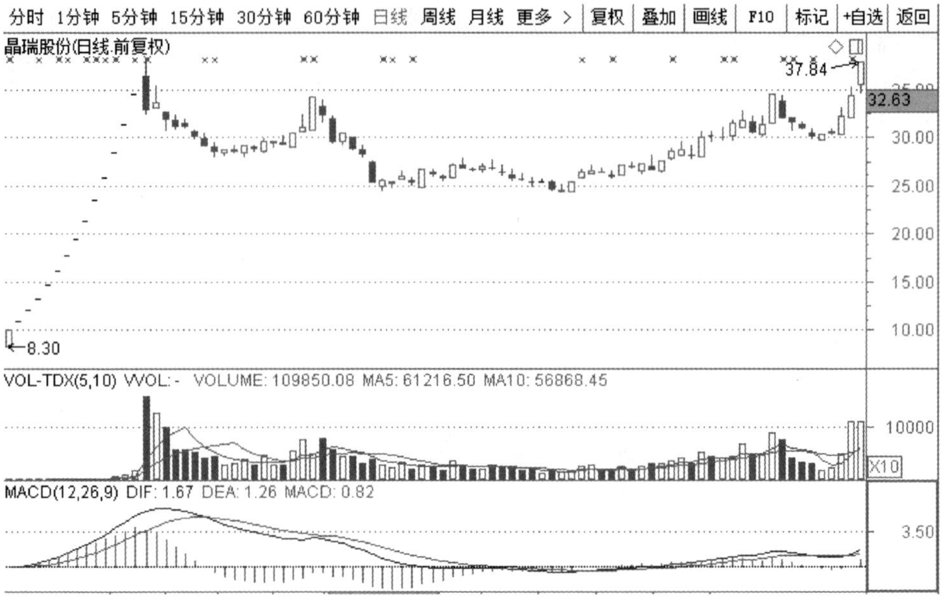

图 10-64 晶瑞股份 2017 年 9 月 22 日 K 线图

图 10-65 晶瑞股份 2017 年 9 月 22 日分时图

总结：炒作次新股，氛围是很重要的，要根据当时整个大盘及板块状况来决定是否需要短线买入或卖出，否则交易会很容易失误。选择次新股的关键因素是氛围、趋势和个股亮点。